대한민국 CEO를 위한 법인 컨설팅 바이블

대한민국 CEO를 위한

법인 컨설팅

바이블

| 김종완 지음 |

StarRich
Books

『대한민국 CEO를 위한 법인 컨설팅 바이블』 개정판을 내면서

코로나19 팬데믹은 세계적인 경기 침체 뿐만 아니라 비대면 사회로의 변화를 급격히 불러왔다. 이로 인해 사회 곳곳에서는 새로운 경험들을 만들어 가고 있다.

그런데 각 나라들은 코로나19를 어떻게 인식하고 대응하느냐에 따라 감염자와 사망자의 수에서 전혀 다른 결과를 불러왔다. '나'보다는 '우리'를 앞에 두어 마스크 착용, 사회적 거리두기 등 기본적인 방역 원칙을 지킨 나라들은 상대적으로 충격을 적게 받았다. 그러나 이를 지키지 않은 나라들은 참혹한 결과를 경험했다. 선택에 따른 결과가 어떻게 달라질 수 있는지를 선명하게 보여준 것이다.

식당을 비롯한 서비스업, 여행, 항공 등의 업종은 폐업이 속출하고, 많은 사람들이 직장을 잃은 반면에 마스크, 감염검사와 같은 방역 관련기업, 백신 및 치료제 관련 바이오와 의약, 택배 등 물류 기업들은 큰 성장세를 나타냈다. 또한 비대면 인프라 관련 분야도 크게 성장하였고, 환경의 중요성이 높아지면서 태양광, 풍력 등의 에너지 산업과 전기차 분야 등도 앞으로 큰 성장세가 기대된다.

강남대로와 테헤란로, 명동 중심가 곳곳에는 'RENT'가 나붙은 빈 가게가 즐비한 상황이 벌어졌다. 그런데 한편에서는 주택 가격 안정을 위한 이십여 차례의 정부 대책 발표에도 불구하고 집값이 수년째 폭등을 이어갔다. 주식시장도 세계적인 경제 위기 상황 속에서 사상 최저 금리와 풍부한 유동성을 배경으로 KOSPI가 사상 최고치를 경신하며 새로운 사이클로 접어들었다.

정부의 법령 개정 및 정책의 변화 등도 크다. 임원의 퇴직금 인정한도가 축소되었고, 초과배당 시 세금 부담이 증가하였으며, 단기간에 진행되는 증여 후 감자 시의 위험도 높아졌다. 부동산 관련 세제가 큰 폭으로 변경되었는데, 특히 주택 관련하여 취득세, 보유세, 양도세 전반에 걸쳐 세금 부담이 높아졌다.

창업 세대의 고령화로 2, 3세대로의 경영 이전이 증가하고 있다. 경영에서 ESG(환경, 책임, 투명경영)의 중요성이 높아지고 있으며, 노동법의 개정으로 회사의 부담은 증가하였다. 최근 수년간 가족 법인, 상속 및 증여 신고 건수도 지속적으로 증가하여 왔으며, 사업 승계를 포기하고 매각을 진행하는 경우도 늘어나고 있다.

해가 갈수록 예상을 뛰어넘는 큰 변화가 계속해서 나타나고 있으며, 이 변화의 소용돌이 속에서 생존과 성장을 하기 위한 치열한 경쟁 또한 반복되고 있다. 위기와 기회는 항상 함께 있으며, 그 결과로 빈익빈 부익부 현상은 개인과 회사뿐 아니라 사회 곳곳에서 더 강하게 나타날 것이다. 따라서 그 어느 때보다도 더 치열하게 고민하고, 대응하는 현명함이 필요한 시기라 할 것이다.

초판에서는 더 많은 것을 알려주고 싶은 욕심에 내용이 늘어나 2권으로 집필하였다. 그러나 1차 개정 시에는 내용을 과감히 줄이고 사례 중심으로 재구성하여 1권으로 만들었다.

이번 개정판에서는 최근까지 개정된 각종 법률과 제도 변경 내용을 정리하여 2021년에 적용되는 기준을 반영하고자 노력하였다.

경영의 달인인 CEO들이 지금의 급변하는 시기를 새로운 기회로 만드는 데 도움이 되기를 바란다.

2021년 1월   김 종 완

CEO들의 고민을
한 번에 해결해 줄 수는 없을까?

우리나라의 경제 규모가 전 세계 10위권으로 성장하였다. 이러한 성장의 배경에는 국가뿐 아니라 기업들의 역할이 컸다. 또한 세계적인 금융·경제 위기 시마다 예상보다 빨리 어려움을 극복하고 재도약할 수 있었던 것은 우리나라 기업의 큰 특징인 가족경영의 힘이 컸다. 오너의 책임경영에 의한 신속한 의사결정이 가장 큰 원동력일 것이다. 물론 일부 부작용이 있기는 했지만, 서구 선진국에서 벤치마킹을 할 정도로 가족경영은 많은 장점이 있다. 이 같은 많은 기여와 장점에도 불구하고, 우리 사회는 가족경영뿐만 아니라 가업승계를 부정적인 시선으로 바라보고 있는 게 현실이다.

뿐만 아니라 기업인들에 대한 막연한 불신이 있기도 한데, 과거 경제 성장기에 잘못된 경영 관행들로 인해 아직도 성공한 기업들에 대해 부정이나 탈세를 하지 않았을까, 하는 막연한 의심을 하곤 한다. 또한 CEO에 대한 부정적 이미지도 강하게 남아 있다. 기업을 성공시킨 데 대한 정당한 인정이나 보상에는 인색하고, CEO로서의 의무와 책임만 부각시키는 경우가 허다하다.

실제 사업을 해서 성공적으로 생존할 가능성도 높지 않으며, 생존하기 위해서 끊임없이 고민하는 CEO들을 보면 외형으로 드러난 것보다도 훨씬 더 힘들고 어려운 점들이 많다. 그러나 그런 어려움들을 가족들과 직원들에게 일일이 표현할 수 없기 때문에 숱한 고난들은 숨겨지고 겉으로 드러난 사실로만 평가를 받게 된다.

이제는 CEO들이 제대로 평가받고, 이해되어졌으면 하는 바람이다. CEO와 직원들이 상호간의 신뢰와 격려를 바탕으로 모두가 함께 힘을 모아 기업을 성장시켜야 직원들도 더 잘살게 될 테고, 또 그런 기업들이 늘어날수록 우리 경제가 더 좋아지지 않겠는가?

그렇게 되면 CEO들도 힘들고 어려운 과정을 거쳐 생존하고, 성장시켜 온 기업을 자신 있게 다음 세대에 승계할 수 있지 않을까? 그리고 주변에서도 성공한 기업을 지속기업으로 발전할 수 있도록 지원하고, 부러워할 수 있을 것이다. 또한 CEO들도 존경과 함께 당당하게 기업을 경영하고 승계하는 환경이 마련될 수 있을 것이다.

미국의 시인 프로스트^{Robert Frost}는 〈가지 않은 길^{The Road Not Taken}〉

이라는 시에서 "인생은 남들이 가지 않은 길을 가는 것이다^{Life is the Road less traveled by}"라고 했다. CEO들이야말로 다른 사람들이 가지 않은 힘들고 어려운, 하지만 도전해 볼 만한 가치가 있는 길을 걷기 위해 끊임없이 프런티어 정신을 보여주는 도전자들이라고 생각한다.

CEO들이 어렵게 일궈낸 회사를 잘 유지하고, 승계하는 데 이 책이 조금이라도 도움이 되기를 바라는 마음이다. 이 책은 10년 가까이 현장에서 고객들과 함께하면서 배우고 쌓은 노하우를 더 많은 고객들과 공유함으로써 그들의 고민을 해결하는 데 도움이 되고 싶은 마음에서 시작하였다.

여러 고객층 중 특히 CEO들의 고민과 문제를 깊이 있게 연구하기 시작한 계기가 있었다. 자산 규모가 1,000억 원이 넘는 VVIP 고객의 방문이 예정되어 있었는데, 갑자기 약속을 취소하겠다고 통보해 왔다. 그동안 이루어진 여러 차례의 상담과정에서 제시한 구체적인 실행방안이 기대에 미치지 못하였고, 더 이상 기대할 것이 없으리라는 생각에 약속을 취소했다는 것이다. 이 고객을 만족시키지 못하면 더 이상 발전할 수 없다는 위기감에 고객을 직접 방문했다. 고객의 동의를 얻어 당시 강남센터장을 맡고 있던 내가 직접 컨설팅을 진행했다. 6주간에 걸쳐 자료를 분석한 뒤 구체적 실행방안을 마련하여 제시하였는데, 다행히 고객으로부터 좋은 반응을 얻었다. 그 인연은 지금까지도 계속되고 있다.

그 일을 계기로 CEO들의 고민과 문제점들을 보다 구체화시키는 한편, 증여, 지분 이전, 부동산 및 금융자산의 운용, 절세, 가업승계를 위한 구체적인 실행 프로그램들을 각 분야의 전문가들과 함께 본격적으로 연구하고, 적용하기 시작했다. 주식명의신탁, 부동산명의신탁, 차명계좌, 법인사업자 전환, 기업분할 및 합병 등 컨설팅 범위를 넓히고, 나아가 문제 해결방안도 구체화시켜 나갔다. 시간이 지나면서 개인사업자, 전문직 종사자, 임대사업자, 금융자산가 등으로까지 확대되어 고객의 직업별 특성을 고려한 컨설팅 노하우를 쌓아왔다. 특히 가업승계와 상속·증여에 대해서는 실제로 공개되는 경우가 드물기 때문에 노하우를 얻을 기회가 많지 않다. 그래서 이번 기회에 함께 공감하고, 지금 준비해야 할 일들을 챙겨보고, 준비를 시작할 수 있는 계기가 되기를 바란다.

CEO들이 이 책을 끝까지 읽고 큰 그림을 그리는 데 도움을 주고자 쉬우면서도 재미있게 쓰려고 노력하였다. 그래서 많은 사례들을 소개하고, 실행할 수 있는 여러 가지 아이디어들을 얻을 수 있도록 구성하였다.

다만, 그동안 만났던 고객들이 조금이라도 불편하지 않도록 하기 위하여 사례들은 언론을 통해 알려진 내용들을 정리하거나 여러 경로로 확보된 사례들을 재구성하여 소개하였다. 특히 CEO들이 지금 겪고 있거나, 기업이 성장하면서 겪게 될 내용들을 미리 소개하려고 노력하였다.

또한 사업의 승계와 관련하여 CEO가 알아야 할 최소한의 재무, 세무, 노무, 상속·증여와 관련한 기본 이론을 정리하여 소개하고, 이 내용을 기초로 종합적인 시각에서 사업승계 문제를 이해할 수 있도록 구성하였다. 그러다 보니 내용이 다소 방대해진 점은 있지만, CEO들이 이 책 한 권만 숙독을 해도 기본 지식과 다양한 아이디어들을 동시에 얻을 수 있도록 하고자 욕심을 냈다.

방대한 내용은 크게 2권으로 나누어 소개하였다. 책의 1권에는 기본 이론과 내용들이, 그리고 2권에는 구체적인 실행전략과 아이디어들이 담겨 있다.

이 책이 출간되기까지 주변의 많은 도움이 있었다. 먼저 공동저자를 사양하고서도 직접 세무조사 사례 등의 원고 집필과 전체 내용의 감수를 위해 노고를 아끼지 않은 '세무법인 주원'의 임용천, 정영민 두 공동대표에게 무한한 감사를 드리고 싶다. 두 사람은 세무대학을 졸업한 후 국세청을 거쳐 금융기관에서 고객 상담 경험을 충분히 쌓았고, 나와도 10년 가까운 인연을 맺어왔다. 그리고 노무 분야의 원고를 집필해 준 '노무법인 행복'의 한상욱 대표에게도 감사를 드린다. 또한 삼성생명 FP센터에서 함께 고객의 고민을 찾아내고 이를 해결하기 위하여 불철주야 노력했던 동료와 후배 여러분들에게도 감사의 인사와 함께 더 나은 발전을 기원하는 마음을 전한다.

특히 디스크로 고생하는 친구를 위해 애써 준 '봄날한의원'의 이영규 원장에게도 고마운 마음을 전한다. 이 원장의 적절한 치료가 없었다면 수개월에 걸친 원고작업은 애초에 불가능했을 것이다.

무엇보다 많은 CEO들의 도움이 있었기에 이 책이 세상에 나올 수 있었다. 먼저 항상 변함없는 관심과 격려를 해주시는 ㈜부천의 이시원 회장님, 현장의 생생한 정보와 아이디어를 전해주는 고려대 도시개발자산관리최고위과정 6회 김성부 회장님과 원우 여러분, 문래동의 CEO 모임인 성문회 회원 여러분들께도 깊은 감사를 드린다. 또한 국내외 사업 현장을 함께할 수 있도록 배려와 물심양면의 지원을 아끼지 않은 ㈜돈디코리아의 최두현 대표에게도 다시 한 번 감사의 마음을 전하고 싶다.

이 책이 나올 수 있도록 격려해 주고, 실무를 맡아 도와준 스타리치북스의 김광열 대표와 이승은 부사장, 이혜숙 이사, 한수지 팀장 등 담당자들에게도 고맙다는 인사를 전하고 싶다.

갑자기 회사를 그만두고 새로운 출발을 한 둘째아들 때문에 걱정이 늘어난 시골에 계신 어머니, 그리고 장인과 장모께도 죄송한 마음이다. 이 책을 보시고 그분들의 근심이 조금이라도 줄어들기를 바란다.

이 책을 집필하는 동안 서재를 작업실 겸해 사용하면서 집에 있는 시간이 많다 보니 대학생인 두 아들과도 얼굴을 마주할 기회가 많았다. 사실 그동안은 서로가 바쁘게 살면서 얼굴을 대하거나 대화를 할 시간이 별로 없었는데, 상황이 달라져 함께하는 시간이 많아지니 처음에는 서로가 어색하고 불편함이 많았다. 얘기라도 하고 싶어 한마디 건네면 두 마디부터는 잔소리로 듣기 일쑤였다. 하지만 이런 과정을 거쳐 대화가 늘어나고 이해의 폭도 넓어졌다. 지난 여름방학 내내 아빠를 도와주느라 고생했던 민수와 진수 두 아들에게도 미안하고, 고맙다는 얘기를 전하고 싶다.

마지막으로, 20년 이상을 함께 살고도 아직까지 티격태격 싸울 일이 자주 있는, 내가 가장 어려울 때 가장 강한 아내 우명애에게 항상 사랑하고 또 고맙다는 진심을 전하고 싶다.

고객들과 함께하기 위하여 불철주야 고민하고, 노력하는 금융기관 직원 여러분들에게도 이 책이 작은 도움이 되었으면 하는 바람이다.

차례

제2부 상속과 증여, 아는 만큼 보인다

제3부 CEO의 가업승계 및 자산관리

제4부 법인의 절세전략 및 자산운용

제5부 사례로 알려주는 실전 노하우

PART I

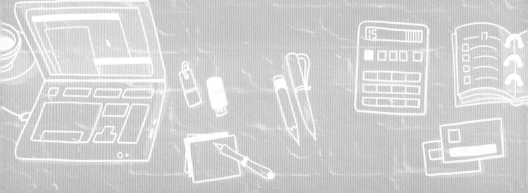

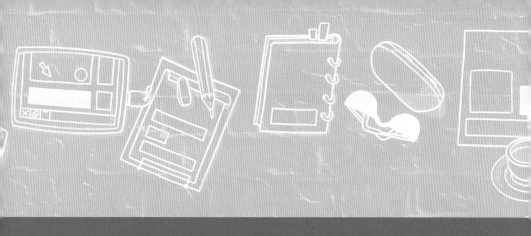

CEO의
고민과 문제

∶

실제 이런 일이 있어요

CEO의 남다른 고민

찾으면 길은 있다

우리나라는 20세기 초가 되어서야 겨우 변변한 기업
의 모양을 갖춘 회사들이 생겨나기 시작했으니, 그 역사가 이제
겨우 100년 남짓 되는 셈이다. 숱한 어려움 속에서 살아남기 위
해 발버둥 치고 성장하기 위해 노력하지만, 수년 안에 많은 기업
들이 소리 소문 없이 사라져간다. 격주간 경제지 〈포춘Fortune〉이
선정한 미국의 500대 기업처럼 크고 우량한 기업들도 평균 수명
이 40년에 불과하다는 점을 상기해 보면, 기업의 장기 생존이 얼
마나 어려운지를 쉽게 이해할 수 있다.

　세계 경제의 어려움 속에서도 국가 경제가 유지될 수 있는 까
닭은 우리나라 기업의 99%를 차지하고 있고, 고용의 88%를 차
지하고 있는 중소기업들이 큰 역할을 해주고 있기 때문이다. 그
런데 중소기업의 CEO들은 정말 너무도 바쁘고, 정신이 없다. 눈
앞의 문제를 해결할 때쯤이면 또 새로운 문제가 발생한다. 대기
업처럼 직원을 많이 채용할 수도 없다 보니 더욱 그럴 수밖에 없

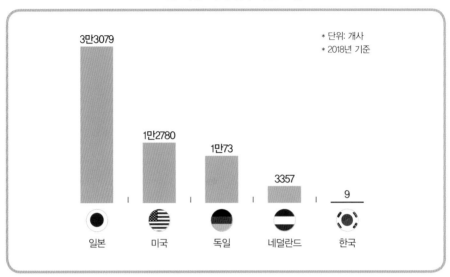

100년 이상 세계 장수기업 현황

3만3079

1만2780

1만73

3357

9

일본 미국 독일 네덜란드 한국

* 단위: 개사
* 2018년 기준

– 출처: 《머니투데이》 기사 인용(2020.11.21)

다. 큰일뿐만 아니라 작은 일 하나하나까지도 일일이 다 관여하고 결정해야 하기 때문이다.

　CEO를 만나서 얘기를 나누다 보면 공통적으로 호소하는 어려움들이 있다. 간혹 어려운 상황에 처한 주변의 CEO들을 보면서 혹여 우리 회사도 비슷한 일을 겪지는 않을까 노심초사하는 경우도 있다. 대부분의 CEO들이 하고 있는 비슷한 고민들이 어떤 내용들인지 지금부터 언론에 널리 알려진 몇 가지 사례들을 통해 살펴보자.

최근 발생한 사고로
정신이 하나도 없어요

경기 침체가 장기화되면서 수시로 구조조정을 하는 기업들이 많아지고 있다. 이로 인해 고용에 대한 근로자들의 불안감도 최고조로 높아졌는데, 상황이 이렇다 보니 일부 근로자들 중에서는 쉽게 나쁜 유혹에 빠지는 일마저 생겨나고 있다.

첫 번째는 회사의 주요 인력 및 기술 유출과 관련된 일이다. 대표적인 사례로, 2012년 국내 대기업의 OLED 기술을 해외로 빼돌린 사건을 들 수 있다. 국내 굴지의 S사에서 대형 TV와 관련한 핵심기술 개발을 담당하던 직원들이 기술을 빼돌려 경쟁사로 이직하려다 실패하자 중국으로 기술 유출을 시도하다 검거된 사건이다. S사는 이 혁신적인 기술을 개발하기 위해 개발비만 2조 원 이상을 투자했으며, 피해 규모도 최대 수십조 원에 달할 것이라는 얘기가 나돌 정도로 심각한 사건이었다.

특히 중소기업의 경우 주요 업무를 담당했던 직원이 핵심기술을 갖고 창업을 하게 되면 기존의 거래선, 즉 고객까지 뺏어가는 경우가 발생하기 때문에 단순히 매출 감소나 고객 이탈로 끝나는 것이 아니라 회사의 생존과도 직접 연결되는 매우 중요한 문제다. 더구나 소송으로 간다고 해도 최종 판결이 날 때까지 수년이 걸리기 때문에 그전에 이미 회사는 도산하는 상황이 발생할 수도 있다.

두 번째는 직원의 횡령 사고다. 신뢰를 바탕으로 고객의 자산을 직접 취급하는 금융기관에서도 잊을 만하면 한 번씩 고객의 돈을 횡령하는 사건들이 드러나는데, 대형 시중은행을 비롯해 크고 작은 금융기관들에서 사건들이 심심찮게 발생하고 있다.

한 예로, 내부 통제 면에서 최고라고 알려진 한 대기업에서 30대 초반의 대리급 직원이 수년에 걸쳐 165억 원을 횡령하는 사고가 발생했다. 이 직원은 2년 넘도록 한 달에 한 번꼴로 마카오를 방문하여 이 돈을 도박자금으로 탕진한 것으로 밝혀졌다. 더구나 사고가 드러나기 전에 이미 상습도박 혐의로 벌금형을 받았는데도 회사에서는 전혀 인지를 하지 못한 것으로 드러났다.

또한 L전자의 직원은 부인 명의로 유령회사를 설립한 다음 그 유령회사에 번역 용역을 맡긴 것으로 꾸민 후 비용을 회사카드로 결제하는 방법으로 수억 원을 빼돌렸다. 그런데 회사에서 이 사실을 포착하고 감사에 착수하자 회사의 비리와 약점을 폭로하겠다며 돈을 요구하는 등 오히려 협박을 시도했다가 검찰수사로 인해 실패로 끝난 일도 있다.

코스닥 기업인 N기업에서는 직원이 물품구매 금액을 실제 금액보다 부풀리는 수법으로 36억 원을 횡령했다가 내부 감사에서 적발되어 검찰 수사를 받은 사건도 있었다.

금전 사고는 한번 시작되면 계속 눈덩이처럼 커져가며, 사고가 드러나기 전까지는 멈춰지지 않는다. 회사 돈에 손대기 시작할 때는 개인의 자산이 없어진 상황이고, 회사 돈에 손을 댈 만큼 스스로 주어진 환경에서 벗어날 수 있는 통제력을 이미 상실했기 때문이다. 따라서 내부의 프로세스를 강화하는 등 미연에 사고를 방지할 수 있는 제도적인 장치를 마련해야 한다.

최근 세무조사가 늘어난 점을 감안한다 해도 전혀 예상치 못한 세무조사를 받게 되는 경우가 있다. 이런 경우는 다른 이유도 있을 수 있겠지만, 특히 탈세 제보에 의해 진행되는 경우가 많다. 최근의 탈세 제보는 내용이 보다 구체적이고, 자료도 정확하게 제시되는 경우가 많기 때문에 실제 세무조사 세액추징률도 일반 정기 세무조사에 비해 매우 높은 것으로 나타나고 있다.

탈세 제보가 늘어나는 이유 중에는 사회정의를 위해서 내부 부정을 고발하는 경우도 있지만, 불안정한 고용 환경에서 퇴사하는 직원들이 포상금을 노리거나 회사에 대한 미움을 달래는 방편으로 제보하는 경우가 많은 것 같다. 실제 포상금 지급건수와 지급금액이 지속적으로 증가하고 있는 점이 이를 증명하고 있으며, '세파라치'라는 신종 직업이 생긴 것도 이를 뒷받침하고 있다. 따라서 무엇보다 회사 경영을 투명하게 해야 함과 동시에 평소 직원들의 내부관리를 잘하는 것이 필요하다. 또 불가피하게 회사를 떠나보낼 때에도 직원들이 좋은 감정으로 퇴사할 수 있도록 배려하는 것이 필요해 보인다.

사고를 일으키는 직원들에게는 몇 가지 공통점이 있다. 먼저 CEO가 정말 신뢰하여 핵심적인 업무를 맡긴 직원들이다. 중요한 일을 맡고 있는 만큼 그들이 나쁜 마음을 가지는 순간 회사에 큰 손실을 줄 수 있는 위험요인으로 작용하는 것이다.

따라서 회사 규모가 작아서 인원이 몇 명 안 되더라도 큰 사고를 막을 수 있는 내부 프로세스를 마련하여 운영하는 것이 필요하다. 주요 부서의 업무는 정기적인 순환근무를 원칙으로 하고, 1년에 1~2차례 강제 휴가를 실시하여 업무를 점검토록 하는 등의 가시적인 조치를 취하여 아예 나쁜 생각을 가지지 않도록 하는 것이 필요하다. 그리고 내부적인 점검이 힘들다면 비용을 지출하더라도 회계사나 세무사를 통해서 강도 높은 감사를 정기적으로 실시하는 것도 방법일 것이다.

직원을 믿는다고 해서 무조건 모든 일을 맡기는 것만이 능사는 아니며, 항상 '현명한 불신'으로 적절한 견제와 균형을 유지하는 것이 필요하다. 작은 선투자를 통해 소 잃고 외양간 고치는 우를 범하지 않도록 하는 것이 현명한 CEO의 몫이 아닐까 생각된다.

02 CEO Financial Management

세무조사를 한다는데, 어떻게 하죠?

중소기업 CEO들과의 대화에서 공통적으로 빠지지 않는 주제가 '세무조사'와 '절세'다. 요즘처럼 경영 상황이 어려운 때 매출과 이익이 줄어들게 되면 그 어느 때보다도 기업의 생존에 대한 절박함이 커질 수밖에 없다. 그런데 세무조사 얘기가 나오면 이유를 불문하고, 상당한 부담감을 가질 수밖에 없는 것이 현실이다.

이른 아침, 전화벨이 울렸다. 가깝게 지내는 A대표의 불안한 목소리가 전화기를 통해 들려왔다. "김 대표님, 세무조사를 나온다고 통보가 왔습니다. 어떻게 해야 됩니까?"

오랜만에 B대표와 통화를 했는데, "작년에 세무조사를 받았는데, 지난주부터 또 세무조사가 나와서 좀 바쁘네요. 국세청에서 세무조사를 줄인다고 하지 않았나요?"라고 한다.

매년 정부는 크고 작은 세법 개정을 단행한다. 대체로 8월을 전후해서 정부가 개정안을 발표하면, 이것은 입법예고 및 부처 협의 등을 통해 각 분야 이해관계자의 다양한 의견을 수렴한 후 최종적으로 확정된다. 그 뒤 국무회의에 상정된 정부 수정안은 정기국회를 통과하여 확정되고, 다음 해부터 즉시 또는 유예기 간을 거쳐 적용된다. 이때 세법뿐만 아니라 관련 법규의 개정도 함께 진행된다.

최근 몇 년간의 세법 개정 주요 방향을 보면 경제활성화, 민 생안정, 공평과세로 대표된다. 즉 경제활성화와 민생안정을 위 해 서민과 중산층, 중소기업의 부담은 줄이고, 고소득자와 대기 업의 부담은 늘리는 방향으로 개정을 해나가고 있다. 비과세와 세제 감면 제도는 축소시키는 한편, 탈세 방지 및 세원 투명성을 높이기 위한 조치들을 지속적으로 내놓고 있다.

늘어나는 정부의 복지지출 재원을 마련하기 위해서는 세금 을 더 많이 징수하는 것이 필요한데, 이때 가장 역점을 두는 것 이 지하경제 양성화를 통해 정당하게 세금을 내도록 하는 것이 다. 그리고 정당한 세금을 내지 않는 탈세에 대해서는 조사를 통 해 투명하게 밝혀 과세를 하겠다는 것이다. 이를 위해서 조사전 담 직원을 늘려 세무조사를 강화하는 한편, 탈세자는 끝까지 추 적하여 관련 세금을 추징하는 '무한 추적팀'을 가동하는 등의 다 양한 노력을 기울이고 있다.

한편으로는 IT기술을 이용하여 조사 대상자를 선별해 내거나 자료 분석을 쉽게 하는 기법을 개발하고, 사업체와 개인의 조사를 병행하는 등 조사 업무의 효율성 제고를 통해 징수율을 높이고 있다.

새로운 세원 발굴과 조세 형평성을 강화하기 위해 소홀했던 해외 자산에 대한 조사도 강화해 가고 있고, 고액소득자에 대해서는 지속적으로 집중조사를 실시하여 신고율을 높이도록 유도하고 있다. 최근 주택 취득에 대해서는 자금출처조사를 확대하고, 부동산 임대사업자에 대한 과세도 확대해 가고 있다. 개인사업자에 대해서도 '성실신고확인제'를 도입한 후 그 적용 기준을 낮추어 대상자를 확대하는 등 법인 수준의 회계 투명성을 요구하고 있다.

최근 들어 국세청은 고액·상습체납자, 조세포탈범, 해외금융계좌 신고의무 위반자 등에 대한 명단을 공개했고, 이들의 은닉

재산에 대한 제보 접수를 강화하기 위해 신고포상금 제도를 확대 운영해 가고 있다.

따라서 CEO들은 세무조사와 관련해서는 이제 더 이상 숨길 수도, 피해갈 수도 없다는 생각을 갖고 평소 투명한 처리를 통해 대비하는 것이 좋겠다. 그리고 세무조사가 진행되면 내용을 알고 있는 담당 세무사나 회계사와의 협조를 통해 성실한 자세로 임하여 적절하게 대응하는 것이 바람직하겠다.

● 성실신고확인제

개인사업자의 업종별 수입금액이 일정 기준 이상인 경우 세법 규정에 맞춰 소득세 신고를 성실하게 이행하겠다는 세무대리인의 확인서를 제출토록 하는 제도이다. 신고 대상자는 매년 2월 10일까지 성실신고확인자를 선정하여 제출해야 하며, 성실신고확인서는 5월 1일에서 6월 30일의 기간 내에 제출한다. 개인사업자의 성실한 세무신고를 유도하기 위해 2011년 소득분부터 적용하고 있다.

● 체납자 은닉재산 신고포상금 제도

체납자의 은닉재산 신고를 통해 체납세금을 징수하는 데 기여한 신고자에게 징수금액에 따라 5~20%의 지급률을 적용하여 최대 20억 원까지 포상금을 지급하고 있다. 신고방법은 국세청 홈페이지(www.nts.go.kr)에서 접수하거나, 각 세무관서에 설치된 은닉재산 신고센터에 신고자의 이름과 주소를 명기하고 서명날인한 문서를 우편(FAX 포함) 또는 직접 제출하면 된다. 신고포상금은 아래와 같다.

징수 금액	지급률
5,000만 원 이상 5억 원 이하	100분의 20
5억 원 초과 20억 원 이하	1억 원 + 5억 원 초과금액의 100분의 15
20억 원 초과 30억 원 이하	3억 2,500만 원 + 20억 원 초과금액의 100분의 10
30억 원 초과	4억 2,500만원 + 30억 원 초과금액의 100분의 5

－ 출처: 국세청 홈페이지. '21.1.

옛날 얘기, 이제 더 이상
통하지 않아요

회사 재무제표를 보던 중에 아무리 봐도 이해가 되지 않는 숫자들이 눈에 띄었다. '부채-가수금' 항목의 금액이 매년 증가하고 있었다. 그런데 회사는 수년째 매출과 이익이 증가하면서 이익잉여금이 크게 늘어나 있었고, 늘어난 잉여금 중 언제라도 사용할 수 있는 '현금과 예금' 항목에 가수금을 다 갚고도 남을 만큼의 금액이 있었다. 그것도 매년 금융자산이 증가해 오고 있었다.

'가수금'은 회사에서 자금이 필요하여 누군가로부터 돈을 빌려 온 것을 의미한다. 'CEO 가수금'은 회사에 자금이 필요하여 CEO가 개인 돈을 회사에 빌려주었는데, 회사에서 아직 갚지 않은 것을 표시한 것이다. 회사가 자금 사정이 좋아지면 언제든지 갚아야 하고, CEO 입장에서는 개인이 가져갈 수 있는 돈인 것이다. 그런데 회사의 이익이 증가하여 언제든지 꺼내 사용할 수 있는 현금자산이 늘어나고 있는데, 회사가 CEO에게서 자금을 빌려다 사용하면서 부채를 늘려야 할 이유가 없지 않는가?

과거에는 CEO가 나중에 개인적으로 회사 돈을 가져가서 사용할 수 있도록 하기 위해 거짓으로 가수금을 만드는 경우가 있었다. 주로 거래처로부터 회수한 매출대금을 신고 누락하면서 대표이사 가수금으로 계상하는 경우가 그 예이다. 하지만 요즘은 회계 투명성이 높아지면서 이런 경우는 많이 줄어들었고, 오히려 가지급금이 늘어나는 경우가 대부분이다. 사업 목적에 사용하기는 했지만 그 용도를 정확히 밝히기 어려운 경우, 그 금액을 CEO의 가지급금으로 처리하여 CEO가 책임을 지게 하는 것이다. 그만큼 경영이 투명해졌다는 증거이기도 하다.

최근 수년간 세무 행정의 투명성이 빠르게 높아지고 있다. 국세청이 정부의 재정 확충을 위해 세원을 발굴하는 한편, 강도 높은 세무조사를 통한 세금 추징을 하면서 사업을 하는 분들 입장에서는 어려움이 가중되고 있는 것도 사실이다.

CEO들을 대상으로 강연을 할 기회가 있거나 개인 상담을 할 때 기본적으로 강조하는 내용이 있다. 정부의 정책 추진 방향을 볼 때 경영의 투명성이 강화될 수밖에 없는 환경이며, 따라서 세무조사를 받더라도 세금 추징을 당할 일이 없을 정도로 투명하게 운영하는 것이 좋겠다는 의견을 제시한다. 이를 위해 CEO 개인도 충분한 소득신고를 통해 필요한 자금을 확보하여 사용하고, 회사도 정확하게 회계 처리를 해야 한다는 것이다.

그러면 어떤 CEO들은 담당자들과 친분이 있다거나 최근에 성실납세자로 표창을 받았기 때문에 향후 몇 년간은 세무조사를 안 받을 것이라고 얘기한다. 예전에는 보통의 경우 모범납세자로 선정되면 선정 후 3년간은 세무조사를 유예해 줬는데, 최근 들어 유예기간 이후 또는 유예기간 이내에 탈루혐의로 세무조사를 받아 세금 추징을 당하는 사례가 빈번하게 발생하고 있다. 따라서 국세청은 모범납세자 선정기준을 강화하고, 선정 이후 모니터링을 확대하는 등의 제도 개선을 진행하고 있다. 최근 세상을 떠들썩하게 했던 연예인 S의 경우도 모범납세자로 정부의 표창을 받았으나, 유예기간 내에 세무조사를 받아 추징당한 사례다.

또 다른 경우는 지방의 토착 유지들이다. 지방에서 사업을 하는 CEO들을 만나보면 오랫동안 세무조사를 받지 않았고, 받더라도 얼마든지 해결할 수 있다는 근거 없는 자신감을 드러내는 경우가 많다. 지방의 경우 오랫동안 한 지역에서 사업을 하다 보면 여러 모임과 관계들을 통해 지역 내 기관장들과 자연스럽게 연결되어 있게 마련이다. 지역발전을 위해 봉사도 하고, 의견도 모으는 관계들이 형성된다. 그러다 보니 웬만한 문제는 서로 돕고 사는 관계에서 유야무야 덮어지게 된다. 어느 정도의 근거 없는 자신감은 이러한 경로로 생겨난 듯하다.

국세청은 이런 문제를 해소하기 위해 내부 감사를 강화하여 비리 공무원을 강도 높게 색출하는 한편, 장기근무자들을 대거 이동 근무시키거나 정기적인 순환근무를 실시해 나가고 있다.

또한 본청 차원에서 조사 대상자를 선정하여 각 세무서에 내려 보냄으로써 임의로 조사 대상자를 누락시키지 못하도록 하고 있다. 또한 조사 결과의 적정성을 사후 감사하여 철저한 조사를 하도록 제도적인 보완을 해나가고 있다.

수도권과 대도시를 제외한 지역에 있는 중소기업의 경우 CEO와 담당자들이 세무조정과 결산 이외의 업무에 대해서는 잘 알지도 못하고, 깊이 생각하지 않고 처리하는 경우가 대부분이다. 상속·증여, 법인 지분 승계 등은 자주 처리하는 일들이 아니다 보니 처리해 본 적도 없고, 관련 내용을 확인해 볼 만한 곳도 마땅치 않아서 모르는 경우가 당연하다고 생각할 수도 있다. 세무사나 회계사의 입장도 마찬가지다. 대부분의 세무사나 회계사는 기장과 세무조정, 세금계산 및 신고 등을 주 업무로 하기 때문에 상속·증여나 가업승계 등 자주 다루지 않는 분야에 대해서는 전문성이 떨어질 수도 있다. 그래서 오히려 작은 문제를 더 키워서 나중에 큰 문제를 야기할 위험성을 초래하는 경우도 많다.

예를 들면 신설법인을 만들면서 특별한 이유 없이 주변 사람들의 명의를 빌려 지분을 분산하는 경우다. 이런 경우 회사가 잘 되어 성장할 경우 타인 명의로 되어 있는 지분을 찾아오는 것이 더 큰 과제로 남게 된다. 가끔은 특수관계인 간에 법인주식을 거래하면서 회사의 가치를 적절하게 평가한 가격으로 하지 않고 액면가나 저가로 처리한 경우도 자주 볼 수 있다. 이런 경우 잘 못하면 저가·고가 양도에 따른 이익의 증여 등의 문제가 발생할 수 있다.

아주 기본적인 문제들인데, 지분 구성이나 주식양수도 계약을 왜 그렇게 처리했느냐고 물으면 그렇게 하라고 해서 시키는 대로 했다고 대답한다. 어떻게 처리하는 것이 올바른지 아느냐고 물으면 전혀 모르고 있는 경우가 대부분이다. 나중에 세무조사를 받아서 탈루세금을 추징당할 경우 가산세를 부담해야 하는데, 그 기간이 길어질수록 기간에 비례해서 추징액이 늘어난다. 이 과정에서 세금납부 문제뿐만 아니라 상당한 심리적 스트레스까지 받는다.

역설적으로 보면 오랫동안 세무조사를 받지 않은 회사들은 그만큼 세무조사를 받을 가능성이 높아지고 있는 셈이다. 이 점을 생각해 보고, 미리 문제가 더 커지기 전에 해결을 하거나 투명성을 높여서 대비하는 것이 좋을 것 같다.

다음 사례는 70세를 넘긴 A대표를 상담했을 때 일이다. 1남 3녀를 둔 A대표는 딸 셋을 낳은 뒤에 얻은 아들에 대한 사랑이 각별했다. 결혼한 딸들은 모두 평범한 가정주부였고, 사위들은 각자 의사, 변호사로 자기 사업을 하고 있었다. 아들이 한 명밖에 없기 때문에 사업은 당연히 아들에게 물려줄 생각을 하고 있었다.

어렵게 사업을 시작해서 300억 원의 가치를 지닌 회사로 키워낸 A대표는 그만큼 회사에 대한 애착이 강했다. 그는 아들이 사업을 물려받아 잘 유지해 줄 것을 기대하고 있었다. 그런데 회사를 키우느라 개인의 재산은 별로 없었는데, 살고 있는 집을 제외하면 금융자산 수억 원 외에 다른 큰 재산은 없었다.

"사장님, 가업승계를 하려면 사장님이 소유하신 지분의 대부분을 아들에게 물려줘야 할 텐데, 따님들은 어떻게 하실 생각입니까?"

A대표는 딸들은 이미 결혼을 했고, 집 살 때 조금씩 보태줘서 먹고살 수 있도록 해줬으니 부모로서 해줄 만큼 해줬다고 대답하면서, 그래도 혹 몰라서 자신이 사망한 후 상속이 진행되면 회사주식은 모두 아들에게 물려주고, 딸들은 이의를 제기하지 않겠다는 '상속포기 각서'를 받아뒀다고 했다.

A대표는 상속세 및 증여세법에 대해서는 거의 아는 바가 없었다. 더욱이 상속과 관련하여 생각을 크게 잘못하고 있었다. 먼저 상속이 발생하기 전에 미리 상속포기를 하는 것은 법적으로

인정되지 않는다. 또한 상속이 발생했을 때 상속인 중 누구라도 본인의 몫에 불만이 있는 경우 법정상속분의 50%까지 달라고 요구할 수 있는 '유류분 반환청구권'을 행사할 수 있다. 따라서 A대표의 생각처럼 본인의 사후에 가업승계가 순조롭게 이루어질 수 있을지는 미지수다.

● 상속개시 전 상속포기 효력

상속포기란 상속이 개시된 후에 상속인이 행하는 상속거부의 의사표시를 말한다. 대법원은 "유류분을 포함한 상속의 포기는 개시된 후 일정한 기간 내에만 가능하고, 가정법원에 신고하는 등 일정한 절차와 방식에 따라야만 그 효력이 있으므로, 상속개시 전에 한 상속포기 약정은 그와 같은 절차와 방식에 따르지 아니한 것으로 효력이 없다"라고 판결했다.

상속포기를 하려면 상속개시가 있음을 안 날로부터 3개월 내에 가정법원에 그 취지를 제출해야 한다. 따라서 피상속인이 생전에 상속인으로부터 받은 '상속포기 각서'는 무효가 된다.

● 유류분 반환청구권

생전 재산의 소유주인 피상속인은 살아 있을 때 유언을 통해 본인 사망 후의 재산 배분에 대해 자유롭게 정할 수 있다. 그러나 유가족의 생활안정, 가족 간의 공평한 재산 분배 등이 지나치게 침해되지 않도록 하기 위해 법으로 피상속인의 재산 처분의 자유를 일정 부분 제한하고 있다.

권리자별로 유류분의 범위는 피상속인의 직계비속은 그 법정상속분의 1/2, 배우자는 1/2, 직계존속은 1/3, 형제자매는 1/3이며, 그 이외의 자는 권리가 없다. 유류분 반환청구권은 상속이 개시된 날로부터 10년 또는 유류분의 침해가 있었다는 사실을 안 날로부터 1년이 경과하면 소멸된다.

드라마가 아니라
실제 상황이에요

우리는 종종 텔레비전 드라마를 통해 부모의 사업이나 재산을 물려받기 위해 자녀들이 암투를 벌이는 내용을 접한다. 이런 드라마가 끊임없이 나오는 이유는 아마도 현실에 있을 법한 이야기인 동시에 사람들의 관심을 끄는 소재이기 때문일 것이다. 드라마 속에서는 부모자식 간, 친형제자매 간, 이복형제와 자매 간, 동업자 간 등 다양한 관계가 등장한다. 이들은 회사를 차지하기 위해 또 더 많은 재산을 차지하기 위해 다툼을 벌인다. 이 모습을 시청자들은 욕하면서 본다. "지금 가진 재산만 해도 먹고사는데 지장이 없는데, 도대체 얼마나 더 가지면 만족하려고 저렇게까지 싸울까?" 그러면서 마음 한편으로는 "어디까지나 드라마니까 저럴 거야. 실제로는 저 정도까지 막장일 리 없어!"라고 생각한다. 실제로 그런 일은 인간으로서 해서는 안 될 일들이니까.

　그런데 가끔 언론에 보도되는 내
용들을 보면 막장 드라마에서나 나
올 법한 일들이 실제로 벌어지고 있
다. 이름만 들어도 알 만한 대기업이
나 중견기업들과 관련해서도 가업승
계와 경영권을 둘러싼 재산분쟁 소식
들이 심심찮게 들린다.

　재산 때문에 가족 간 다툼이 벌어지는 것은 어제오늘의 얘기
가 아니다. 재벌 집인도 예외가 아니며, 오히려 이들의 경영권
분쟁은 더욱 추한 모습으로 드러나는 경우가 대부분이다. 창업
주가 일군 기업이 점점 덩치를 키우고, 마침내 2, 3세대 오너일
가로 경영권이 승계되는 과정에서 숱한 갈등이 표면화된다. 후
계구도를 둘러싸고 가족 간에 벌어지는 암투는 정말이지 피도
눈물도 없다.

　세상을 떠들썩하게 했던 삼성가 형제의 상속재산 분쟁, 현대
가 왕자의 난·시숙의 난·시동생의 난, 롯데그룹의 땅을 둘러싼
형제간의 난, 한화그룹과 빙그레의 형제간 상속분쟁, 두산가 형
제의 난, 삼환기업 남매의 난, 태광그룹 남매의 난, 동아제약 부
자간의 난 등 끝없이 펼쳐지고 있다. 심지어 창업주가 생존해 있
음에도 불구하고 벌어지는 경우도 있다.

　그렇다면 이런 일들이 대기업들과 관련해서만 발생하는 일
일까? 실제는 그렇지 않다. 알려지지 않아서 그렇지, 중소기업

CEO나 일반인들의 경우에도 수많은 사건들이 발생하고 있다. 심지어 수천만 원의 상속재산 때문에 가족들 간에 분쟁이 발생하는 경우도 허다하다. 부모의 장례식장에서 받은 부의금의 배분으로 인해 다툼이 생기는 경우도 있을 정도다. 따라서 재산과 관련한 분쟁은 더 이상 재벌의 얘기, 부자들만의 얘기로 치부할 것이 아니라 누구에게나 발생할 수 있는 문제라는 것을 인식할 필요가 있다.

피는 물보다 진하다고 했다. 하지만 그 진한 피도 재산 앞에서 무용지물이 되는 경우가 생기므로 이와 같은 일이 발생하지 않도록 사전에 철저히 예방하는 것이 무엇보다 중요하다.

사례 1

지인으로부터 다급히 도와달라는 요청이 왔다. 사연은 이러했다. 건강이 나빠진 A회장을 대신해 아들인 B가 대표이사를 맡아서 회사를 경영하고 있었다. A회장은 수년째 건강이 회복되지 않자 혹시나 하는 걱정에 아들에게 조금씩 재산을 물려주고 있었다. A회장 슬하에는 1남 2녀의 자녀가 있었다. 많은 재산이 아들인 B에게 넘어가자 A회장의 부인과 두 딸은 불만이 커졌고, 결국 B를 상대로 소송을 준비 중인 상황이었다. 그런데 갑자기 A회장이 의식을 잃고 쓰러져서 응급실로 이송 중인데, 고비를 넘기기 힘들 것 같다는 것이다. 그래서 고객은 지금 이대로 A회장이 세상을 떠날 경우를 대비해서 무엇을 챙겨야 하는지 알고 싶다며 전화로 급하게 물어왔다.

▶▶▶ 사연을 들으면서 우리 사회가 왜 이렇게 되었는지 마음이 너무도 아팠다. 부친의 생명이 경각에 처한 상황에서 어떻게 A회장의 안위를 걱정하는 것 외의 생각을 할 수 있었을까? 그래서 "고객님께 이렇게 말씀하세요. 지금 상황에서는 달라질 것이 아무것도 없습니다. 그러니까 딴생각하지 마시고 빨리 부친이 계신 병원으로 달려가라고 하세요. 나중에 상황이 정리되면 그때 시간을 내서 상담을 받도록 하세요." 상속이 발생하면 10년간의 자료를 조사하기 때문에 불과 며칠 전에 처리한 것은 아무 의미가 없다. 며칠 사이에 숨길 수 있는 것도 없고, 따라서 결과는 달라지지 않는다.

사례 2

사업을 하던 A대표가 60대 중반의 나이에 갑자기 세상을 떠나면서 상속이 발생했다. 유가족으로는 부인과 아들이 있었다. 다행히 아들이 이미 회사 일에 관여하고 있어서 회사 경영은 안정적으로 이어갈 수 있었다. A대표는 전혀 건강에 이상을 느끼지 못했고, 열정적으로 사업을 하고 있었기 때문에 가업승계나 상속·증여는 전혀 고려를 하지 않은 상황이었다. 그래서 대부분의 재산이 A대표 소유로 되어 있었고, 증여도 한 적이 없었다. 상속자산으로는 100억 원이 넘는 회사주식과 100억 원 정도의 금융자산, 부동산을 보유하고 있었다. 아들은 회사 지분을 중심으로 재산을 물려받고, 부인은 금융자산을 중심으로 물려받아서 상속세까지 내고 정리가 되었다. 다행히 금융자산이 많아서 상속세 문제도 어렵지 않게 해결할 수 있었다.

▶▶▶ A대표의 부인은 상속받은 자산을 가장 편리하고, 안정적으로 운용하기를 바랐다. 부인 입장에서는 이미 나이도 60대이고, 자녀도 아들밖에 없는 만큼 다른 큰 욕심을 낼 필요가 없었기 때문이다. 그래서 금융자산을 3등분하여 3분의 1은 만기 1년 이내의 상품으로, 또 3분의 1은 3~5년 정도의 만기 상품으로 구성해 관리하기로 했다. 나머지 3분의 1은 비과세 상품인 10년 이상의 장기 상품에 가입키로 했다.

그런데 문제가 발생했다. 어머니의 얘기를 들은 아들이 반대 입장을 밝힌 것이다. 이유인즉, 왜 돈을 장기 상품에 넣느냐는 것이다. 이미 아들은 사업을 물려받았을 뿐만 아니라 본인 명의의 금융자산을 수십억 원 가지고 있었다. 아들이 반대하고 나선 이유는 여러 가지가 있겠지만, 가장 큰 이유는 어머니 소유로 되어 있는 금융자산이지만 자신이 필요할 때 언제든 꺼내 사용할 수 있다는 생각을 하고 있는 것이다. 즉 필요할 때 사용하기 위해서는 단기 상품으로 운용되어야 하는데, 어머니는 그런 관리를 할 만한 능력이 없다고 생각하는 것이다.

자식이라고 꼭 부모 재산을 물려받아야 할까? 본인이 직접 벌거나 불린 재산도 아닌데 말이다. 부모가 재산을 물려주면 고마운 것이고 안 물려주면 할 수 없는 것인데, 마치 당연히 자식 몫이라고 생각하는 것은 잘못되었다. 아들 본인도 이미 물려받은 재산이 많지 않은가? 그것만 해도 충분히 감사할 일인데, 또 욕심을 낸다는 말인가? 다행히 얼마간의 시간이 흐른 후 아들과 얘기가 잘되어 어머니의 생각대로 처리할 수 있었다.

세상에는 착하지 않은 나쁜 자식들만 있는 것은 아니다. 세금을 더 많이 내더라도 부모의 마음을 편안하게 하기 위해 자신의 권리를 주장하지 않고 부모의 의견을 따르는, 착하고 좋은 자식들이 더 많다.

사례 3

60대 중반의 부부가 함께 방문해서 상담을 진행했다. 건강 악화로 하던 사업을 정리했다는 A대표는 현재 항암치료 중이라고 했다. 그런데 최근 병원에서 오래 버티기 힘들 것 같다는 진단을 했다는 것이다. 혼자 남을 부인이 걱정되어 아픈 몸을 이끌고 내 사무실까지 찾아온 A대표의 한 가지 당부는 혼자 남게 될 부인을 잘 도와달라는 것이었다. 그래서 일부러 부인과 함께 왔다고 했다.

A대표에게는 1남 1녀의 자녀가 있었고, 두 자녀 모두 결혼 후 맞벌이를 하면서 평범한 직장생활을 하고 있었다. 부인은 자녀들이 아직 젊은데 혹시라도 부친의 재산을 물려받을 경우 직장생활을 그만두거나 자녀들 간에 재산을 많이 차지하겠다고 싸움을 할까 봐 걱정이라고 했다. 부인은 자녀들이 지금처럼 평범하게 자신의 노력으로 살아가기를 원했다. 그래서 대부분의 재산을 부인이 상속받는 것으로 하고 싶다는 것이다.

▶▶▶ 정상적으로 상속을 하게 되면 부인의 몫을 제외하고, 자녀들도 각각 최소 10억 원 정도의 재산을 물려받을 수 있는 상황이다. 나는 부인의 사망 시에 내야 하는 2차 상속세까지 고려하면 절세를 위해서는 자녀들에게 재산을 많이 물려주는 것이 효과적이라고 설명했다. 그리고 자녀들이 재산을 물려받지 못하는 것에 불만을 가질 경우, 법정상속분의 50%를 요구할 수 있는 '유류분 반환청구권'을 행사할 수 있기 때문에 가족들 간의 합의가 중요하다는 점을 설명했다.

몇 달 뒤 A대표가 세상을 떠났다는 얘기를 듣고 부인을 다시 만났다. 그간의 진행상황을 듣고는 다시 한 번 해결방법과 유의할 사항들을 설명했는데, 그 후에 최종 결과를 전해 들을 수 있었다. 다행히 자녀들도 부인의 뜻에 따르기로 해서 대부분의 재산을 부인이 상속받았다고 한다.

이 사례에서 볼 수 있듯이 때로는 세금보다 더 중요한 것이 있다. 진정으로 자식을 생각하는 마음! 그것이 부모의 마음이고, 자녀들도 그런 어머니의 마음을 이해하여 그 뜻을 받아들인 것이다. 아직 우리 사회는 좋은 사람, 착한 사람이 더 많다고 믿고 싶다.

'돈 앞엔 피도 눈물도…'…재벌家 형제들 상속·경영권 분쟁史

삼성 비롯해 금호·현대·두산·한진·롯데·한화·동아건설 등 씁쓸한 뒷맛 남겨

[헤럴드경제=신상윤 기자] 지난 6일 고(故) 이병철 삼성그룹 창업주의 상속 재산을 놓고 벌어진 장남 이맹희 전 제일비료 회장과 삼남 이건희 삼성전자 회장 사이에 벌어진 소송 항소심 선고 공판에서 재판부는 1심에 이어 이건희 회장의 손을 또 들어줬다. 이건희 회장은 누차 강조해 왔던 적통성을 인정받고 마무리되는 모양새를 보이고 있다.

이번 재판을 계기로 그동안 여러 재벌가(家)에서 있었던 형제간 상속·경영권 분쟁이 다시 인구에 회자되고 있다. '돈 앞에서는 부모·형제도 없다' '있는 사람들이 더 무섭다' 등의 옛말도 다시 사람들 입에서 오르내리고 있다.

수그러드는 듯했던 금호가 형제간의 분쟁은 최근 다시 악화되고 있다. 형인 박삼구 회장이 이끄는 금호아시아나그룹은 지난 3일 보안요원에게 금품을 주고 정보를 빼내려 한 혐의(배임증재)로 동생 박찬구 금호석유화학 회장의 운전기사를 경찰에 고소했다.

금호그룹은 오너 형제간의 갈등으로 2010년 금호아시아나그룹(박삼구)과 금호석유화학(박찬구)으로 갈라졌다. 이후로도 검찰 수사와 고발, 계열분리와 상표권을 둘러싼 소송이 수년째 이어지고 있다.

과거에도 재벌가 형제간 다툼은 꾸준히 있어왔다. 범(汎) 현대가의 갈등과 2001년 고 정주영 현대그룹 창업주가 타계할 무렵 불거져, 2000년 정몽주 현대자동차그룹 회장과 고 정몽준 현대그룹 회장 간의 갈등은 '왕자의 난'으로 불리기도 했다.

2003년 정몽헌 회장이 사망한 후에는 정몽헌 회장의 부인인 현정은 현대그룹 회장과 정주영 명예회장의 동생이자 현정은 회장의 시숙부인 정상영 KCC 명예회장 사이에 현대그룹 경영권을 둘러싼 '시숙의 난'으로 이어졌다. 2006년에는 정몽준 의원이 이끄는 현대중공업그룹이 현대그룹 계열사인

현대상선 지분을 매입하면서 '시동생의 난'까지 빚었다.

두산그룹은 오너 형제간의 갈등이 폭로전으로 번지면서 오너 일가가 기소를 당하기까지 했다. 두산그룹은 2005년 고 박용오 전 성지건설 회장이 동생인 박용성 두산중공업 회장에게 그룹 회장직을 넘겨줄 때만 해도 가족경영의 대표적인 사례로 꼽혔다. 하지만 며칠 뒤 박용오 전 회장이 동생의 회장 취임에 반발해 검찰에 그룹의 경영 현황을 비방하는 투서를 제출하면서 싸움이 일파만파로 번졌다. 그 과정에서 분식회계 등 오너 일가의 치부가 드러나 충격을 줬다.

한진그룹은 2002년 고 조중훈 창업주가 타계한 이후 장남인 조양호 회장, 차남 조남호 한진중공업그룹 회장, 4남 조정호 메리츠금융그룹 회장이 유산 상속 문제로 갈등을 겪었다. 결국 조남호 회장의 한진중공업그룹과 조정호 회장의 메리츠금융그룹은 한진그룹에서 독립했다.

롯데그룹도 1996년 서울 영등포구 소재 37만 평의 롯데제과 부지 소유권 문제를 놓고 맏형 신격호 롯데그룹 총괄회장과 계열분리해 나간 막냇동생 신준호 푸르밀(옛 롯데우유) 회장이 다투면서 내홍을 겪었다.

롯데는 2010년 롯데마트를 통해 PB 상품인 '롯데라면'을 내놓으며 라면 시장에 뛰어들어 구설에 오르기도 했다. 해당 시장은 셋째 동생인 신춘호 회장의 농심(옛 롯데공업)이 점유율 1위를 달리고 있기 때문이었다. 두 사람은 1960년대 신춘호 회장의 라면 사업 시작을 놓고 의견이 갈렸고, 결국 신춘호 회장은 형에게서 독립했다.

– 출처: 《헤럴드경제》 기사 인용(2014. 2. 9)

9일 만에
창업주의 장례식을 치르다

2007년 상장기업인 Y회사의 창업주인 K회장이 갑자기 세상을 떠났다. K회장은 유족으로 부인과 2남 4녀의 자녀를 남겼다. 그런데 장남과 나머지 가족들 간의 재산권 행사와 관련한 분쟁으로 장례 절차를 제대로 진행하지 못하다가 간신히 9일 만에야 장례를 치른, '상가喪家의 비극'이라는 오명을 남기는 사건이 발생했다.

유족 간의 갈등이 파국으로까지 치닫게 된 이유는 이렇다. K회장이 타계하기 바로 전날 K회장이 보유하고 있던 Y회사 주식 35.4%(101만 2,848주, 127억 원)를 S사 측에 매각한 사실이 공시를 통해 뒤늦게 알려지면서 큰아들인 A부회장과 직원들이 주식 매각 무효를 주장하면서 장례식장을 점거했다. A부회장 측은 자신을 제외한 가족들이 부친인 고인의 재산과 경영권을 탐내 왔는데, 부친이 사망하기 하루 전에 자신을 속인 채 주력회사인 Y 회사의 주식매각 계약을 체결했다는 것이다. 그러나 다른 가족들은 고인이 오래전부터 대리인을 통해 추진해 온 일이었다면서 사망 하루 전에 계약을 체결한 것은 전적으로 우연이었으며, 이 모든 일은 고인의 뜻임을 주장했다.

이 사건은 이미 오래전부터 있어온 가족 간의 갈등에서 비롯된 것이었다. 2000년, 갑자기 창업주인 K회장이 뇌졸중으로 쓰러지면서 아들인 A부회장이 경영 전면에 나서기 시작했다. 그런데 1980년대 중반에 A부회장이 경영수업을 받던 중 해외에 설립한 자회사의 부실 규모가 커서 모기업의 생존을 위협하자 K회장은 '경영능력 부족'을 이유로 소송까지 해가며 A부회장을 경영에서 손 떼게 했다. 그러나 A부회장은 물리력을 행사하는 등의 방법으로 경영에 참여했으며, 이 와중에 어머니를 상대로 채권반환 소송까지 제기했다. 그동안 가족 간의 갈등의 골은 깊어질 대로 깊어져 왔다.

이런 상황에서 A부회장은 본인이 배제된 채 경영권이 경쟁회사로 넘어가게 된 사실을 뒤늦게 알고 지분매각은 무효라는 주장을 하고 나선 것이다. 그리고 Y기업이 다른 회사로 피인수될 경우 예상되는 고용 불안감과 해고의 두려움 때문에 직원들도 A부회장을 지지하고 나선 것이다.

결국 9일 만에 장례는 치렀지만 집안싸움의 이유는 온 세상이 다 알게 되었다. A부회장이 상속받은 Y회사의 주식은 결국 법원의 최종 판결에 의하여 S사 측으로 넘어갔다. 그 이후에도 A부회장과 나머지 가족들은 차명재산에 대한 소유권을 각각 주장하면서 소송이 계속되었다.

무리 없이 가업승계를 하기 위해서는 후계자 양성이 얼마나 중요한지를 다시 한 번 느끼게 한다. 아무리 자식이라도 어른이 된 후에는 부모 뜻대로 움직이지 않는다. 따라서 어릴 때부터 자녀들의 교육에 더 많은 관심을 쏟는 것이 필요하다.

자녀교육은 평소 가족 간에 대화를 나누고 함께하는 시간을 가지는 데서 출발한다. 따라서 CEO들은 아무리 회사 일이 바쁘더라도 가족들이 함께 시간을 보내고, 대화를 나누는 기회를 정례화해서라도 만들어나가는 것이 필요하다.

또 한 가지는 재산의 소유주가 생전에, 그것도 건강할 때 후계자 문제와 상속재산 분배와 관련하여 정리를 잘해 놓지 않으면 본인 사후에 무슨 일이 생길지 알 수 없다는 것이다. 형제자매 간뿐만 아니라 생명을 나누어 준 부모자식 간에도 재산 앞에서 싸우는 일이 벌어지는 것이다.

자신이 남겨준 재산 때문에 가족들끼리 헐뜯고 싸운다면 고인이 지하에서 편히 쉴 수 있겠는가?

10여 년 전에 못 받은
유산을 달라고?

국내 중견기업인 G사의 창업주인 K회장은 2남 4녀의 자녀를 두었다. 1950년대 중반에 회사를 설립한 K회장은 1970년대 초 명예회장으로 물러났다. 그 이후 장남인 A회장이 회사를 맡아서 해외 시장에 성공적으로 진출했으며, 사업다각화 등을 통해 다방면에서 큰 성공을 거두었다.

선대 K회장은 생전에 가부장적인 가족관계를 엄격히 유지해 왔던 것으로 알려졌다. 이 때문에 딸들은 아버지의 재산 현황에 대해 거의 아는 바가 없었다고 한다. K회장은 1997년 노환으로 사망했으며, 장남인 A회장은 유산으로 120억 원을 상속받았다. 첫째와 둘째 딸은 상속을 포기했으며, 셋째와 넷째 딸은 각각 35억 원의 재산을 물려받았다. 그런데 나중에 K회장 생전에 장남인 A회장에게는 약 800억 원대의 재산을, 그리고 차남에게는 약 200억 원대의 재산을 증여했다는 사실이 밝혀졌다.

2009년 셋째와 넷째 딸인 두 자매는 장남인 A회장을 상대로 "상속받은 유산 중 15억 원씩을 지급하라"며, 유류분 반환청구 소송을 냈다. 그녀들은 유류분 반환청구 소송에서 "아버지가 생전에 큰 재산을 축적했고, 장남인 A회장과 차남 등에게 1,000억 원대의 재산을 증여했다는 사실에 대해 나이 어린 동생들은 전혀 알지 못했다"면서, "장남이 선대회장으로부터 재산 대부분을 증여받았다는 사실을 뒤늦게 알게 됐고, 현재도 밝혀지지 않은 거액의 재산들이 숨겨져 있다"고 주장했다. "따라서 이미 두 사람 몫으로 받은 유산을 제하고, 139억 원을 추가로 받을 권리가 있으며, 일단 증여받은 유산의 일부인 30억 원과 지연손해금을 청구한다"고 밝혔다.

5차 공판까지 가는 과정에서 당초 양측이 제시하는 금액의 차이가 너무 커서 쉽사리 합의를 이루지 못했는데, 2010년 1년여 만에 조정으로 소송이 종결됐다. 양측은 조정조서에서 "A회장이 두 사람에게 각각 20억 원을 지급하되, 이 돈은 유류분 계산에 의한 것이 아니라 동생들에 대한 A회장의 배려에 의한 돈임을 확인한다"고 밝혔다.

📍 유류분 반환청구 소송에 대비해야!

부모가 세상을 떠난 뒤 10년여의 세월이 흘렀음에도 상속재산 때문에 자식들 간에 분쟁이 생길 수 있음을 보여준 사례다. 상속·증여 및 가업승계는 골치 아프다고 뒤로 미루기만 해서 되는 일이 아님을 기억해야 한다.

특히 유류분 반환청구 소송은 향후 더 많이 증가할 가능성이 높다. 왜냐하면 유교문화에서 내려오던 가족 내의 서열관계는 이미 붕괴되었으며, 서구 자본주의가 발달하면서 개인 중심의 사고가 우선시되고 있기 때문이다. 게다가 아들에게는 똑똑한 며느리가 있고, 딸에게는 잘난 사위가 있기 때문에 형제보다는 자기가 낳은 자식을 먼저 선택할 수밖에 없다. 그래서 자식을 고려한 직계가족 중심으로 모든 것을 선택하게 될 가능성이 높다.

또한 변호사의 수가 증가하면서 새로운 소송 거리를 찾게 되고, 착수금 없이 성과를 배분하는 방식의 도입이 확산되면서 소송이 증가하게 될 것이다.

따라서 이러한 문제를 예방하기 위해서는 자녀들의 인성교육에 관심을 갖고 어릴 때부터 올바른 인성을 갖도록 교육해야 한다. 또 가업승계와 재산 이전 문제에 대해서도 잘 교육하고, 미리미리 준비를 해서 사후에 문제가 발생하지 않도록 하는 것이 더 현명한 선택일 것이다.

부부 사이가 나빠질 줄
미처 몰랐어요

코스닥 상장사인 C사의 부부간 경영권 분쟁은 A회장과 부인인 B 사이에 이혼소송과 더불어 B가 경영 참여를 선언하면서 본격화되었다. A회장은 2000년대 초 비상장기업이었던 C사의 코스닥 상장 추진을 앞두고, 본인이 소유하고 있던 지분을 부인과 세 자녀에게 증여하면서 증여세를 납부했다. 상장 후 A회장의 지분율은 22.1%였으며, 부인(14.5%)과 자녀 3명(36.2%)의 보유 지분은 총 50.7%를 차지했다.

그런데 부부 사이가 나빠지면서 2010년 초 부인 B가 이혼소송과 함께 회사의 경영 참여를 선언했다. 그해 봄에 개최된 주주총회에서 B는 자녀들의 도움을 받아 남편인 A회장을 밀어내고 본인이 회장으로 취임했다. 이어 다음 달에는 A회장이 N투자조합에서 보유하고 있던 지분 12.8%(473.9만 주)를 장외에서 매입했다. 이 과정에서 N투자조합은 105억 원에 매입한 지분을 단기간에 80% 이상의 차익을 얻고 주식을 처분한 것으로 추정된다.

지분을 추가로 확보한 A회장은 5월에 '주주총회 소집 및 의결권 가처분 소송'을 제기하면서 '부인과 자녀들이 보유한 지분은 증여가 아닌 명의신탁 지분이므로 자신이 실소유주'라고 주장했다. 그러나 법원에서는 정상적인 절차를 거쳐서 증여가 이루어지고, 증여세를 납부한 만큼 명의신탁이 아닌 증여로 판결했다.

2010년 가을, 9개월 만에 부부 양측은 합의 이혼에 동의했으며, 경영권 분쟁 또한 합의로 종료되면서 이 사건은 일단락되었다. 결국 A회장은 부인과 자녀들에게 지분을 증여한 사실을 인정한 대신 부인과 자녀들이 보유한 지분의 의결권을 위임받는 것으로 경영권을 넘겨받았다.

이렇게 주주총회에서의 표 대결, 소송 등 갈등 상황이 진행되면서 부모와 자녀 모두 마음에 큰 상처를 입었다. 주가 역시 단기간에 300%가 상승했다가 급락하는 과정을 반복하면서 투자자들을 울리고 웃기는 상황이 발생했다. 경영권 다툼을 하는 동안 회사 사정도 급격히 나빠졌는데, 세계적인 위기 상황 속에서 적절히 대응하지 못하여 수년간 영업 손실을 기록하는 등 경영난을 겪게 된 것이다. A회장은 이 난국을 타개하기 위해 개인 부동산을 매각하고, 회사의 주력 사업부문을 매각하는 등의 자구 노력을 기울이며 경영 정상화를 위해 노력해야만 했다.

하지만 경영난을 극복하지 못하고, 법원의 기업회생 절차를 거치면서 대주주 지분은 감자를 통해 휴지가 되었고, 기업은 제 3자에게 매각되었다. 뿐만 아니라 A회장은 주식 시세 조작 및 직원 임금체불 혐의로 실형을 선고받았다.

🔵TIP 각자 상황에 맞게 단계별로 증여를 실행해야!

증여도 잘해야 한다. 총자산 규모에 따라 많이 달라지기는 하지만 일반적인 순서는 다음과 같이 진행하는 것이 바람직하다. 먼저 한 번에 다 주는 것이 아니라 전체적인 전략을 수립한 후 단계별로 진행해야 한다. 처음에는 작은 재산을 증여하여 추가적인 증여에 대비한 세금을 낼 수 있는 능력을 갖추도록 하는 것이다. 동시에 자산을 관리할 수 있는 능력을 갖추도록 해야 한다. 그리고 세금납부 능력, 재산관리 능력 등을 고려하여 추가적인 증여를 계속해서 진행해 나간다.

증여를 할 때는 증여계약서를 작성하는 것도 한 방법이다. 그런데 증여의 해제 요건이 제한적이어서 위 사례의 경우에는 적용되지 않는다.

아버지가 돌아가시면
유류분 반환을 청구하겠어요

성공한 사업가인 F기업의 A회장은 2008년 시한부 선고를 받았다. 췌장암 3기여서 6개월밖에 살 수 없다는 이야기를 들은 것이다. 당시만 해도 췌장암은 발견되면 6개월 이상을 생존하기 힘들 정도로 치료가 어려운 병으로 알려졌었다. 그래도 혹시나 하는 마음에 A회장은 마지막 희망을 걸고 수술대에 누웠다. 수술 전날 A회장은 자녀들을 부른 후 "본인의 모든 재산은 육영사업을 위해 사용해 달라"는 유서를 작성했고, 자녀들에게는 '재산포기 각서'를 쓰게 했다.

그런데 수술이 잘되어 A회장은 건강을 되찾았고, 자신의 재산을 사회에 환원하는 데 적극적으로 나섰다. 2010년에는 해외 선교 활동을 하는 한편, 교육센터를 건립해 교회에 기부하는 등 사회 환원 활동을 크게 늘렸다. 2011년에는 부실학원재단을 인수하는 작업을 진행하기도 했다. 20년에 걸쳐 학내 분규가 이어지던 S학원의 새로운 재단 공모에 참여하여 본인 재산의 상당부분을 차지하는 500억 원 가까운 재산(현금, 부동산, 채권액 등)의 출연을 약속하고 재단을 인수한 것이다. 이듬해에 교육부의 승인을 받아 A회장은 재단이사장에, 아들인 B교수는 총장에 취임했다.

한편 2011년 11월, A회장의 두 딸은 S학원 재단 측에 내용증명을 보내 부친인 A회장의 '재산 출연'을 반대한다는 의사를 표명했다. 두 딸은 "재산 출연에 동의할 수 없다. 유류분을 청구하겠다"면서 재단 인수를 반대했다.

부친인 A회장이 생존해 있는 동안은 법적인 상속권리가 생기지 않기 때문에 법적으로 문제를 제기할 수 없지만, A회장이 세상을 떠날 경우 공언대로 두 딸은 유류분을 청구할 수 있다. 이 경우 S학원 재단 측은 출연 재산의 일부를 반환해야 할 수도 있다. 그렇게 될 경우 안정화가 진행되고 있는 학교는 또다시 혼란 속으로 빠져들 수 있기에 A회장은 대안을 마련하는 것이 필요하다.

TIP 피상속인의 생전에 작성한 「상속포기」는 무효!

상속이 발생하기 전에 미리 상속권을 포기하는 '사전 상속포기'는 법적 효력이 없다. 그런데 A회장처럼 자신이 형성한 재산이라고 해서 본인 마음대로 처리할 경우 문제가 생길 수 있다. 아무리 좋은 뜻에 사용한다고 해도 자녀 등 상속인의 유류분권을 침해하게 될 경우, 본인 사후에 새로운 분쟁을 일으킬 여지가 다분하기 때문이다. 이를 방지하기 위해서는 상속인들과의 충분한 대화를 통해 동의를 얻거나, 상속인들의 유류분을 침해하지 않을 정도의 다른 재산을 남겨주어야 한다.

개인과 법인,
어떤 쪽이 유리할까?

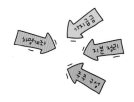

모든 사업자는 사업을 시작할 때 사업자등록을 해야 한다. 사업자등록은 사업장마다 해야 하며(사업자단위 과세사업자는 본점 또는 주사무소 관할세무서에 사업자등록을 한다), 사업을 시작한 날로부터 20일 이내에 관련 서류를 구비한 후 사업장 관할세무서 민원봉사실을 방문해 신청하면 된다. 사업자등록증은 사업자등록 즉시 발급해 주나, 사전확인대상 사업자의 경우 현장 확인 등의 절차를 거친 후 발급한다.

사업자등록을 하기 전에 해당 사업이 과세업종인지의 여부를 확인해야 하는데, 부가가치세가 과세되는 사업은 과세사업자등록을, 면제되는 사업은 면세사업자등록을 해야 한다. 겸업인 경우는 과세사업자등록만 하면 된다. 그리고 사업 형태를 개인으로 할 것인지, 법인으로 할 것인지 또는 일반과세자로 할 것인지, 간이과세자로 할 것인지를 결정해야 한다. 일부 사업에서는 관련 법규의 허가, 등록, 신고대상인 경우 먼저 공공기관으로부터 허가 등을 받아야 한다.

사업자의 유형에 따라서 크게 개인사업자와 법인사업자로 나뉠 수 있다. 개인사업자는 회사를 설립하는 데 상법상 별도의 절차가 필요치 않아 그 설립 절차가 간편하고, 휴·폐업 절차도 비교적 간단하다. 보통 부가가치세와 소득세 납세의무가 있다. 개인사업자는 과세 유형에 따라 과세사업자와 면세사업자로 구분되며, 면세사업자는 부가가치세 납부의무가 없는 사업자를 말한다. 사업 규모에 따라 일반과세자, 간이과세자로 구분된다.

법인사업자는 법인의 설립등기를 함으로써 법인격을 취득한 법인뿐만 아니라 국세기본법의 규정에 따라 법인으로 보는 법인격 없는 단체 등도 포함되며, 부가가치세와 법인세 납세의무가 있다.

개인사업자와 법인의 차이점을 간단히 살펴보자. 먼저 개인사업자는 설립 절차와 운영이 간편하기 때문에 소규모 사업을 영위하는 데 적합한데, 사업에 따른 손익을 사업자가 모두 가져간다. 반면 법인은 출자한 지분의 비율에 비례하여 이익을 배분받고, 손실도 출자한 금액 내에서만 책임을 진다. 법인은 크게 영리법인과 비영리법인, 사단법인과 재단법인, 내국법인과 외국법인으로 나뉘며, 일반적인 사업은 영리법인—주식회사 형태가 가장 많다.

개인사업자와 법인 비교

구분	개인사업자	법인
개요	회사를 설립하는 데 상법상 별도의 절차가 필요치 않아 그 설립 절차가 간편하고, 휴·폐업이 비교적 쉽다. 부가가치세와 소득세 납부의무가 있다.	법인 설립등기를 함으로써 법인격을 취득한 법인과 국세기본법의 규정에 따라 법인격 없는 단체 등도 포함된다. 부가가치세와 법인세 납세의무가 있다.
장점	· 소규모 사업에 적합하다 · 사업이익 전부가 사업자에 귀속된다 · 회사 활동이 비교적 자유롭다	· 자본 조달 및 규모의 경제에 유리하다 · 출자지분별 책임 및 이익 배분 · 소유와 경영의 분리가 가능하다 · 대외 브랜드 강화에 유리하다 · 세제혜택이 상대적으로 많다
단점	· 사업자가 모든 위험을 부담한다 · 회사의 영속성 보장이 어렵다 · 외부 자본조달이 어렵다 · 높은 소득세율이 적용된다	· 주주 간의 이해 상이로 인한 위험이 따른다 · 회사자금의 개인용도 사용에 한계가 있다 · 법률상 의무 및 규제가 많다
납부 세금	소득세	법인세
세율 구조	6~45%(8단계)	10~25%(4단계)
납세지	사업자 주소지	본점·주사무소 소재지
기장의무	간편장부 / 복식부기	복식부기
외부 감사 제도	없음	· 직전 자산총계 120억 원 이상 법인 · 상장법인 및 상장예정법인

위와 같이 개인사업자와 법인 간에는 여러 가지 장단점이 있는데, 개인사업자로 사업을 하다가 사업의 규모가 커지게 되면 법인으로의 전환을 고려하는 경우가 많다. 간혹 소득세를 줄이기 위해 법인으로 전환했다가 후회하는 경우가 있는데, 제도의 장단점과 전환 목적을 종합적으로 살펴본 후 결정하는 것이 바람직하다.

경기도에서 중소기업을 운영하는 A대표는 개인사업자로 회사를 운영해 오다가 최근 법인으로 전환했다. 매출과 이익이 늘어나면서 소득세를 많이 내게 되자 법인 전환을 서두른 것이다. A대표는 개인의 소득세에 비해 법인은 세율이 낮아 세금을 많이 줄일 수 있을 것이라고 기대를 했다. 그런데 법인으로 전환한 후에도 회사 이익은 계속 늘어났고, A대표는 개인적인 용도로 필요한 자금을 회사에서 가져가려 했지만 마음대로 가져갈 수 없었다. 개인사업자일 때는 소득세를 낸 후에는 모든 이익금을 마음대로 사용할 수가 있었는데, 법인으로 바꾼 후에는 정해진 급여만 가져갈 수 있었다. 급여 이상의 돈을 가져가기 위해서는 성과급 제도를 만들거나 배당을 하는 등의 절차를 거쳐야 했다. 그렇게 할 경우 모든 소득을 합하여 종합소득세를 납부해야 하기 때문에 개인사업자로 사업을 할 때와 세금에도 큰 차이가 없었다.

개인사업자에서 법인으로 전환을 검토할 때는 다음과 같은 몇 가지에 유의하여 결정하는 것이 좋다. 첫째, 법인으로 전환하려는 목적이다. 많은 경우 법인세율과 종합소득세율의 차이가 크기 때문에 사업이 잘되어 이익이 늘어나게 되면 최고세율에 해당하는 세금을 내는 것이 부담스러워진다. 법인으로 해서 사업을 하게 되면 이익금 중 필요한 금액만 급여, 성과급, 배당 등을 통해 가져가고, 나머지는 낮은 세율의 법인세를 낸 후 회사자금으로 활용하면서 회사의 성장에 활용할 수 있다.

물론 회사의 이익금을 추후 개인의 자산으로 이전하기 위해서는 다시 세금을 내야 한다. 그래도 장기적으로 보면 낮은 세율로 세금을 내고, 그 세율의 차이를 사내에 유보시켜서 장기간 운용하게 되면 절세 효과가 크게 나타난다.

그리고 법인은 나이, 직업, 거주지 등과 무관하게 지분을 보유할 수 있기 때문에 직접 사업에 참여하지 않더라도 투자자뿐만 아니라 배우자와 자녀들의 몫을 지분으로 참여시킴으로써 소득과 자산의 성장을 함께 공유할 수 있다는 장점이 있다.

둘째, 회사의 규모가 커지면서 대규모 자금조달을 필요로 하거나 대기업과의 거래를 위해 회사의 대외 신뢰성과 브랜드 가치를 제고할 필요가 있을 경우다. 이때는 개인사업자보다는 법인의 회계 투명성 등이 상대적으로 높다고 인식하기 때문에 여러 가지 측면에서 좋은 이미지를 심어줄 수 있다.

셋째, 법인의 전환 시기다. 특히 조세지원을 받는 세감면 사업양수도 방법에 의해 법인으로 전환할 경우에는 전환 후 2년 이내에 정당한 사유 없이 사업을 폐지하거나 법인자산을 처분하면 면제받은 취득세 등을 추징당할 수 있다. 따라서 2년 이내에 법인자산의 일부를 처분할 계획이 있다면 법인 전환 시기를 잘 선택할 필요가 있다.

● 법인 전환 방법과 특징

개인사업자를 법인으로 전환하는 방법은 아래와 같이 몇 가지가 있는데, 각기 장단점이 있으므로 가장 유리한 방법으로 진행하면 된다. 개인사업을 포괄적으로 '현물출자'하여 법인으로 전환하는 경우, 개인사업에서 발생한 결손금은 전액 소멸되어 법인세 과세표준 계산 시 해당 결손금을 공제받을 수 없다는 점에 유의해야 한다.

법인전환일을 부가가치세 신고기간의 마지막 월, 즉 분기 말로 정하면 일반적인 부가가치세 신고와 폐업에 따른 부가가치세 신고를 한 번에 해결할 수 있어 편리하다.

구분	일반 사업양수도	세감면 포괄양수도	현물출자
방법	법인을 설립하여 개인기업을 양도양수	(개인사업 순자산 多) 법인을 설립하여 개인기업을 양도양수	부동산, 채권, 유가증권 출자방식
세부담	양도세, 취득세	양도세 이월, 취득세 면제	양도세 이월, 취득세 면제
비용	채권부담	채권구입 면제	채권구입(부동산 면제)
기간	단기	단기	장기
절차	간단	간단	복잡
선택 포인트	부동산이 없거나 부동산을 승계 안 할 경우 (개인 소유 부동산을 법인에 임대)	자금여유 있는 경우 (순자산 양수자금 有)	부동산 있으나 유동성 부족한 경우 (순자산 양수자금 無)

CEO Financial Management

부자 회사,
가난한 CEO

중소기업을 운영하는 CEO들을 만나다 보면 안타까운 상황을 접하게 될 때가 자주 있다. 대표적인 사례가 온갖 어려운 역경들을 이겨내고 회사는 안정기에 접어들었는데, CEO에게 남은 것은 집 한 채와 가족들을 고생시킨 기억밖에 없는 경우다.

사례

영등포역 근처에 가면 작은 정밀가공업을 하는 공장들이 많다. A대표는 30대 중반에 그곳에서 밀삭기 한 대로 사업을 시작하여 고생 끝에 연매출 100억 원이 넘고, 종업원 수 20명이 넘는 회사로 키워냈다. 그사이 1990년대 말의 IMF와 2000년대 말의 세계적인 경제위기를 겪는 등 온갖 어려운 상황들을 이겨냈고,

이제는 대기업에 자동차 부품제조장비를 납품하면서 어느 정도 안정화되어 가고 있다. 어느 날 CEO 모임에서 오랫동안 알고 지내던 지인이 갑자기 건강이 악화되어 세상을 떠났다는 소식을 전해 들었다. 그 순간 A대표는 지나온 세월을 돌아봤고, 오로지 회사를 키우겠다는 일념으로 살아온 자신을 발견했다. 그런데 개인자산으로는 살고 있는 집 말고는 아무것도 없었다. 그 뒤로 A대표는 "혹시 나에게 무슨 안 좋은 일이라도 생긴다면 남은 가족들은 어떻게 살지?"라는 고민이 생겼다.

이 같은 사례는 특히 기술직으로 출발해서, 생산부터 판매까지 불철주야 노력하며 혼자 힘으로 회사를 키워온 CEO들에게서 흔히 볼 수 있다. 많은 CEO들이 회사의 발전을 위해 대부분의 개인자산을 회사에 투자하기 때문에 법인의 가치에 비해 개인의 자산은 적은 경우가 너무도 많다. 이런 경우 회사가 잘되더라도

CEO에게 갑자기 사고가 생길 경우 회사의 운영자금 유동성 문제를 포함해서 여러 가지 문제가 발생할 수 있다는 점을 고려해야 한다.

왜냐하면 법인의 자산을 마음대로 개인자산화할 수 없으며, 비상장 중소기업의 주식은 쉽게 현금화할 수 있는 것이 아니기 때문이다. 상장기업의 주식이야 시장에서 거래가 가능하지만, 비상장주식은 사업의 당사자 외에는 매수자를 찾기가 어렵다.

이처럼 CEO의 개인자산 대부분이 현금화가 어려운 법인 지분일 경우, 자신의 은퇴생활에 필요한 준비도 쉽지 않을뿐더러 가업승계를 위한 자금 확보도 어려울 수 있다는 점을 고려해야 한다.

이렇게 회사는 여유가 있는 반면 CEO는 충분한 소득과 자산을 확보하지 못했을 경우, 이 문제를 해결하기 위한 방법은 어떤 것들이 있는지 살펴보자.

① 적정한 급여 수준과 소득 확보 방법

많은 중소기업 CEO들이 소득세에 대한 부담 때문에 낮은 급여를 받고 있거나, 배당도 하지 않는 경우가 많다. CEO의 자금 출처에는 법인으로부터 받는 급여, 성과급, 배당, 퇴직금이 전부다. 그렇기 때문에 급여는 낮게 받고 배당을 하지 않으면, 개인 소유의 자산 구입이나 정상적인 가정의 소비생활을 위한 자금이 부족하게 된다. 그래서 생활에 필요한 자금과 자산 취득을 위해

대출을 받거나 법인에서 자금을 빌려서 사용하는 등의 문제가
발생될 수 있다. 이러한 문제를 해결하기 위해서는 실제 필요한
소득 수준으로 급여를 인상하는 한편, 배당 실시 등을 통해 충분
한 소득을 확보해야 한다.

　　회사 규모에 따라 다르기는 하겠지만, 중소기업 CEO의 평균
연봉은 1~2억 원 수준으로 예상보다 훨씬 낮은 경우가 많다. 최
근 들어 급여를 많이 높여나가는 추세지만, 그래도 아직은 한참
부족하다. 실제 대기업에 다니다가 중소기업으로 옮길 경우 직
급이 올라가도 연봉은 절반 수준밖에 안 되는 사례가 많다. 급
여를 적게 책정한 CEO들의 경우, 저축을 할 만한 여유가 없다.
예를 들어 자녀들을 유학 보내려고 하면 한 명당 연간 7,000만
~8,000만 원의 교육비가 지출되어야 하는데, 그 수준의 급여로
는 어림도 없는 일이다.

　　적정한 급여는 개인자산 확보와 풍요로운 은퇴생활을 위한

퇴직금 확보의 첫걸음이라 할 수 있다. 급여의 현실화를 통한 저축 여력의 확보가 시급하다.

그렇다면 적정한 급여는 어떻게 결정해야 할까? 가장 쉬운 방법은 회사의 이익에 비례하여 생활비와 저축이 가능할 만큼 충분한 수준의 금액을 연봉과 성과급으로 지급받는 것이다. 세금을 고려하여 적정 수준을 판단해 볼 수도 있는데, 법인에서 수령하는 급여는 비용 처리가 되는 점을 감안해 해당 법인에서 납부하는 법인세율과 비교해야 한다. 급여를 발생시키지 않는 경우 법인의 이익금에는 10~25%의 법인세가 부과된다. 따라서 최소한 각 법인의 법인세 세율구간을 확인한 후 CEO의 급여 발생 시 납부하는 실제 종합소득세 세율과 비교하여 급여 책정을 해야 한다.

즉 법인의 수익과 적정한 급여는 각각의 세율을 비교한 후 인상해야 한다.

그리고 실제 근무하는 가족들이 있을 경우 가족들도 적절한 급여 수준을 결정하여 지급하는 것이 필요하다. 특수관계인 임직원(가족임원)의 보수 결정 시 급여의 적정성 여부는 동일 직위의 임직원과 비교하여 형평성을 따져봐야 한다. 지배주주 및 그와 특수관계에 있는 임직원에게 초과 지급한 인건비는 손금불산입되는 항목에 포함된다. 여기에서 지배주주란 '당해 법인의 총발행 주식의 1% 이상을 소유한 주주로서 그와 특수관계에 있는 자와의 소유주식의 합계가 당해 법인의 주주 중 가장 많은 경우'

의 주주를 말한다.

만일 특수관계에 있는 임직원에게 지급하는 급여가 손금불산입된다면 개인은 소득세를 이미 냈지만 법인은 급여에 대한 법인세를 추가로 납부하게 되는 불이익을 받는다. 즉 손금산입되는 적정한 수준의 급여를 책정해야 하며, 특수관계 임직원 급여의 적정 기준 여부는 동일 직위에 있는 임직원과 비교하여 판단하게 된다. 적정한 급여를 정하게 되면 가족의 자금출처 확보 및 법인세 절감의 효과를 누릴 수 있다.

실제 근무하는 가족에게 급여를 지급할 경우 여러 가지 장점이 있다. 먼저 자금출처 확보 및 법인세를 줄일 수 있는데, 실제로 사업장에 근무 중인 가족에게 급여를 지급해도 아무런 문제가 없다. 일단 급여지급 가능 여부는 실제로 일을 하는지 여부를 기준으로 판단하면 된다. 실제 출근하여 법인에서 업무를 수행한다면, 당연히 급여를 지급해도 무방하다.

"아들~분양권 당첨됐네!"
···부모찬스 세무조사

이른바 '부모찬스'로 아파트 분양권을 사들이거나 부동산을 사고팔면서 세금을 탈루한 이들이 대거 적발됐다. 등기소와 국토교통부, 지방자치단체 등 각종 기관이 보유한 정보를 통해 의심 사례를 수집하기 때문에 과거처럼 가족 간에 증여를 하고도 발각되지 않기를 바라는 건 포기하는 게 바람직하다.

국세청은 부동산 편법 탈루 혐의자 85명을 선정해 세무조사에 착수했다고 17일 밝혔다.

조사 대상에는 △자녀가 분양권을 취득한 후 부모가 중도금을 대납해 증여세를 탈루하거나 △분양권 매매시 실제 거래한 금액보다 낮게 계약서를 작성(다운계약)하거나 분양권을 양도하고도 무신고해 양도소득세를 탈루한 혐의자가 포함됐다.

또 △특수관계자에게 분양권을 시세 대비 저가에 양도받아 증여세를 탈루하고 △부동산 등 거래 과정에서 자녀의 채무를 부모가 대신 변제한 경우, △부모 등으로부터 빌린 돈을 갚지 않고 면제 받은 경우, △실제 증여받았음에도 허위로 차입 계약을 한 경우 등 증여세를 탈루한 이들이 적발됐다.

이번에 적발된 사례를 보면 A씨는 어머니 사업체에서 근무하면서 고액 프리미엄이 형성된 고가 아파트 분양권을 취득하고 중도금 및 잔금을 납입했다. 국세청은 나이가 많지 않은 A씨의 생애 소득근거가 충분치 않은 점을 근거로 조사에 나섰고, 이 과정에서 어머니가 수억 원 분양권 매수대금과 잔여 분양대금 수억 원을 대납해 자녀가 취득자금을 편법 증여받은 혐의를 적발했다.

B 씨는 다주택자인 어머니한테서 수억 원 프리미엄이 붙은 아파트 분양권을 프리미엄 수천만 원 수준에 양도받았다.

당국이 양도일 전후 3개월 이내 동일 평형, 동일 기준시가의 분양권이 프리미엄 수억 원으로 거래된 사례가 다수 존재하는 것을 발견해 조사한 결과 이 사실이 적발됐다.

역시 30대 미만 연소자인 C씨는 상가 건물을 십수억 원에 취득하면서 인수한 근저당채무 수억 원을 갚았다. 국세청은 C씨의 연령과 소득, 재산상태 등으로 볼 때 자력으로 상환했다고 인정하기 어려워 고액 자산가인 어머니를 조사했다. 그러자 어머니가 대신 채무와 이자 수억 원을 상환해 증여세를 포탈한 혐의를 포착할 수 있었다.

또 당국은 프리미엄이 높게 형성된 인기 아파트 분양권을 매도 거래들을 조사해 무기명 신고 사례를 다수 발견했다. 특히 전매제한 기간임에도 분양권 당첨 즉시 수억 원에 양도하고 대금을 현금으로 수령한 사례도 드러났다. 조사대상으로 특정된 케이스는 전매제한이 해제된 이후 매매가 된 것처럼 다운계약서를 작성하고 금융거래를 조작한 것이다. 매도자가 다운계약 대금을 입금 받아 지인 계좌를 이용해 매수인에게 반환한 물건이다.

남편이 지인에게 사업자금 대여 후 배우자 계좌로 회수하는 방법으로 부동산 취득자금을 편법증여하고 비영업대금이익을 누락한 경우도 있었다. 편법 증여 받은 수억 원으로 고가아파트를 취득했고, 남편은 대여금에서 발생한 이자 수억 원에 대한 이자소득세를 누락한 혐의를 받는다.

김태호 국세청 자산과세국장은 "부동산 거래탈루대응 TF(태스크포스)와 등기부부본 자료, 부동산거래관리시스템(RTMS), 국토교통부·지방자치단체 등 관계기관 통보 탈세의심자료 등으로 국세청이 거래 정보를 수집해 탈루혐의를 철저히 검증하고 있다"고 말했다.

이어 "앞으로도 자금능력이 부족한 자의 채무가 상환된 사실을 확인하고 부모, 배우자 등의 소득·재산 상태를 정밀 분석해 이른바 부모찬스를 이용한 탈세사례를 찾아낼 것"이라고 밝혔다.

– 출처:《머니투데이》기사 인용(2020.11.17)

혹시 4대 보험료가 걱정되거나 종합소득세 때문에 급여를 지급하지 않거나 낮게 지급했다면, 앞서 언급한 자금출처의 확보와 여러 세금 측면에서도 오히려 절세 효과가 높을 수 있다. 물론 개인의 종합소득세와 비교해 볼 필요가 있는데, 이 문제는 전문가와의 상담을 통해 쉽게 확인할 수 있다.

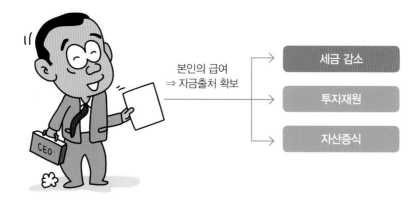

② 배당의 활용

기업은 영업활동을 통해 이익을 발생시킨 후 그 이익을 주주에게 배분하는 것이 원칙이다. 배당은 주식을 지닌 주주들에게 그 소유 지분에 따라 기업의 이윤을 배분하는 것을 말한다. 배당은 급여와 함께 대표적인 CEO의 자금출처다. 배당을 통해 급여와 함께 자금출처 확보 및 소득분산의 효과를 얻을 수 있다.

가업을 승계하기 위해서는 단순히 회사의 경영권만 넘겨주는 것이 아니다. 회사에 대한 올바른 경영철학과 기업문화를 경험할 수 있는 동기부여가 필요한데, 주식의 증여를 통해 주주가

되게 하는 것도 한 방법이다. 증여를 통해 소유하는 주식은 다른 재산과는 달리 재산관리의 부담이 없으므로 미성년 자녀도 활용이 가능하다. 이와 더불어 인당 연간 2,000만 원 이하로 배당하면 CEO의 소득세를 줄이는 효과도 있다. 자녀에게 재산을 미리 주는 경우 자녀가 재산 때문에 올바로 성장하지 못할까 걱정들 하는데, 주식은 마음대로 처분할 수도 없고 배당도 CEO가 조절할 수 있기 때문에 좋은 점이 많다. 또한 CEO만 차등하여 급여를 인상할 때 발생할 수 있는 직원들과의 괴리감을 배당을 활용해 피해 갈 수 있는데, 배당은 주주에게만 지급되기 때문이다.

배당의 효과를 극대화하기 위해서는 가업승계를 함께 고려하여 지분을 분산할 필요가 있다. 지분 분산 이후 배당할 경우 CEO 및 대주주에게 집중될 소득을 분산시켜 세금 절감 효과를 얻을 수 있다. 또한 배당소득은 가족들의 자금출처와 소득 이전 효과로 추후 발생 가능한 상속세의 부담도 일부 줄일 수 있다.

사례

50대의 A대표는 연매출 80억 원의 법인 회사를 운영하고 있으며, 법인 지분은 부인과 각각 50%씩 소유하고 있다. 부부가 모두 법인에서 일하고 있으나, 급여는 매월 500만 원과 200만 원만 받았기에 자녀의 교육비와 기본 생활비 충당에도 부족한 상황이었다. 그래서 개인용도로 법인카드를 종종 사용했고, 때로는 법인에서 필요자금을 가져다가 사용하기도 했다. 배당을 한 적은 없고, 개인자산은 거주하고 있는 집 외에는 없다. 만일 법인 도산 및 CEO 유고 등의 변수가 발생할 경우 가족들의 생계가 어려워지는 상황이 벌어질 수도 있다. 전형적인 '회사는 부자인데, CEO는 가난한' 사례라 할 수 있다.

현재 상황	변경 후 상황
· 50대 중소 법인 대표, 연매출 80억 원 · 배우자 법인 재무담당, 1남 1녀 · 급여(대표 500만 원, 배우자 200만 원) · 자녀의 교육비 증가로 인한 개인자금이 부족한 상황 발생	· 급여 인상(대표 1,500만 원, 배우자 1,000만 원) · 지분 이전 및 배당 실행 준비(정관 변경) · 생활비 및 교육비 재원 확보 · 풍요로운 노후를 위한 추가 저축 시작

▶▶▶ 먼저 전체적인 상황을 정리 및 분석한 후 우선적으로 급여를 단계적으로 인상하기로 했다. 그래서 A대표는 월 1,500만 원, 부인은 1,000만 원으로 목표를 잡고 1차 인상 후 다음 해 추가로 인상하여 급여를 현실화하기로 했다.

또한 정기적인 배당을 실시하기로 하고, 이전에 일부 지분을 자녀에게 증여하는 방안을 고려했다. 특히 최근 들어 경제가 어려워지면서 매출과 순이익이 일시적으로 낮아진 점을 이용하여 일부 지분만 이전하고, 나머지는 가업상속공제를 받을 수 있도록 요건을 갖추는 준비를 진행하기로 했다.

특히 중간배당을 도입하고, 임원의 퇴직금 지급 근거를 마련하기 위해 정관을 변경하여 관련 사항을 기재하고, '임원의 보수 및 퇴직금 규정'을 새로 만들었다.

인상된 급여 등 추가적인 소득을 통해 소득의 출처를 확보하는 한편, 개인자산 측면에서의 유동성 확보를 위한 금융상품 포트폴리오를 추천하여 월납으로 저축을 시작했다. 자녀들의 교육비와 투자재원 마련을 위해서는 적립식으로 주식형 펀드와 적금을 활용하고, 부부 각각을 피보험자로 하는 10억 원 상당의 종신보험에 가입했다(계약자는 법인). 이 계약은 추후 퇴직 시점에 퇴직금으로 가져가는 방안을 고려하기로 했다.

명의신탁주식,
왜 문제일까?

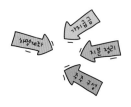

① 명의신탁이 많은 이유

주식의 명의신탁이란 실소유주 자신의 이름이 아닌 친척, 지인 등 제3자의 명의로 주주명부에 등재되어 있어 주식의 실소유자와 주주명부상 명의자가 다른 경우를 말한다. 중소기업의 경우 주식 명의신탁 문제를 쉽게 접할 수가 있는데, 이는 예전에 상법에서 주식회사 설립 시 일정 수준의 발기인 수를 요구했기 때문이다. 1996년 9월 30일까지는 최소 발기인 수가 7명 이상이었으며, 2001년 7월 23일까지는 최소 발기인 수가 3명 이상, 2001년 7월 24일 이후에는 최소 발기인 수가 1명 이상으로 되어 있다. 그리고 현재는 법인 설립 시의 자본금에도 제한이 없다.

주식회사 설립기간	최소 발기인 수
~ 1996년 9월 30일	7명 이상
1996년 10월 1일 ~ 2001년 7월 23일	3명 이상
2001년 7월 24일 ~ 현재	1명 이상

이외에도 과점주주가 되는 것을 방지하기 위해 타인 명의를 활용한 경우도 있다. CEO와 특수관계에 있는 주주가 소유한 주식을 합해 '50%＋1주 이상'을 가지고 있는 주주를 과점주주라고 한다. 과점주주가 되면 2차 납세의무와 간주취득세 납부의무가 있다.

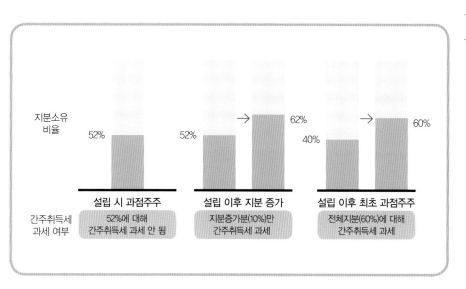

먼저 2차 납세의무란 과점주주에 해당하는 경우 해당 법인에 부과되거나 그 법인이 납부할 국세 및 가산금과 체납처분비를 법인의 재산으로 충당해도 부족한 경우에는 그 부족한 금액에 대하여 과점주주가 납세의무를 부담하는 것을 말한다.

그리고 과점주주가 된 경우에는 그 법인에 대한 지배권을 실질적으로 장악하기 때문에 해당 법인이 보유한 부동산과 같은 취득세 과세대상 자산에 대해 과점주주가 다시 한 번 취득세를 내야 하는 간주취득세 문제가 발생한다. 다만, 법인 설립 당시부터 과점주주인 경우에는 해당되지 않는다.

② 명의신탁주식의 문제점

CEO의 주식을 타인 명의로 해놓은 경우 다음과 같은 여러 가지 위험이 따를 수 있다. 먼저 명의를 빌려준 당사자(명의수탁자)의 변심 가능성이다. 명의를 빌린(신탁자) CEO에게 불의의 사고가 생기거나, 법인의 매출액과 자산가치가 증가할 경우 명의수탁자의 변심 위험성은 커질 수밖에 없다. 즉 명의신탁이 아니라 명의수탁자 본인의 것이라고 주장할 가능성이 있다는 것이다.

명의수탁자의 사망으로 명의신탁된 주식이 수탁자의 상속재산에 포함된 경우 수탁자의 상속인들이 신탁자에게 아무런 대가 없이 돌려줄 것인가 하는 것도 자신할 수가 없는 일이다.

또한 명의신탁 해지를 통한 주식환원 시, 과거 명의신탁한 사실을 객관적 증거자료를 통해 입증해야 한다. 그러나 추후에 문제가 발생하지 않도록 하기 위해 증거를 남기지 않은 경우도 있고, 시간이 오래 흐를수록 명의신탁주식이라는 사실을 입증하기 위한 근거자료를 제시하기 어려울 수도 있다. 명의신탁이라는 사실을 실질적으로 입증하기 위해서는 법인 설립 시 출자금을 신탁자가 명의수탁자에게 주었다는 금융증빙 등의 실질적인 근거가 필요하다. 단순히 명의수탁자가 확인을 해준다고 인정을 하지는 않는다.

또한 명의신탁 해지로 주식을 돌려받더라도 세금 문제가 발생할 수 있다. 먼저 명의신탁 증여의세 규정에 따라 명의신탁 시점의 주식가액을 기준으로 증여세가 부과될 수 있으며, 자본금이 증자된 경우에는 증자 시점마다 당시 주식가액을 기준으로 증여세가 추가 과세될 수 있다. 그리고 배당을 한 사실이 있는 경우에는 금융소득종합과세로 인해 추가적인 소득세 납부 문제가 발생할 수 있다. 따라서 가능한 빨리 명의신탁된 주식을 찾아오는 과정이 필요하다.

특수관계인 사이에서의 증여 등을 통한 지분 이동의 경우, 수증자가 '신규 과점주주'가 되는 것은 아니기에 취득세 문제는 발생하지 않는다.

명의신탁된 주식문제의 해결과정은 명의신탁 관계의 입증을 통해 법적으로 권리를 확보하는 문제와 이를 처리하여 주주명부를 정정하여 마무리하는 과정에서 발생하는 세금의 두 가지 측면이 있음을 이해할 필요가 있다.

● 〈판례〉 고법 2007누19494, 2008.01.23

간주취득세 납세의무를 부담하는 과점주주에 해당하는지 여부는 일단의 과점주주 전체가 소유한 총 주식 또는 지분 비율의 증가를 기준으로 판단하여야 하는 점에 비추어 볼 때, 과점주주 사이에 주식 또는 지분이 이전되거나 기존의 과점주주와 친족 기타 특수관계에 있으나 당해 법인의 주주가 아니었던 자가 기존의 과점주주로부터 그 주식 또는 지분의 일부를 이전받아 새로이 과점주주에 포함되었다고 하더라도 일단은 과점주주 전체가 보유한 총 주식 또는 지분의 비율에 변동이 없는 한 간주취득세의 과세대상이 될 수 없다.

③ 명의신탁주식을 회수하는 방법

명의신탁되어 있는 주식을 찾아오는 방법은 원칙적으로 명의신탁 해지다. 그런데 명의신탁한 주식을 명의신탁 해지하여 실질소유자의 명의로 돌려받는 경우 증여세가 과세되나, 해지 시점이 아닌 명의신탁 시점의 주식가액을 기준으로 과세된다. 다만, 명의신탁 해지를 통해 주식을 환원받았으나 명의신탁 사실을 객관적으로 입증할 수 있는 자료를 제시하지 못하는 경우에는 명의신탁 해지 시점의 주식가액을 기준으로 증여세가 과세될 수 있으니 유의해야 한다.

따라서 명의신탁주식을 환원해 오고자 하는 경우에는 주식을 명의신탁한 사실을 객관적으로 입증할 만한 근거자료가 있는지부터 확인한 후 과거 유상증자, 배당 이력 등 제반사항을 살펴서 세금의 문제까지 고려하여 실행할 필요가 있다.

국세청 입장에서는 보다 많은 세금을 과세하는 방향으로 검토하게 될 것이므로 유의해야 한다. 왜냐하면 주식의 가치가 크게 상승한 경우 주식의 매매에 따른 양도세를 줄이기 위해 주식 명의신탁 해지를 활용할 수도 있는 등의 이유로 당사자의 주장만으로 명의신탁을 인정할 수는 없다.

명의신탁 해지를 위해서는 당사자 간에 명의신탁했던 주식을 실제 주주 명의로 원상회복한다는 명의신탁 해지약정서를 작성해야 한다. 만일 제3의 타인에게 양도되었을 경우 실무적으로 명의신탁을 해지하기가 어려울 수도 있기 때문이다. 상황에 따라서는 양수도나 증여를 통해 처리하는 방안도 함께 고려해야 한다.

사례

2000년도에 전기기구 제조법인을 설립한 A대표는 법인 설립 당시 주식 지분의 일부를 명의신탁했다. 즉 본인 지분을 50%로 하고, 나머지 지분 50%를 친구, 종업원, 친척 등에게 명의신탁한 것이다. 특별한 이유는 없었고, 그 당시 관행대로 한 것이다. 설립 당시 자본금은 5,000만 원이었고, 이후 2003년 유상증자, 2005년 무상증자를 하여 현재 자본금은 2억 원인 상태다.

회사는 뛰어난 기술력과 대표의 영업력을 바탕으로 최근 경기가 좋지 않음에도 전년도에는 150억 원, 올해는 200억 원의 매출액을 달성하는 등 매년 30% 가까운 매출액과 순이익이 증가하는 건실한 모습을 보여주고 있다. 그러나 회사가 성장할수록 명의신탁주식으로 인해 A대표의 고민과 걱정은 커져만 갔다. 이러한 고민을 어떻게 해결해야 할까?

▶▶▶ 상담을 통해 명의수탁자들이 '명의신탁주식 실제소유자 확인신청서'의 작성에 동의하고 있고, 출자 및 증자 대금을 은행이체거래로 처리했기에 납입된 자금이 A대표의 자금이라는 사실을 입증할 수 있음이 확인되었다. 또한 그동안 여러 차례 배당을 실시했는데, 지급된 배당금을 모두 A대표의 은행계좌에 송금하여 실제 주주가 A대표임을 설명할 수 있는 근거도 있는 상태였다(배당 사실이 있는 경우 금융소득종합과세 문제가 발생할 수 있다).

이에 명의신탁주식을 명의신탁 해지를 통해 처리하는 절차와 관련 자료 준비방법, 예상되는 세금 규모 등을 안내했다. 또한 A대표는 배우자와 자녀들에게 주식 지분을 분산하는 방안도 검토를 요청하여 명의신탁주식을 찾아옴과 동시에 가업승계를 고려한 주식 지분 이전도 함께 추진했다.

가지급금의
해결방법

회사를 운영하다 보면 거래 관행상 또는 영업상 어쩔 수 없이 정상적인 처리가 어려운 자금의 사용 때문에 가지급금이 발생하는 경우가 있을 수 있다. 원칙적으로 가지급금은 결산 시 해당 계정과목(용도)으로 처리해야 하는데, 그렇게 처리하지 못할 때가 있는 것이다. 그 외에 CEO나 임직원이 개인적으로 필요한 자금을 회사에서 일시적으로 빌려서 사용하는 경우도 있다. 그런데 이런 자금의 처리를 정확히 하지 않을 경우 이로 인해 회사와 CEO에게 세금 문제가 발생하게 된다.

사례

A대표는 회사를 설립하면서 본인이 70%의 지분을 갖고, 동업자인 B가 30%를 투자하여 함께 법인을 운영했다. 그러던 중 B가 퇴사하면서 B가 가지고 있던 회사 주식을 A대표가 매입했다. 그런데 A대표의 개인자금이 부족하여 회사자금으로 주식을 매입했고, 이를 가지급금으로 처리했다. 그 이후 법인 청산을 고민하던 중 가지급금을 어떻게 해결해야 할지 생각 중이다.

▶▶▶ 세무상 가지급금이란 당해 법인의 업무와 관련 없는 자금의 대여액으로, 재무제표에는 받아야 할 채권으로 분류하여 처리된다. 그러나 CEO 입장에서는 언젠가는 상환해야 할 부채의 성격을 동시에 가진 미결 계정임을 안내하고, 청산 시 가지급금을 일시에 상환해야 한다는 점을 설명하여 가지급금을 해결할 수 있을 때까지 청산을 연기했다.

'가지급금'은 회사에서 현금은 지출됐으나 그 사용처에 대한 처리가 애매해 회계상 계정과목을 명시하지 않은 지출금을 말한다. 가지급금에 대해서는 지급이자 손금불산입, 가지급금에 대한 인정이자 발생 등 불이익이 따른다.

가지급금 때문에 발생하는 문제도 여러 가지다.

첫째, 가지급금은 소멸될 때까지 일정한 이자율을 적용한 인정이자가 계산된다. 가지급금이 정리되지 않으면 계속적으로 인정이자가 발생하는 것이다. 그만큼 법인세 부담을 초래한다.

둘째, 법인 차입금에 대한 이자는 비용으로 처리해 법인세 부담을 줄일 수 있다. 그런데 가지급금이 있으면 차입금 중에서 가지급금이 차지하는 비율만큼 이자비용을 인정받지 못하게 된다. 따라서 이자비용에 대한 법인세 절감 효과가 감소한다.

셋째, 업무와 관련 없는 자산에 해당하여 대손충당금 설정 대상 채권에서 제외되므로 법인세가 증가하고, 채권 요소가 낮음에도 자산가치로 가중되어 주식가치를 높여 결국 상속세를 올리는 요소로 작용한다.

가지급금을 해결하는 방법은 여러 가지가 있는데, 금액이 클 경우에는 단기간에 해결하기 어려울 수도 있다. 각자 상황에 맞춰 가능한 방안들을 찾아 실행하는 것이 필요하다.

첫째, 법인 대표의 급여를 인상하거나 상여금을 받아 여유자금을 만들어서 가지급금을 해결하는 것이다. 급여나 상여금은 근로소득에 해당해 소득세(지방소득세 별도)가 과세된다. 소득세를 내고 남은 돈을 모아서 가지급금을 갚을 수 있다. 이는 가장 일반적인 방법이지만, 높은 급여와 상여금으로 인해 최대 45%의 소득세를 부담해야 한다는 점과 4대 보험료가 증가하게 된다는 단점이 있다.

둘째, 법인에서 배당금(주주인 경우)을 지급받아 가지급금을 해결하는 방법이다. 배당금 또한 소득세를 내야 한다. 배당금이 2,000만 원 이하라면 원천징수로 소득세 납세의무가 종결되지만, 배당금과 타 금융소득의 합계액이 2,000만 원을 넘으면 종

가지급금 해결방법 6가지

① 급여 및 상여금을 받아 변제한다

② 법인에서 배당금을 받아 변제한다

③ 퇴직금을 받아 변제한다

④ 법인에 개인 부동산을 매각해 변제한다

⑤ 주식 지분을 매각해 변제한다

⑥ 가지급금 발생 원인 분석 및 오류를 수정한다

합과세된다. 이 방법은 배당금에서 배당소득세를 제외한 돈으로 가지급금 변제가 가능하다. 하지만 배당소득세 등 세금 부담이 있고, 법인에서는 이익잉여금의 처분에 해당하기 때문에 비용 처리가 되지 않는다는 단점이 있다.

셋째, 법인에서 퇴직금을 지급받아 가지급금을 변제하는 방법이다. 퇴직금은 근로소득에 비해 일반적으로 세금 부담률이 낮다. 세금 부담이 적기 때문에 좀 더 많은 가지급금을 변제할 수 있다는 이점이 있다. 하지만 세법상 퇴직금 한도를 살펴봐야 하고, 퇴직연금 등 신제도 도입에 따라 2016년부터는 퇴직금 중간정산이 어려워졌다. 단, 현실적 퇴직에 해당할 때만 퇴직소득으로 인정받을 수 있으며, 2016년부터는 연봉제 전환에 따른 중간정산을 할 수 없다.

넷째, 법인에 부동산과 같은 CEO의 개인자산을 팔아서 그 매각대금으로 가지급금을 해결하는 방법이다. 단, 거래 대상자가 특수관계인일 때는 시가보다 비싸게 매도할 경우 부당행위계산부인 규정에 의해 세금이 추가로 추징될 수 있다. 또 주택을 매도한 뒤 계속 거주하면 법인세법상 적정 임대료를 법인에게 지급해야 문제가 없다.

다섯째, 주식 지분을 타인이나 주식 발행 법인에 양도해 그 대금으로 가지급금을 변제할 수 있다. 이때 양도로 인해 차익이 발생하면 양도소득세가 과세된다. 단, 특수관계인 간 거래로 법인세법 및 소득세법상 부당행위계산부인 규정이 적용될 수 있음을 주의해야 한다.

여섯째, 가지급금의 최초 발생 원인을 분석해 오류가 있을 경우 이를 수정(전기오류수정손실 인식)하는 것이다. 당초 비용을 법적으로 증빙하지 못한 부분에 대해서 증빙이 확인된다면 회계상 오류를 수정해 가지급금을 없애는 것이다.

앞에서 살펴본 바와 같이 가지급금은 여러 가지 문제를 안고 있으나, 이를 해결하기가 쉽지만은 않다. 가지급금의 특성이 몇 년간 관리하지 않아서 누적된 금액이므로 이를 해결하는 데도 몇 년이 걸릴 수 있음을 인식해야 한다.

● 부당행위계산부인 규정

법인 또는 개인사업자 등의 행위나 회계 처리가 법률상으로나 기업회계기준상 그 내용이 타당하다 할지라도 세무계산상 그 내용과 성질이 조세를 부당히 감소시킬 목적으로 행하였다고 인정될 경우에는 그 행위나 계산에 불구하고 이를 부인하는 것을 말한다. 이는 조세의 회피를 방지하여 부담의 공평을 실현하기 위한 제도이다.

부당행위계산부인의 요건은 다음과 같다.

① 행위 당시 당해 법인 등과 특수관계가 있는 자이어야 한다. 따라서 특수관계가 소멸된 후의 거래에 대해서는 이를 적용할 수 없다.

② 법인 등의 소득에 대한 조세의 부담을 부당히 감소시키는 것으로 인정되는 경우에 한한다.

조세부담을 부당히 감소시키는 것으로 인정되는 경우는 시가와의 차액 등은 세법상 익금에 해당하며, 그 부인금액은 당해 특수관계자에게 이익을 분여한 것으로 취급되어 그 귀속자에게 소득세 등의 추가적 납세의무가 발생한다.

– 출처: 영화조세통람

차명계좌의
처리방안

정부는 '금융실명거래 및 비밀보장에 관한 법률'을 일부 개정하여 2014년 11월 29일부터 금융 차명계좌에 대한 처벌이 강화된 법률의 시행에 들어갔다. 법률의 개정 목적은 타인 명의의 금융거래는 범죄수익 은닉, 비자금 조성, 조세 포탈, 자금 세탁, 횡령 등 불법 및 탈법 행위나 범죄의 수단으로 악용될 수 있으므로 이러한 차명계좌를 금지하고, 위반 시 형사적 및 행정적 제재와 더불어 민사적 불이익을 부과함으로써 불법과 탈법적 목적의 차명거래를 방지하려는 것이다.

차명계좌에 대한 인식은 사람들마다 크게 다른데, 차명계좌를 가볍게 보는 사람들이 의외로 많다. 그동안 차명계좌를 개설한 이유들을 살펴보면, 먼저 예금자보호법상의 5,000만 원 한도 때문에 5,000만 원 단위로 명의를 분산하면서 차명계좌를 사용해 왔다. 다음은 금융소득종합과세 회피 목적인데, 1인당 2,000만 원 이상의 이자 및 배당소득은 종합소득에 합산하여 과세하기 때문에 추가적인 세금을 부담할 경우 세후수익률이 낮아지는 것을 피하기 위한 것이었다. 마지막으로는 지하 경제의 일부인 미신고 소득이나 기타 개인적으로 특별한 이유가 있는 경우 차명계좌를 사용하게 된다.

2014년 11월 29일 이후에는 이유 여하를 막론하고 차명계좌가 불법, 탈법 행위라고 추정될 경우 5년 이하의 징역이나 5,000만 원 이하의 벌금 또는 형사처벌이 가능하다. 물론 차명계좌를 통한 이자수익 발생 부분도 처벌 대상이 될 수 있다. 처벌뿐 아니라 다음의 사례처럼 전혀 예상치 못한 문제가 발생할 수도 있다.

사례

현금 자산가 A대표는 날로 성장하고 있는 사업체를 운영 중이며, 전업주부인 배우자와 자녀 2명이 있다. 그동안은 은행 PB센터의 VIP 고객에게 제공되는 투자 및 세무상담 등을 통해 자산관리를 해왔다.

A대표는 금융소득종합과세를 피하기 위해 배우자와 자녀들 명의로 예금을 분산해 두었다. 그런데 수년간 사이가 좋지 않던 부인과 성격 차이로 이혼을 하게 되었는데, 대학생인 큰딸이 이

혼한 부인과 살게 되었다. A대표와 큰딸은 의견충돌이 잦아 사이가 원만치 못했는데, 자기 명의의 통장에 거액의 현금이 있다는 사실을 알고 있던 큰딸은 은행에 찾아가 출금을 요청했다.

차명계좌주의 인출이 일어나면 증여세를 내야 할 수도 있지만, 계좌의 명의자가 예금의 소유주가 될 수 있다고 생각한 것이다. 물론 증여세를 내더라도 세금을 제외한 현금은 본인의 소유이기에 손해 볼 게 없다고 판단한 듯하다. 이처럼 시작은 금융소득종합과세를 회피하기 위한 목적으로 개설한 차명계좌였으나, 전혀 예상치 못한 변수로 A대표는 곤란한 상황에 처하게 되었다.

▶▶▶ 자산가들이 금융소득종합과세를 피하려고 하는 이유는 무엇일까? 1인당 2,000만 원을 초과하는 금융소득은 종합과세 대상이 되는데, 이 경우 최고 44%의 과세로 세후수익률

하락이 불가피하다. 별도의 건강보험료를 납부해야 할 수도 있다. 이외에도 늘어난 금융자산 때문에 자금출처 등에 대한 세무조사를 받을 수 있다는 부담감도 작용을 하는데, 국세청의 관리를 받는다는 사실이 부담스러워서 그럴 수도 있다.

그렇다면 금융소득종합과세를 피하기 위한 효율적인 방안은 무엇일까?

첫째, 증여공제를 활용하여 가족에게 금융자산을 분산하는 것이다. 증여세 없이 증여할 수 있는 금액은 10년 합산 기준으로 배우자 6억 원, 직계비속(성인 5,000만 원, 미성년자 2,000만 원), 직계존속 5,000만 원까지 가능하다. 이때는 가능한 증여신고를 하는 것이 좋다.

둘째, 특히 금융자산 규모가 클수록 비과세 상품을 적절히 활용해야 한다. 향후 사용 목적과 필요 시기를 고려해서 10년 이상 쓰지 않을 자금은 보험에, 중·단기 필요자금은 주식형 펀드에, 좀 더 공격적인 투자를 원하면 이머징국가의 채권(또는 채권형 펀드) 등에 가입할 수 있다. 특히 요즘같이 미래가 불투명한 상황에서는 최소보장수익률, 세후수익률, 안정성을 모두 고려할 때 보험도 상당히 매력적인 상품이다.

셋째, 예금 및 각종 과세 금융상품의 만기를 분산하는 방법이 있다. 예를 들어 ELS에 투자할 때는 3년 만기 일시지급형보다는 3년 만기 월지급형을 선택하는 것이다.

CEO의
퇴직금 준비

① 임원의 퇴직금

회사의 자금을 개인자금화할 수 있는 방법은 크게 급여, 배당, 퇴직금이 있다. 월급여와 성과급으로 구성되는 급여는 종합소득세율의 적용을 받으므로 소득 금액별로 6~45%의 누진세율이 적용된다. 배당이나 이자 등 금융소득 2,000만 원 초과분에 대해서는 금융소득종합과세에 해당되며, 여타 소득과 합산되어 종합소득세율을 적용받아 6~45%의 세율이 적용된다.

그런데 퇴직금은 급여, 배당과 달리 다른 소득과 합산되지 않고, 단일 항목으로 분류과세된다. 따라서 종합과세되는 다른 소득이 있는 경우에 상대적으로 유리하다.

수령 방법	과세 방법	적용 세금
급여	근로소득	종합소득세(6~45%)
배당	배당소득	분리과세(14%) or 종합과세(6~45%)
퇴직금	퇴직소득	퇴직소득세(분류과세)

※ 상기 세율은 지방소득세 미포함

　　임원의 퇴직금은 일반 종업원과 달리 정관이나 정관에서 위임된 별도의 퇴직급여 지급규정에 따라 지급해야 한다. 만일 정관에 별도의 퇴직급여 지급규정이 없거나 있더라도 적정치 않을 경우에는 법인에서 지급한 퇴직급여 중 '퇴직 직전 1년간의 총급여×10%×근속연수'에 대해서만 법인은 손금으로 인정되고, 임원은 퇴직소득으로 인정된다.

　　또한 적정한 지급규정에 의해 퇴직금이 지급되어 법인의 손금으로 인정되었다 하더라도 지급된 퇴직급여 중 2012년 1월 1일 이후 근무기간분에 대하여는 일정한 한도 이내만 퇴직소득으로 인정되고, 초과되는 금액은 근로소득으로 과세된다.

　　임원의 퇴직소득 한도를 명확하게 하기 위해 일부 세법이 개정되어 2015년 2월 3일 이후 임원 퇴직에 대해서는 2012년 1월 1일 이후 임원퇴직금 규정을 신설하였다 하더라도 전체 근속기간에 그 규정을 소급하여 적용할 수 있도록 하였다.

임원 퇴직급여 손금산입 및 퇴직소득 인정범위액

1. 손금산입 범위액	
① 정관 규정 有 & 정관 규정 적정	정관에 정해진 금액
② 정관 규정 無 or 정관 규정 부적정	퇴직 직전 1년간의 총 급여×10%×근속연수
2. 퇴직소득 인정범위액	
① 정관 규정 有 & 정관 규정 적정	퇴직 직전 3년간의 급여의 연평균 환산액× 10%×2012.1.1 이후 근속연수×2(배수)
② 정관 규정 無 or 정관 규정 부적정	퇴직 직전 1년간의 총 급여×10%×근속연수

　　퇴직급여 지급규정이 적정한지에 대한 판단은 임원 간의 형평성을 고려하여 개별 사안에 따라 사실판단을 하는데, 임원 직급 간의 근속연수에 따라 장기근속자에게 더 높은 배율을 적용하는 경우 합리적인 규정으로 볼 수 있다. 그러나 회사에 대한 공헌이나 여타 사항을 따지지 않고 단순히 직급에 따라 특정 임원에게만 차등배율을 지급하는 경우는 적정하다고 보기 어렵다. 즉 확정된 지급배율이 있는 것이 아니며, 법인 임원 간의 형평성과 합리적 사유를 살펴봐야 한다.

　　2012년 1월 1일 이후의 근속연수에 대해서는 정관상 임원퇴직금 지급규정이 적정하다고 인정된다면 2019년까지는 3배수까지, 2020년부터는 2배수까지 퇴직소득세로 과세되고, 초과분에 대해서는 근로소득으로 과세된다. 즉 퇴직소득으로 과세되느냐, 근로소득으로 과세되느냐의 차이가 있을 뿐이고, 적정한 지급배율로 인정받는다면 3배수 이상을 적용해도 된다는 말이다. 다만, 세금을 많이 내야 한다는 점은 고려해야 한다.

임원퇴직금 처리 시 유의사항

① 정관 규정이 있고 적정할 경우 퇴직금을 지급하는 법인은 최대 3배수까지 손금산입 인정

② 정관 규정이 있고 적정할 경우 퇴직임원은 최대 3배수까지 퇴직소득세 적용

③ 비용 처리 및 퇴직소득(분류과세) 적용을 위해 정관에 임원퇴직금 규정 마련 필요

임원은 실질적인 퇴직의 경우 1회에 한해 퇴직금을 지급받을 수 있다. 다만, 별도로 정한 '현실적인 퇴직'에 해당하는 경우는 중간정산이 가능한데, 그러한 경우는 다음과 같다.

임원의 퇴직금 수령은 법령상 '현실적인 퇴직'에 해당하는 경우에만 가능하다.

현실적인 퇴직으로 보는 경우	현실적인 퇴직으로 보지 않는 경우
① 법인의 사용인이 당해 법인의 임원으로 취임한 때	① 임원이 연임된 경우
② 법인의 임원 또는 사용인이 그 법인의 조직변경·합병·분할 또는 사업양도에 의하여 퇴직한 때	② 법인의 대주주 변동으로 인하여 계산의 편의, 기타 사유로 전 사용인에게 퇴직금을 지급한 경우
③ 근로자퇴직급여 보장법 제8조 제2항에 따라 퇴직급여를 중간정산하여 지급한 때(중간정산 시점부터 새로 근무연수를 기산하여 퇴직급여를 계산하는 경우에 한정)	③ 외국법인의 국내 지점 종업원이 본점(본국)으로 전출하는 경우
④ 법인의 임원에 대한 급여를 연봉제로 전환함에 따라 향후 퇴직급여를 지급하지 아니하는 조건으로 그때까지의 퇴직급여를 정산하여 지급한 때	④ 정부투자기관 등이 민영화됨에 따라 전 종업원의 사표를 일단 수리한 후 재채용된 경우
⑤ 정관 또는 정관에서 위임된 퇴직급여 지급규정에 따라 장기 요양 등 기획재정부령으로 정하는 사유로 그때까지의 퇴직급여를 중간정산하여 임원에게 지급한 때(중간정산 시점부터 새로 근무연수를 기산하여 퇴직급여를 계산하는 경우에 한정)	⑤ 근로자퇴직급여 보장법 제8조 제2항에 따라 퇴직급여를 중간정산하기로 하였으나 이를 실제로 지급하지 아니한 경우

현실적인 퇴직으로 보는 경우에는 중간정산을 통해 퇴직소득으로 적용받을 수 있으며, 종업원에서 임원으로 취임한 경우나 근로자퇴직급여 보장법 제8조 제2항에 해당한 경우, 그리고 임원의 급여를 연봉제로 전환함에 따라 향후 퇴직금을 지급받지

않는다는 조건 등으로 기존 퇴직금을 중간정산하여 지급받을 수 있다. 그러나 연봉제 전환 이후 지속적으로 퇴직금 제도를 적용하여 퇴직금 혜택을 받게 된다면 중간정산이 인정되지 않아 가지급금으로 간주될 수 있다.

최근 법률 개정으로 인해 2016년부터는 임원만 적용 가능한 퇴직소득 중간지급 사유가 없어졌다. 따라서 연봉제 전환을 전제로 한 중간정산을 할 수 없게 되었다.

● 〈예규〉 법인-591, 2012.09.28
제목 : 법인이 임원에 대한 급여를 연봉제로 전환함에 따라 향후 퇴직금을 지급하지 아니하는 조건으로 그때까지의 퇴직금을 정산하여 해당 임원에게 지급하였으나, 그 후 연봉제하에서 임원의 퇴직금 지급규정을 개정하여 동 임원에게 퇴직금을 지급하는 경우 당초 연봉제 전환 시 지급한 퇴직금과 그 후 퇴직금 명목으로 지급하는 금액은 당해 임원의 실제 퇴직시까지 그 임원에 대한 업무무관 가지급금으로 보는 것임.

질의 : 법인세법 시행령 제44조 제2항 제4호에 따라 '법인의 임원에 대한 급여를 연봉제로 전환함에 따라 향후 퇴직급여를 지급하지 아니하는 조건으로 그때까지의 퇴직급여를 정산하여 지급한 때'를 현실적인 퇴직으로 보아 퇴직급여를 손금에 산입할 수 있는데,

– 이것이 위의 조건으로 퇴직급여를 지급한 이후 지급하는 퇴직급여 모두를 손금으로 산입할 수 있는데
– 위의 조건으로 퇴직급여를 지급한 이후 지급하는 중간정산 퇴직금을 손금으로 인정하지 않는다는 것인지 질의

회신 : 법인이 임원에 대한 급여를 연봉제로 전환함에 따라 향후 퇴직급여를 지급하지 아니하는 조건으로 그때까지의 퇴직급여를 정산하여 지급한 이후 퇴직금을 지급하는 경우(중간정산 포함) 세무 처리에 대해서는 기존 회신 사례(서이46012-10826, 2003.4.21.)를 참고하기 바람.

현실적인 퇴직의 구체적인 내용을 살펴보자. 아래에 해당되는 사유로 중간정산을 실행한 경우에도 현실적인 퇴직으로 간주하여 퇴직금 중간정산이 가능하다. 단, 임원이 아래 법률의 적용을 받을 수 있는지 여부는 사실관계를 판단해야 한다.

▶ 중간정산이 가능한 사유(근로자퇴직급여 보장법 시행령 제3조)
- 무주택자인 근로자가 본인 명의로 주택을 구입하는 경우
- 무주택자인 근로자가 주거를 목적으로 전세금 또는 보증금을 부담하는 경우
- 근로자, 근로자의 배우자 또는 그와 생계를 같이하는 부양가족이 질병 또는 부상으로 6개월 이상 요양을 하는 경우
- 신청하는 날부터 역산하여 5년 이내 근로자가 파산선고를 받은 경우
- 신청하는 날부터 역산하여 5년 이내 개인회생절차 개시 결정을 받은 경우
- 임금피크제를 실시하여 임금이 줄어드는 경우
- 그 밖에 천재지변 등으로 피해를 입는 등의 경우

현실적 퇴직이 아닌 사유로 퇴직금 중간정산을 하는 경우는 가지급금에 해당된다. 즉 법에서 정한 '현실적 퇴직'에 해당하지 않은 임원에게 지급한 퇴직급여는 당해 임원이 현실적으로 퇴직

할 때까지 회사에서는 법인의 업무와 관련 없는 자금을 임원에게 빌려준 것으로 처리한다. 그러므로 현실적 퇴직이 아닌 경우 퇴직금 중간정산은 피하는 것이 좋다.

사례

기계부품제조업 법인을 20년 이상 운영하고 있는 A대표는 10년 전에 퇴직금을 중간정산하여 지급받았다. 그 당시 개인자금이 필요해 퇴직금 중간정산을 했지만, 중간정산 이후에도 계속 회사에서 근무하고 있다. 나이가 들어가면서 가업승계와 은퇴 준비에 필요한 재원을 마련해야 하는데, 추가적으로 퇴직금을 지급받을 수 있는 방법이 있는지 궁금하다.

▶▶▶ 법인 CEO들이 임원퇴직금 중간정산을 이미 받은 경우가 가끔 있는데, 임원퇴직금 중간정산에 대해 정확히 알고 있는 경우는 드문 편이다. 퇴직금 중간정산을 했다면 우선 중간정산 당시 '임원퇴직금 지급규정'에 따라 법인세법상 손금처리가 가능한 퇴직금 지급액이었는지 확인해야 한다. 그리고 손금범위 한도 내에서 지급된 퇴직금이라면 소득세법상 퇴직소득으로 보아 퇴직소득세를 원천징수했는지도 확인해야 한다.

또한 당시 임원퇴직금 지급규정에 따라 퇴직금을 지급했다 하더라도 '현실적인 퇴직' 사유에 해당하여 중간정산을 한 것인지를 확인해야 하는데, 만일 '현실적인 퇴직' 사유가 아니었다면 이미 수령한 퇴직금은 업무무관 가지급금에 해당하여 불이익을 받게 된다. 더구나 '현실적인 퇴직' 사유 중 임원의 연봉제 전환에 따라 중간정산을 한 경우로서 연봉제 전환 후 퇴직금을 지급하기로 했다면 중간정산한 퇴직금이 업무무관 가지급금으로 처리될 수 있으니 이 점에도 유의해야 한다.

그리고 임원의 퇴직금 지급과 관련하여 지급 근거를 정확히 마련하는 일부터 해야 한다. 먼저 회사의 정관에 임원의 퇴직금을 지급할 수 있는 근거조항을 넣고, 세부사항은 별도의 규정으로 정하는 것으로 하면 된다. 그리고 별도의 '임원의 보수 및 퇴직금 규정'을 만들어놓아야 한다. 그 상세한 내용은 다음과 같다.

● 정관변경 절차 및 방법 안내

① 이사회 개최

- 정관사항의 변경은 상법상 주주총회의 특별결의사항으로서 주주총회를 소집(상법 362조)하기 위해서는 먼저 이사회를 소집하여 임시주주총회 개최를 결의해야 한다.

② 임시주주총회 소집공고

- 총회를 소집함에 있어 회일을 정하여 2주간 전에 각 주주에 대하여 서면 또는 전자문서로 통지를 발송해야 한다.

임시주주총회 소집공고

아래와 같이 ○○○○(주)의 임시주주총회를 실시하오니
참석하여 주시기 바랍니다.

일시 : 202X년 월 일 시
장소 : ○○○○(주) 회의실
회의의 목적 : 정관변경의 건(임원퇴직금 지급규정 신설)

---

③ 임시주주총회 개최

- 발행주식 총수의 과반수 이상에 해당하는 주식을 가진 주주가 출석해야 하고, 참석 주주의 3분의 2 이상의 동의로 결정한다.
- 정관변경은 주주총회의 결의와 동시에 효력이 발생하므로 반드시 인증을 필요로 하지 않는다.

202X년 제XX차 임시주주총회 의사록

서기 2016년 월 일 당 회사 본점 회의실에서 임시주주총회를 개최하다.

발행주식 총수 :   주   출석한 주주의 수 :   명

주식의 총수 :   주   출석주주의 주식의 수 :   주

대표이사 ○○○는 정관변경에 따라 의장석에 등단하여 위와 같이 출석하였으므로 본회는 적법하게 성립됨을 고하고 개회를 선언한다.

의안, 정관 일부 변경의 건

의장은 본 회사의 사업 형편상 정관을 별첨과 같이 변경할 필요성이 있음을 상세히 설명하고 그 가부를 물은바 출석한 주주 전원 이의 없이 만장일치로 다음과 같이 제정할 것을 승인 가결하다.

결의사항

변경 전 : 정관 제XX조(임원의 퇴직금) 임원의 퇴직금은 주주총회의 결의로 정한다.

변경 후 : 정관 제XX조(임원의 퇴직금) 임원의 보수는 주주총회의 결의로 정하고 퇴직금에 대한 사항은 별표(첨부자료)와 같이 한다.

이상으로 금일의 의안 전부 심의종료되었으므로 의장은 폐회를 선언한다.

202X년 월 일   대표이사 ○○○, 전무이사 ○○○, 상무이사 ○○○

② 퇴직연금 VS 퇴직금

퇴직연금 제도는 기업이 임직원의 퇴직금을 보장하기 위해 재직 중에 퇴직급여 재원을 별도의 금융기관에 적립하고, 근로자는 퇴직할 때 일시금 또는 연금으로 퇴직급여를 받을 수 있도록 만든 제도다.

특히 2012년 7월 이후 새로 설립된 사업장의 경우 퇴직연금 가입을 의무화하고 있으며, 임원은 의무 가입 대상은 아니지만 근로자를 대상으로 퇴직연금을 설정한 후에 임원도 추가 가입이 가능하다.

퇴직급여 제도[근로자퇴직급여 보장법]

① 사용자는 퇴직하는 근로자에게 급여를 지급하기 위해 퇴직급여 제도 중 하나 이상의 제도를 설정하여야 한다(근로자퇴직급여 보장법 제4조).

② 2012년 7월 이후 새로 성립(합병, 분할된 경우 제외)된 사업장의 경우 근로자대표의 의견을 들어 사업 성립 후 1년 이내 DB/DC형 연금 제도를 설정하여야 한다(근로자퇴직급여 보장법 제5조).

근로자의 입장에서는 퇴직연금 가입 시 여러 가지 장점이 많다. 가장 큰 장점은 퇴직연금은 사외 금융기관에 예치하도록 되어 있어서 회사 도산 시에도 근로자의 수급권이 보장된다는 점이다.

또한 DC형(확정기여형)과 DB형(확정급여형) 중에서 선택할 수 있으며, 55세 이후에 연금 또는 일시금 수령이 가능하므로 안정적인 노후 생활자금을 확보할 수 있다. 기업의 입장에서도 퇴직연금 납부 금액 전체를 손비처리할 수 있으며, 퇴직연금 재원을 꾸준하게 납부하므로 법인 재무관리도 용이하다.

퇴직연금 제도의 장점

① 퇴직금의 수급권 보장	· 사외 금융기관에 퇴직연금을 예탁한다 · 회사 도산 시에도 퇴직연금 수급권이 확보된다
② 안정적인 노후 생활자금 보장	· 직장 이동 시 퇴직연금을 개인퇴직계좌로 이전 가능하다 · 퇴직금 중도인출 요건을 엄격하게 제한한다 · 55세 이후 수령 가능하다
③ 퇴직연금 운용방법의 다양성	· DB/DC형 중 선택하거나 혼용 가능하다 · DB형은 사용자가 직접 퇴직연금 운용이 가능하다 · DC형은 근로자가 개별적으로 적립금을 운용한다 · DC형인 경우 다양한 투자 및 추가납입 금액의 소득공제가 가능하다
④ 세제혜택과 재무비율 개선	· 퇴직연금 납부 금액 전액 손비처리된다 · 퇴직금 관련 비용에 대한 예측으로 재무관리 용이하다 · 부채비율 개선으로 재무건전성이 좋아진다

퇴직연금 제도는 확정급여형(DB형)과 확정기여형(DC형)이 있다. 확정급여형은 회사가 퇴직적립금을 운영하고 퇴직자 발생 시 퇴직급여를 계산하여 지급하는 형태다. 확정기여형은 개인이 퇴직계좌를 운영하는 것으로, 회사는 매년 연봉의 12분의 1만

지급하면 된다. 개인은 투자 성향에 맞는 상품을 선택하여 퇴직금을 운영하고, 개인적으로 추가납입을 할 수도 있다.

일반적으로 투자수익률이 높을 때는 확정기여형 상품 가입이 더 유리하고, 임금상승률이 투자 예상 수익보다 높을 시에는 확정급여형 상품에 가입한 것이 근로자에게 유리하다. 또한 사적 연금소득 금액(연금저축, 퇴직연금 등)이 연 1,200만 원 이하인 경우는 3~5%로 분리과세되어 근로자에게는 여러 가지 측면에서 퇴직연금 가입이 유리하다.

퇴직연금 제도의 유형

구분	확정급여형(DB형)	확정기여형(DC형)
보험료 부담	퇴직금보다 많거나 적을 수 있음	퇴직금과 같으며(1/12), 매년 중간정산 기준으로 근로자 추가납입 가능
적립금 운용책임	기업	근로자
적립금 운용방법	원리금 보장형 / 실적 배당형	원리금 보장형 / 실적 배당형
적립방식과 수급권 보장	부분 사외 적립 / 부분 보장	전액 사외 적립 / 완전 보장
근로자 퇴직급여	확정 (근속연수×30일 임금)	변동
목돈이 필요한 경우	담보대출 (단, 법정사유 충족 시)	담보대출, 중도인출 (단, 법정사유 충족 시)

퇴직연금 제도를 설정하지 아니한 경우에는 퇴직금 제도를 설

정한 것으로 보기 때문에 퇴직연금 미가입 사업장에 대해서는 과거처럼 퇴직금 제도를 운영하여 퇴직금을 지급하도록 하고 있다.

퇴직금 제도와 퇴직연금 제도의 특장점을 잘 파악하여 회사에 알맞은 형태로 운영하는 것이 중요하다. 하지만 대표이사를 포함한 임원의 경우는 향후 연금 소득 세제를 잘 살펴보고 퇴직연금 또는 퇴직금 제도를 선택하는 것이 중요하다.

퇴직금 제도와 퇴직연금 제도의 가장 큰 차이점은 퇴직연금은 사외에 적립되기 때문에 납입과 동시에 손비처리가 가능하다. 반면 퇴직금은 사내 자금으로 지급하므로 법인세법상 일정 한도 내에서 손금처리가 가능하고, 퇴직연금 제도와 달리 지급 재원 필요 시 법인자금으로 활용이 가능하다. 퇴직금 제도를 운용할 경우 퇴직금 지급에 대비하여 미리 재원을 준비해 놓지 않으면 법인 유동성에 문제가 발생할 수 있다.

개인형 퇴직연금 제도IRP는 2012년 7월부터 시행된 제도로, 근로자가 이직하는 경우 지급받은 퇴직금을 자기 명의의 퇴직계좌에 의무적으로 적립하여 연금 등의 노후자금으로 활용할 수 있게 한 제도다. 개인형 퇴직연금 제도는 반드시 퇴직금 전액을 납입해야 하며, 은퇴 이후 계좌에서 인출 시까지 퇴직소득세의 과세를 이연하는 혜택이 있다. 기존의 DB형 및 DC형 가입자나 자영업자도 가입할 수 있다. 운영 구조는 확정기여형(DC형) 퇴직연금 제도와 유사하며, 근로자가 직접 운용하게 된다.

퇴직연금 제도와 퇴직금 제도 비교

구분	퇴직연금 제도 (사외 적립)	퇴직금 제도 (법인명의 보험 가입)
납입/운영 주체	· 법인이 납입 · 납입 시 금융기관에 예치	· 법인이 납입 · 지급 전까지 법인 사내 자금
법인회계 처리	· 납입 시 : 매년 비용 처리 · 지급 시 : 비용 처리 없음	· 납입 시 : 자산으로 처리 · 지급 시 : 일시 비용 처리
과세 문제	연금 수령 시 과세	· 소득공제 없음 · 명의변경 시 비과세 가산점 적용
중간정산	법정 사유로만 가능 (주택 구입 / 장기요양 / 천재지변 등)	현실적 퇴직 시 가능(실제 퇴직 / 연봉제 전환 등) * 2015년 말까지 가능
중도인출	· DC : 법정 사유로 가능 · DB : 불가능(담보대출)	가입 6개월 후부터 언제든지 인출 가능(법인자금)
퇴직 처리 후	· IRP로 의무 이전(해지 가능) · 55세 이전 연금 수령 불가	담보대출, 중도인출 (단, 법정사유 충족 시)

한동안 'CEO 플랜'이 유행하기도 했는데, CEO 플랜은 법인을 계약자로 하는 보험계약의 일종이다. 법인계약보험이란 계약자와 수익자를 법인으로 하고, 피보험자를 임원 또는 CEO로 하여 가입하는 보험을 말한다. 여기서 계약자란 보험료를 납입하는 자를 말한다. 따라서 법인이 계약자인 이 보험의 적립금은 법인의 자산으로 처리된다.

임원 또는 CEO의 퇴직 시점에 당해 보험의 적립액에서 중도인출하여 퇴직금을 지급하거나 당해 보험계약의 계약자 및 수익자를 퇴직하는 임원 또는 CEO로 변경하는 방법으로 퇴직금 지급이 가능하다. 퇴직금의 일부로 지급된 보험은 은퇴생활비나 상속 시 상속재원으로 활용할 수 있다. 특히 2013년 2월부터 보험차익에 대한 비과세요건이 강화되면서 비과세를 받기 위해서는 10년 이상 유지해야 하는 요건의 10년 기준이 종전의 '최초 계약 시점'에서 계약자 변경이 있을 경우는 '계약자 변경 시점부터 10년'으로 바뀌었으며, 2017년 4월부터는 계약자 변경 시 비과세 혜택을 받을 수 없게 되었다. 그 영향으로 최근에는 종신보험의 활용이 늘어나고 있다. 이때 발생하는 보험차익에 대한 추가 과세 문제는 별도로 고려해야 한다.

법인 명의의 보험계약 활용

운용 시	퇴직 시	활용 시
법인 보장자산	퇴직금 수령	
계약자 : 법인 피보험자 : CEO 수익자 : 법인	계약자 : CEO 피보험자 : CEO 수익자 : CEO (계약자/수익자 변경)	은퇴생활비 상속세 재원

사례

개인사업자로 제조업을 운영하던 A대표는 직전연도에 수입금액이 10억 원을 초과하여 성실신고확인제에 의한 소득세 신고 대상자가 되었다. 담당 세무사는 법인 전환을 권유했으나, A대표는 법인 전환에 따른 장단점 및 법인 전환 시 어떤 점이 유리한지를 정확히 이해하지 못해 처리를 고민하고 있었다.

▶▶▶ 개인사업자와 법인사업자의 장단점을 예를 들어 살펴보고, 법인 전환 시 유의사항 등에 대한 설명을 자세히 들은 후 법인으로 전환할 것을 결정했다. 특히 법인의 지분을 본인, 배우자(이사 등재), 자녀에게 분산해야 하는 이유와 미래의 퇴직금 규모 및 퇴직금 재원 마련을 위한 방법 등에 대해서도 함께 종합적으로 검토했다. 은퇴 이후의 생활자금을 포함한 목표금액을 정하고, A대표와 부인(이사로 재직)의 퇴직금을 마련할 수 있도록 예상 퇴직연도의 급여 수준을 시뮬레이션하여 현재의 급여 및 매년 급여 상승률을 제안했다. 직원들은

퇴직연금에 가입키로 하고, A대표는 혹시 모르는 법인의 유
동성 위기 발생 시 활용할 수 있는 퇴직금 제도를 선택했다.

변경 전	변경 후
· 개인사업자(제조업), 배우자와 자녀 2명 · 성실신고확인제 대상 · 법인 전환을 권유받고 고민 중	· 개인사업자 VS 법인사업자 비교 분석 · 임원의 급여, 상여금, 퇴직금에 대한 정관 규정 신설 · 대표이사 및 이사(배우자) 퇴직금 목표 설정 : 퇴직연도 급여 수준을 시뮬레이션하여 현재 급여 및 매년 급여 상승률 제안 · 퇴직연금과 퇴직금 제도 비교 후 선택

우연한 만남이
가져다준 기회

몇 년 전에 부동산을 조금 더 깊이 공부하고, 좋은 사람들과의 만남도 기대하면서 K대학에서 운영하는 CEO과정을 다닌 적이 있었다. 이때 만난 사람들을 지금도 정기적으로 만나고 있는데, 이중에는 개인적으로 좀 더 친하게 지내는 분들도 있다. 요즘처럼 부동산 경기가 어려운 상황에서도 건축업으로 매년 수십억 원의 이익을 내는 고수부터 성공한 기업가에 이르기까지, 각 분야에서 두각을 나타내는 사람들을 만나면서 시장의 다양한 정보나 노하우를 전해 들을 기회가 많아졌다.

CEO과정을 함께 들으면서 친해진 사람들 중에서도 A대표와의 인연이 특히 기억에 남는다. 하루는 A대표가 "시간 좀 따로 내달라"고 부탁해 왔다. 우리는 약속시간을 정한 후 내 사무실에서 만나기로 했다. A대표는 부인과 함께 방문했다. 부인 역시 별도의 회사를 운영하는 사업가였다. A대표는 다른 사람들로부터 내가 일하고 있는 재무설계센터^{Financial Planning Center}에 대해 여러 차례 얘기를 들었다며, 본인도 상담을 받고 싶다고 요청했다.

일단 나는 여러 가지 기본적인 사항에 대해 설명한 다음 추가로 필요한 사항을 안내했다. 다음 미팅 때 A대표는 사전에 안내한 자료를 충실히 준비해 왔고, 나는 추가적인 내용들을 확인한 후 내부 분석 및 검토를 거쳐 상담을 진행했다.

A대표는 건설사를 운영하고 있었는데, 주로 서민주택을 직접 지어서 분양하는 사업을 했다. A대표는 기획, 추진, 분양 등의 모든 회사 업무를 혼자 도맡아 처리했다. 그 외 설계 등의 업무는 아웃소싱을 활용했고, 주택을 신축할 때는 전문 건설인력을 모아서 시공작업을 했다.

A대표의 부인은 건축에 필요한 자재를 판매하는 도매상을 운영하고 있었다. 한마디로 부부의 사업이 서로 시너지를 낼 수 있는 구조였다. 사업 측면에서 봤을 때 거품을 완전히 제거하고, 아주 실속 있게 효율적으로 잘 운영하고 있었다. 덕분에 A대표는 별도의 직원을 두지 않고도 사업을 할 수 있었다. 또 비용을 최소화했기 때문에 누구보다 좋은 자재를 사용함에도 주택을 저렴하게 판매하는 경쟁요소를 확보하여 미분양의 어려움 없이 승승장구할 수 있었을 것이다.

A대표의 회사는 매년 계속해서 큰 이익을 냈고, 이에 따라 회사의 가치는 날로 커져가고 있었다. 당시 대학에 다니는 두 자녀

도 조만간 졸업할 테고, A대표는 지금 시점에서 사업 현황을 점검하고 중장기적인 전략을 세우고 싶다는 의견을 밝혔다.

마침 부지 매입부터 건축, 분양까지 1년여에 걸쳐 진행돼 온 신축 주택사업이 잘 진행되어 큰 이익을 낼 것으로 예상되고 있었다. 이런 상황이 지속되면 몇 년 안에 회사 가치가 몇 배 더 높아질 것은 불 보듯 뻔했다. 그래서 100% 본인이 보유하고 있던 지분을 자녀들에게 적극적으로 증여하게 하고, 증여신고와 증여세 납부까지 정확히 처리하도록 했다. 예상대로 최근 수년간 건설업계가 어려운 와중에도 A대표는 승승장구하며 성공적으로 사업을 수행하여 매년 수십억 원의 이익을 냈다고 한다.

가끔 모임에서 만나면 그때 내 얘기를 듣고 지분을 자녀들에게 이전한 것은 정말 잘한 일이었다며, 항상 고맙다는 말을 전한다. 만일 그때 증여한 지분을 회사 가치가 몇 배로 커져 있는 지금 와서 증여한다면 적어도 수십억 원의 증여세를 내야 했을 텐

데, 정말 잘 실행한 것이다. 이런 것이 인연이 아닐까?

어떤 사람은 오랫동안 계속 물어보기만 하고, 답을 알려줘도 실행하지는 않고 고민에 싸여 시간만 흘려 보낸다. 역시 실행이 중요하고, 실행을 해야 결과가 있는 것이다. 특히 실행했다가 결과가 기대처럼 되지 않더라도 실패에 따른 위험이 적고, 성공했을 때 기대되는 이익이 크다면 실행에 무게를 두는 것이 맞을 것이다.

한동안 고객들을 대상으로 진행하는 세미나에서 강의를 많이 했었다. 한창때는 한 달에 20여 회의 강의를 하기도 했었다. 이렇게 고객들을 대면하다 보면 다양한 일들이 생긴다. 어느 날 안산에서 CEO들을 초청해 강의를 하게 되었다. 강의 주제는 'CEO의 가업승계 및 자산관리 노하우'였다. 강의를 마치고 한 테이블에서 고객들과 함께 식사를 했는데, 자연스럽게 여러 가지 얘기가 오가게 되었다. 얘기를 나누던 중 한 고객이 당시 진행하던 공장 신축과 관련하여 문제가 있음이 발견되었다. 사안이 시급한지라 그 자리에서 바로 상담 약속을 잡았다.

며칠 뒤 B대표는 안내한 자료를 준비하여 안산에서 서울 강남에 있는 내 사무실까지 찾아왔다. 40대 후반의 B대표는 제조업체를 운영하고 있었다. 사업을 확장하면서 공장을 새로 짓고 있었는데, 마침 부친 소유의 농지가 근처에 있어서 그곳에 공장을 짓기로 했다. 이미 기초공사가 진행되고 있던 공장은 규모가 꽤 큰 편이어서 공시지가만 해도 10억 원을 넘었다.

농지에 공장을 짓기 위해서는 토지의 용도변경을 신청한 후 용도변경에 따른 개발부담금을 내야 할뿐더러 공장 신축허가를 받아서 진행해야 한다. 그런데 농지 상태에서 부친으로부터 증여를 받는 것과 대지 변경 후 건물까지 지어서 재산 가치가 한층 높아진 상황에서 증여를 받는 것은 증여세 측면에서 차이가 클 수밖에 없었다. 나는 그 차이를 개략적으로 계산해서 보여주고, 업무를 처리할 순서를 바로잡아 주었다. 그래서 최우선적으로 신축 중인 부지를 현 상태로 부친으로부터 증여받고, 용도변경 허가를 신청토록 했다.

몇 개월 뒤 B대표를 다시 만날 일이 있었는데, 다행히 그 일은 잘 처리가 되었다고 한다. 그러면서 동시에 부친이 소유하고 있던 인근의 다른 농지 일부를 형제들에게 증여하고, 일부는 매매를 통해 인수하면서 부친이 편하게 사용할 수 있는 현금을 마련해 드렸다고 한다. 컨설팅을 하면서 안내한 대로 재산의 소유주인 부모를 배려했고, 형제들에게도 자산을 나누어 주어 상속으로 인해 발생할 수 있는 분쟁을 미리 해결하게 된 것이다. 더불어 부친이 소유한 남은 자산은 상속으로 해결해도 큰 무리가 없게 되었다.

부산에서 근무할 때다. 부산·경남권의 VIP 고객 200여 명을 초대하여 해운대의 한 호텔에서 제법 큰 규모의 세미나를 진행하게 되었다. 이날은 다양한 분야의 부자 고객들이 참석한 자리여서 '상속·증여 및 부자들의 자산관리'라는 주제로 강의를 진행했다.

며칠 뒤 그날 세미나에 참석했던 고객 중 한 명이 상담 요청을 해왔다. 다만, 보험은 이미 충분히 가입했기 때문에 상담을 받기 위해 보험에 가입해야 한다면 안 하겠다고 했다. 나는 보험 얘기는 안 할 테니 걱정 말고 오시라고 해서 상담이 진행되었다.

상담 요청자는 남편과 함께 사업을 크게 하고 있었는데, 부부의 연령대는 둘 다 40대 후반이었다. 이전에도 상담을 받아본 적 있다는 C고객은 재무설계 컨설팅을 잘 이해하고 있어서 자료 준비도 철저히 잘해 왔다.

자료를 보니 법인도 여러 개였고, 빌딩도 시내 좋은 위치에 여러 채 보유하고 있었다. 치밀하고 깔끔한 성격의 C는 회사의 재무를 포함하여 전체적인 재산관리를 도맡아서 하고 있었다. 자산 규모가 워낙 크고 복잡해서 여러 차례에 걸쳐 추가 자료를 받으면서 5주간에 걸쳐 분석 작업을 진행했다.

날로 성장하는 회사는 자산이 빠르게 증가하고 있었다. 부부 모두 40대 후반이어서 다소 이른 감은 있었지만 10년, 20년 후를 내다보고 일부 자산을 자녀들에게 증여하는 방안을 적극적으로 진행할 필요가 있었다.

다행히 아직 회사 가치가 크지는 않지만 높은 성장이 예상되는 신설법인도 있었고, 임대소득이 잘 나오는 건물도 있어서 증여를 할 만한 대상이 여러 건 있었다. 그래서 구체적인 증여 플랜과 예상 증여세, 증여세 납부재원 마련방안을 종합적으로 검토하여 상담을 진행했다. 검토 결과를 설명하는 자리에는 남편인 D대표도 함께 참석하여 얘기가 수월하게 진행되었다.

그 후 나는 부부의 집에 초대되어 함께 저녁식사를 했다. 부부는 늦도록 공부하고 돌아온 자녀들을 불러서 내게 인사시켜 주었다. D대표는 고등학생인 자녀들이 자신처럼 열심히 살지 않는다고 불만이었다. 자녀들이 열심히 공부해서 판검사나 의사가 되기를 내심 바라고 있는데, 자녀들의 성적이 마음에 차지 않는다는 것이다. 갈등 탓인지, 잔뜩 움츠린 채 아버지 앞에 선 자녀들의 표정이 밝지 않았다.

나는 조심스럽게 D대표에게 조언을 건넸다. "사장님, 자녀들이 공부에 뜻이 있으면 공부를 더 잘할 수 있도록 아낌없는 지원을 하시고, 그게 아니라면 건강하고 리더십 있게 키워서 나중에 물려받은 사업을 잘 성장시켜 나갈 수 있도록 하시는 것이 좋을 듯 싶습니다. 만일 가족 중에 판검사나 의사가 있으면 좋겠다 싶으시면 그런 직업을 가진 며느리나 사위를 얻으십시오. 왜 굳이 자녀들에게 그렇게 힘든 길을 가라고 하세요?"

전문직은 기본적으로 공부를 잘해야 면허를 얻을 수 있지만, 사업은 공부를 잘하는 것과는 또 다른 측면이 있다. 특히 사업을 하는 CEO 입장에서는 본인이 힘들게 키우고 있는 사업들을 물려주려면 자녀들이 어떤 모습으로 성장하는 것이 더 나을지를 냉정하게 판단해 볼 필요가 있다. 공부를 잘하는 자녀와 사업을 잘할 수 있는 자녀 중 과연 어떤 자녀가 더 필요할까? 물론 둘 다 잘하면 금상첨화겠지만!

CEO의
4대 관심 분야

일반적으로 CEO들은 크게 4가지 분야에 대해 큰 관심을 보이며,
아무리 바빠도 이 4가지 분야와 관련해서는 시간을 아낌없이 내
준다.

　그 첫 번째는 본인이 하고 있는 사업과 관련한 분야인데, 지
금까지 살아온 본인의 인생과 미래, 꿈이 모두 사업의 승패에 달
려 있기 때문일 것이다. 항상 기업의 생존과 성장에 대해 고민하
고, 월급날이 지나면 바로 다음 날부터 직원들의 다음 달 월급을
걱정해야 하는 것이 중소기업 CEO들의 삶이다. 따라서 국내 경
제와 동종 업종 및 경쟁사의 동향, 관련 분야의 기술, 주요 거래
처 관련 정보, 유사 업종 및 기업의 성공과 실패 사례, 정부의 정
책 변화와 기업에 미치는 영향 등과 같은 얘기에 관심이 많다.

　삼성경제연구소에서 운영하고 있는 Seri-CEO가 CEO들 사이에서 인기가 높다. 유료로 운영되는 연간회원에 가입하면 각 업종별 시장동향, 경영기법, 인문학, 취미 등 다양한 분야의 리포트들을 통해 최근 정보들을 접할 수 있을 뿐만 아니라 매월 진행되는 세미나에도 참석하여 많은 정보를 얻고, 다양한 분야의 사람들과 교류를 할 수 있다. 서울뿐만 아니라 지방에서도 요청이 너무 많아 요즘은 서울과 동시에 지방에서도 매월 세미나를 개최하고 있다.

이외에도 대학교에서 운영하는 CEO과정에 참여하거나 각종 포럼에 참석하여 새로운 지식을 쌓거나 다양한 목적을 가진 CEO의 모임에 참여하는 등의 활동도 바로 사업에 필요한 정보와 아이디어, 도움이 될 만한 인적 네트워크를 만들기 위해서일 것이다.

두 번째는 세무 분야다. 특히 최근 들어 기업에 대한 세무조사뿐만 아니라 자산가들에 대한 세무조사가 강화되면서 주변에서 세무조사를 받아 세금 추징을 당하는 경우를 쉽게 접하게 된다. 게다가 경기가 나빠 회사를 운영하기가 더욱 어려워지다 보니 비용 절감 차원에서 세금을 조금이라도 줄일 수 있는 방법이 없는지 항상 궁금해한다.

규모가 큰 회사들은 세무사나 회계사와 자문계약을 별도로 맺어 지속적인 상담 서비스를 받기도 하고, 지역 세무서의 세정위원회 등에 참여하여 지역 사회를 위해 봉사를 병행하면서 관련 분야의 전문가들과 네트워크를 형성하기도 한다.

세 번째는 부동산 분야다. 사업을 하다 보면 사업 목적에 필요한 부동산을 보유하거나 새롭게 취득해야 하는 상황들이 생긴다. 또 개인적으로도 거주하고 있는 주택에서부터 건물에 이르기까지 다양한 부동산을 소유하게 된다. 대부분의 CEO들이 보유하고 있는 자산 유형의 비중을 살펴보면, 회사의 지분가치 〉부동산 〉금융자산의 순서로 되어 있다.

따라서 자산 비중이 높은 부동산에 관심을 기울이는 것은 당연하다고 할 수 있겠다. 특히 사업용 부동산을 장기간 보유하다가 부동산 가치의 상승으로 인해 회사 자산이 크게 증가하는 경우가 많기 때문에 더욱 그렇다. 하지만 부동산 시장의 패러다임도 크게 변화하고 있는 점을 감안하면 무분별한 투자보다는 사업에 필요한 부동산을 중심으로 관심을 갖되, 장기적인 관점에서 누구 명의로 취득할 것인지 등을 고려할 필요가 있다.

마지막 네 번째는 금융자산 운용과 관련한 분야다. 회사를 운영하다 보면 항상 단기적인 운영자금과 중장기 투자자금을 필요로 한다. 한편으로는 필요자금을 안정적이면서도 저금리로 조달하는 것이 필요하고, 회사가 이익이 나서 금융자산이 늘어나면 이 여유자금을 잘 운용하는 것도 필요하다. 요즘같이 저금리가 지속되면 여유자금을 운용하는 것이 더 힘들다.

과거에는 자금 운용을 잘못해서 회사가 어려움에 처하는 경우가 종종 있었다. 회사의 위험 부담 없이 운영수익을 올릴 수 있다는 설명에 가입했다가 많은 손실을 불러온 키코[KIKO: Knock-In,

Knock-Out 사태가 있었고, 대출금리가 낮다고 엔화대출을 받았다가 엔화 약세로 상환할 원금이 훨씬 더 많아져서 상당 기간 동안 고생시킨 엔화대출, 라임, 옵티머스 등 펀드의 운용 상황을 알 수도 없는 상품에 투자하여 큰 손실을 본 사모펀드 등이 그 예다. 반면, 수출입 기업의 경우 환율 변동성이 커지면서 회사의 손익이 크게 나빠지는 상황에서도 외환관리를 잘해 회사의 영업손실을 상회하는 투자이익을 내기도 한다. 최근 저금리가 지속되면서 회사의 여유자금을 보다 다양하게 운용하는 회사들이 늘어나고 있다. 따라서 회사의 자금을 운용할 때는 전문가의 도움을 받아서 위험관리를 철저히 하는 한편, 적절한 수익을 창출하는 기회로 삼는 현명함이 필요하다.

● 키코(Knock-In, Knock-Out)

'키코'는 환율변동에 따른 위험을 피하기 위한 환헤지 통화옵션 상품의 한 종류다.

예를 들어 기업이 계약환율 1,000원에 약정액을 100만 달러로 하고 상한 1,100원, 하한 900원으로 은행과 계약했을 경우, 환율이 상한인 1,100원 이하로 오르면 현실환율로 매도할 수 있고, 환율이 떨어지더라도 하한인 900원을 넘으면 계약환율 1,000원을 적용받을 수 있어 이익을 얻을 수 있다. 즉 환율이 상·하한 기준 사이에서만 변동하면 환차손을 줄이고 일부 환차익을 얻을 수 있다.

그러나 환율이 하한 이하로 떨어지면 계약이 해지되어 떨어진 환율로 적용받아 환손실을 입을 수 있는 데다가, 키코의 경우 상한 이상으로 오를 경우 약정액의 몇 배를 계약 종료 시 환율로 매입하여 약정환율로 은행에 팔아야 한다는 옵션이 붙어 손실은 눈덩이처럼 커지게 된다. 이러한 상품의 특성 때문에 환율변동으로 인한 위험을 피하기 위해 파생금융 상품인 키코에 가입한 중소기업들이 오히려 큰 피해를 입는 일이 벌어졌다. 2008년 글로벌 금융 위기가 발생하면서 우리나라의 환율이 급등했고, 이로 인해 기업들이 큰 손실을 입었다.

가업승계와 상속·증여는 벤치마킹이 어렵다

가업승계와 상속·증여의 문제는 다른 사람들과 공유하기 어려운 분야다. 오랫동안 준비해서 진행해야 하며, 그 과정에 많은 변수가 작용하기 때문이다. 회사의 경영 상황, 가족관계, 제도, CEO의 의지 등은 시간이 흐르면서 바뀔 수 있다. 큰 방향은 정해져 있지만 세부 내용은 끊임없이 달라진다. 그런데 진행 중인 내용이 잘못 전해졌다가는 집안이 전쟁터로 변할 수도 있다.

경영권이나 재산권 분쟁 등 주변에서 일어나는 일련의 사건들은 외형만 드러났지, 그 내부 속사정이 시원하게 알려진 경우는 거의 없다. 관련 분쟁들이 진행되다가 어느 순간 모두가 피해자가 되면서 소송 취하, 화해, 조정 등으로 마무리가 되어 최종 결과가 알려지지 않는 경우가 대부분이기 때문이다. 깊이 들어갈수록 얻는 것 하나 없이 국민들의 지탄만 받게 되니, 상호 간

에 협의로 종결되는 경우가 허다하다. 실제 결과는 당사자를 제외하고는 아무도 모르는 상황이 되는 것이다.

알려져 있는 가업승계의 원칙과 방법, 상속세 절세전략 등은 일반적인 원칙론을 얘기하는 것일 뿐이다. 진짜 노하우는 일반에게 공개되지 않으며, 그 사례를 알기도 힘들다. 기본적으로 비밀 준수를 전제로 은밀하게 진행되고, 당사자들끼리만 알고 끝나는 것이다.

특히 분쟁은 제대로 준비하지 못해 당사자 간에 원만한 조율이 되지 않았기 때문에 발생하는 경우가 대부분이다. 그러니까 역설적으로 보면 잘 준비하여 제대로 처리되는 건들은 그 내용이나 노하우가 알려지지 않고 있다는 것이다.

10~20년 후까지를 고려하여 예상되는 문제점을 정확히 찾아내고, 해결방안을 제시하는 것은 결코 쉬운 일이 아니다. 전문적인 지식은 기본이고, 많은 사례를 다뤄본 경험이 있어야만 가능한 일이다. 그래야 문제를 최소화하고, 세금을 줄이는 등의 효과

를 얻을 수 있다. 그래서인지 국내에는 가업승계와 상속·증여를 전문으로 다루는 전문가가 그리 많지 않다.

물론 대기업들은 내부 전담팀을 운영하거나 많은 비용을 들여 전문가들에게 의뢰하는 경우가 많다. 일부 대형 로펌이나 회계법인, 세무법인 등은 이를 전문적으로 담당하는 부서를 운영하고 있다. 그런데 그런 회사들을 이용하려면 회사가치를 포함하여 자산이 수백억 원은 넘어야 한다. 비용부담도 만만치 않은데, 그래서 대부분은 실행으로 넘어가지 않고 고민만 하다가 시간을 낭비하는 경우가 많다.

CEO 입장에서 가장 큰 걱정은 비밀보장에 관한 것이다. 가업승계와 상속·증여 문제에 대한 대비를 하기 위해서는 회사와 관련한 사항뿐만 아니라 개인의 재무 현황과 가족 사항까지 모두 얘기해야 하는데, 회사 직원도 믿기 힘든 세상에 누구를 믿고 그런 자료를 제공할 수 있을까?

실제 CEO와 상담을 하다 보면 누구에게도 말할 수 없는 얘기들을 듣는 경우가 종종 있다. 예를 들면 가족들이 모르는 혼외 자녀가 있는 경우다. CEO의 입장에서는 혼외 자녀도 친자녀와 똑같은 자신의 혈육이지만, 이런 사실을 알게 된 가족에게는 상처일 수 있다. 혼외 배우자는 법적으로 상속권이 없지만 혼외 자녀는 친자와 동일한 상속권을 가진다. 이런 경우 본인 사후에 분쟁에 휘말리지 않도록 더욱 철저히 대비해야 한다. 그렇지 않으면 CEO 사후 곧바로 가족 간 분쟁으로 번지고, 양측 모두에게 쓰라린 상처를 입힌다. 물론 CEO도 큰 불명예를 안게 될 것이 뻔하다. 이러한 최악의 경우를 막으려면 힘들더라도 본인 생전에 양측 가족들에게 이런 사실을 공개하고 용서를 구하는 한편, 가족들 합의하에 정리를 하는 것이 현명하다. 그런데 그 과정이 결코 쉽지 않기 때문에 계속해서 피하게 된다.

후계자의 선택과 관련한 문제도 쉽지가 않은데, 자녀가 여러 명일 경우 더욱 그렇다. CEO에게 여러 명의 자녀가 있는 경우, 어렵게 키워온 회사를 누구에게 물려줄지를 정하는 것은 아주 중요한 문제다. 자칫 잘못하면 회사를 물려주고 얼마 안 가 회사가 문을 닫을 수도 있기 때문이다. 실제로 자녀가 회사를 물려받아 운영하다가 몇 년 지나지 않아 문을 닫는 경우도 종종 있다. 경영이 어려워져 도산하는 경우도 있지만, 젊은 2세대는 부친이 운영해 온 기업보다는 더 현대적이고 미래지향적인 사업을 하고 싶을 수도 있다. 회사가 문을 닫으면 일자리를 잃은 직원들은 물론이고 그들의 가족까지 큰 어려움을 겪게 된다. 그래서 후계자 선정 문제는 중요하고도 어려운 것이다.

그렇다면 CEO가 후계자 선정 문제를 공개적으로 얘기할 수 있을까? 특히 회사 내에서 얘기하는 것은 꺼릴 수밖에 없는데, 자칫 얘기가 잘못 전해져 싸움이라도 생기면 큰일이기 때문이다. 가족들뿐만 아니라 회사 임직원들 간의 파벌 싸움까지 가세할 경우 막장 드라마의 주인공이 될 수도 있다.

CEO의 의미

회사의 가치는 부동산, 기계장치, 금융자산과 같은 유형자산뿐만 아니라 속해 있는 직원들의 역량, 비즈니스 모델, 시장지배력 등의 무형자산에 의해 결정된다. 보통은 무형자산의 가치가 더 큰데, 그중 CEO의 가치는 여러 측면에서 대체하기 어려운 특별한 가치를 지니고 있다. 대기업과 달리 중소기업 CEO의 역할은 직원 몇 명, 임원 한 명이 대체할 수 있는 자리가 아니다. 또한 CEO는 단순히 한 집안의 가장일 뿐만 아니라 직원들 가정의 가장이기도 하다. CEO의 성공은 회사의 성장에서 오는 것이고, 그 성공이 많은 직원들의 행복한 가정을 지켜나가고 있는 것이다. 그런 만큼 CEO는 그 가치를 단순히 측정하기 어려운, 아주 중요하고 없어서는 안 될 존재다.

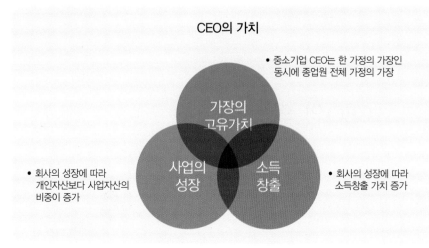

CEO의 가치

- 중소기업 CEO는 한 가정의 가장인 동시에 종업원 전체 가정의 가장

가장의 고유가치

사업의 성장

소득 창출

- 회사의 성장에 따라 개인자산보다 사업자산의 비중이 증가

- 회사의 성장에 따라 소득창출 가치 증가

만일 CEO가 갑자기 사라진다면 회사는 계속 유지될 수 있을까? 또 회사에는 어떤 문제들이 생길까? 다음과 같은 사례를 통해 CEO가 가진 여러 가지 가치를 살펴보자.

사례

제조회사를 운영 중인 A대표가 교통사고 후유증으로 갑자기 사망했다. 회사는 사업의 특성상 기계장치와 설비가 많이 필요했기에 이익이 나는 대로 적극적인 투자를 통해 인프라를 구축해 왔다. 사망 당시 A대표는 50세였으며, 유가족으로는 부인 B와 대학생 자녀 2명이 있었다.

A대표의 유가족은 그동안 회사가 우수한 기술력을 바탕으로 건실하게 운영되어 온 만큼 B가 비록 전업주부였지만 결혼 전에

직장생활을 한 경험이 있어 현 경영진의 도움을 받으면 사업을 이어받아 운영할 수 있을 것으로 생각했다. 그러나 막상 회사에 출근하여 경영 현황을 파악하던 B는 현 상태로는 회사를 유지시키기 힘들다고 판단하여 회사를 정리하는 방안을 검토하게 되었다. 회사를 정리할 경우 토지 및 건물, 기계설비 등을 매각하여 부채를 상환하면 25억 원 정도의 재산을 남길 수 있을 것으로 생각했기에 큰 걱정은 하지 않았다.

구분		장부상 가치	처분 시 예상 금액
자산	공장	20억 원	15억 원
	기계설비	10억 원	3억 원
	미수금	5억 원	(회수 불가)
	재고자산	5억 원	1억 원
	소계	40억 원	19억 원
	부채	15억 원	15억 원
	순자산	25억 원	4억 원

하지만 회사의 자산들을 처분하는 과정에서 B는 자신의 예상이 빗나갔음을 깨달았다. 급매로 내놓은 공장은 정상적인 가격보다 많이 낮췄음에도 적당한 매수자를 찾기가 쉽지 않았다. 기계설비 역시 회사가 운영될 때나 가치가 있지, 사업을 정리하려고 드니 고철 가격으로밖에 평가되지 않았다. 거액을 들여 투자한 기계설비가 한순간에 고철로 전락해 버린 것이다.

미수금 또한 받을 수 있을지 알 수 없는 상황이었고, 재고자산도 원가에 한참 못 미치는 가격에 처분할 수밖에 없었다. 이 상황에서도 부채는 그대로 남아 있어 매월 꼬박꼬박 이자가 나가고 있었고, 원금의 상환 압박도 높아져 갔다. 회사를 통째로 처분하려 해도 그 정도의 가치밖에 인정하지 않으려 했다.

그래서 B는 혹시 모르는 우발채무를 감안하여 상속신고를 할 때 한정승인을 할 것인지, 아니면 상속포기를 할 것인지 고민하는 처지에 놓이게 되었다. 게다가 남편 A가 젊은 나이에 갑작스럽게 사망하면서 회사 지분 외 다른 자산을 거의 남기지 않아서 당장 생활고를 걱정해야 하는 처지로까지 몰리게 되었다.

CEO의 소득창출 가치에 대해서 살펴보자. 중소기업은 CEO의 능력에 크게 좌지우지되는 경우가 대부분이다. CEO가 어떤 판단과 결정을 하느냐에 따라 회사가 성장할 수도, 어려움을 겪을 수도 있다. 그 대가로 CEO도 급여·성과급·퇴직금을 받을 수 있고, 지분을 보유함으로써 배당을 통해 회사의 이익을 나누어 가질 수 있다.

만일 CEO가 잘못되어 회사 경영에 참여할 수 없게 되면, 설령 회사가 계속 운영되더라도 회사 가치는 하락할 수 있고, 가족 중 누군가가 CEO의 능력을 대체할 수 없을 경우 급여·성과급·퇴직금 등을 통해 미래에 창출될 소득마저 잃게 된다. CEO의 정상적인 활동을 통해서 기대되던 미래 수익창출이 없어지거나 낮아지게 되는 것이다. 그 가치는 상황에 따라 수십억 원에서 수백억 원이 될 수도 있다.

美 마이크론 CEO 경비행기 사고로 사망

(보이지〈美 아이다호〉AP=연합뉴스) 미국 반도체회사 마이크론 테크놀로지의 스티브 애플턴 최고경영자^{CEO} 겸 회장이 3일(현지시간) 미 아이다호 주 보이지에서 경비행기 추락 사고로 사망했다. 향년 51세.

마이크론의 댄 프랜시스코 대변인은 애플턴 CEO의 사망사실을 확인했다.

애플턴 CEO의 갑작스런 사망으로 이날 마이크론 주식의 거래는 일시 중단됐다.

경비행기 조종 애호가인 애플턴 CEO는 이날 아침 혼자서 실험적인 고정익 항공기를 타고 비행하다 보이지 공항에 추락해 숨졌다.

사고 경비행기는 공항에 착륙하기 직전에 화재를 일으켰다. 패치 밀러 보이지 공항 대변인은 추락한 비행기가 고정익 단발 엔진 랜세르^{Lancair} 기종이라고 밝혔다.

마이크론 이사회는 성명을 통해 "스티브 CEO의 열정과 에너지는 마이크론과 아이다호 지역사회, 첨단기술 산업계에 지울 수 없는 족적을 남겼다"고 밝혔다.

– 출처: 《연합뉴스》기사 인용(2012. 2. 4)

사장님,
준비는 잘하고 있나요?

회사를 경영하는 데 있어 필요한 재무 분야의 기초 사항을 어느 정도 알고, 준비하고 있는지를 알아보기 위한 '셀프 체크리스트' 다. 현재 상황을 진단하고, 적절한 준비를 해보자.

기초 재무 분야 이해 수준 셀프 체크리스트

구분	체크 내용	체크 결과
공통	주식회사를 설립하기 위해서는 주주가 1명이어도 된다.	예/아니오/모른다
	상법상 최저자본금은 100원이다.	예/아니오/모른다
	상법상 비상장법인은 1년에 2번까지 배당이 가능하다.	예/아니오/모른다
	종합소득세는 과표가 10억을 초과하면 최고세율에 해당한다.	예/아니오/모른다
	임원의 보수와 퇴직금은 정관에서 규정하도록 되어 있다.	예/아니오/모른다
	최근 3년 이내에 정관을 변경한 적이 있다.	예/아니오/모른다
	임원의 보수 및 퇴직금 규정을 별도로 두고 있다.	예/아니오/모른다
	CEO의 퇴직금 지급을 위해 별도의 자금을 준비하고 있다.	예/아니오/모른다

	직원들의 퇴직금 지급을 위해 퇴직연금에 가입하고 있다.	예/아니오/모른다
	CEO가 현재 지급받고 있는 급여는 충분하다.	예/아니오/모른다
	상증법상 회사의 가치를 평가하기 위해서는 3년간의 회사 재무제표 자료가 필요하다.	예/아니오/모른다
	상증법상 평가한 회사의 가치가 얼마인지 알고 있다.	예/아니오/모른다
	회사의 이익잉여금이 얼마인지 알고 있다.	예/아니오/모른다
	회사의 대표이사 가지급금이 얼마인지 알고 있다.	예/아니오/모른다
	법인을 계약자로 가입한 종신보험은 자산으로 처리해야 한다.	예/아니오/모른다
	통상임금의 계산 기준을 정확히 알고 있다.	예/아니오/모른다
	상속과 증여의 차이를 명확히 알고 있다.	예/아니오/모른다
	상속·증여를 받거나 증여를 해본 적이 있다.	예/아니오/모른다
사업 승계	실제 본인 지분인데, 타인 명의로 되어 있는 지분이 없다.	예/아니오/모른다
	본인 외에 실제 투자한 주주가 있다.	예/아니오/모른다
	가업승계를 위한 증여세과세특례의 요건을 알고 있다.	예/아니오/모른다
	중소기업 가업상속공제의 요건을 알고 있다.	예/아니오/모른다
	유류분에 대해 알고 있다.	예/아니오/모른다
	생전에 작성된 '상속포기 각서'는 무효라는 것을 알고 있다.	예/아니오/모른다
	법인의 자가주식취득에 대해 알고 있다.	예/아니오/모른다
	국세청에서 활용하는 '소득—지출 분석시스템'을 알고 있다.	예/아니오/모른다
	개인사업자에게 적용되는 성실신고확인제를 알고 있다.	예/아니오/모른다
	회사를 물려받을 만한 자녀가 있다.	예/아니오/모른다
	직원들이 소유한 주식이 없다.	예/아니오/모른다
	사업승계 방안을 구체적으로 검토한 적이 있다.	예/아니오/모른다
계	'예'를 체크한 항목은 몇 개인가요?	

위의 30개 문항에 체크한 결과 중에서 '예'를 선택한 항목이 몇 개인지 확인한 후 다음과 같이 점검해 보자.

- **20개 이상:** 평소 관심을 갖고 많은 내용을 이해하고 있으며, 실행이 필요하다.
- **10~19개:** 관심을 갖고 관련 정보를 적극 챙기는 것이 필요하다.
- **9개 이하:** 늦기 전에 적극적인 관심을 갖고 준비하는 노력이 필요하다.

PART 2

상속과 증여,
아는 만큼 보인다

•
•
•

상속과 증여, 적극적으로 해결하라

상속·증여 설계 및 절세 가이드

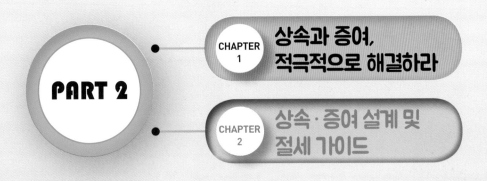

PART 2

CHAPTER 1
상속과 증여,
적극적으로 해결하라

CHAPTER 2
상속·증여 설계 및
절세 가이드

상속·증여,
더 이상 남의 일이 아니다

2014년 정부는 차명계좌에 대한 규제를 강화하기 위해 '금융실명거래 및 비밀보장에 관한 법률'을 개정했는데, 개정 법률을 보면 "실명이 확인된 계좌에 보유하고 있는 금융자산은 명의자의 소유로 추정"한다는 조항이 추가되었다. 예를 들면 미성년자나 소득이 없는 주부가 금융자산을 보유하고 있으면 증여된 자산으로 추정하여 증여세를 과세한다는 것이다. 그동안 관행적으로 많이 해온 금융자산을 가족 명의로 분산하여 운용하는 것도 처벌의 대상이 됨을 명확히 하고 있다.

먼저 증여와 상속이 어떻게 다른지부터 살펴보자. 재산의 소유자가 살아생전에 재산을 무상으로 주면 증여가 되고, 사망하면서 주면 상속이 된다. 증여세와 상속세는 세금을 계산하는 세율은 같지만, 세금을 계산하는 방법은 다르다. 따라서 재산이 많아서 상속세가 걱정될 경우에는 증여세와 상속세를 계산하는 방법을 잘 알고, 상속과 증여를 적절히 함께 고려하는 것이 필요하다.

현재의 상속세 및 증여세법에 따르면 부부가 모두 생존해 있다는 가정하에 집, 금융자산, 사업체 등 모든 재산을 합하여 10억 원 이상의 재산(가업상속공제분, 동거주택상속공제분 등 제외)을 소유하다가 세상을 떠나면서 상속이 발생하게 되면 기본공제와 가장 큰 부분을 차지하고 있는 배우자공제 등 여러 가지 공제를 모두 받아도 상속세를 피하기는 어렵다. 즉 10억 원이 넘는 자산을 보유하고 있다가 세상을 떠나면 재산에 비례해서 많은 상속세를 내게 된다. 그런데 배우자가 없는 경우는 배우자공제를 받지 못하기 때문에 상속재산이 5억 원이 넘으면 상속세를 피하기 어려워진다.

상속세를 내야 하는 과세대상 재산에는 상속 시점에 보유하고 있던 모든 자산과 상속 시점으로부터 10년 이내에 증여된 자산을 합하여 세금을 계산하게 된다. 과세대상에 포함되는 자산의 종류에는 주택을 포함한 부동산, 예금·주식·채권·보험 등 모든 금융자산, 금·보석과 같은 동산, 재산가치가 있는 예술품, 특허권, 사업자산 등이 모두 포함된다.

그렇다면 수십억 원 이상의 재산이 있거나 서울 시내의 고급 아파트 또는 고가주택의 소유자뿐만 아니라 서울과 수도권에 자신 명의의 집을 소유하고 있는 대부분의 사람들은 상속세로부터 자유로울 수 없다는 것이다. 서울시 외에도 광역시의 부자들이 거주하는 지역에 집 한 채만 있어도 마찬가지다. 지방에 많은 재산을 가진 유지들도 마찬가지로 대상이 된다.

증여 문제는 훨씬 심각하다. 현행 세법상 세금 없이 증여할 수 있는 금액이 10년간 증여금액을 합하여 성년 자녀의 경우 5,000만 원, 배우자는 6억 원이다. 예를 들어 아들이 취직한 지 얼마 되지 않아 아직 모아둔 목돈이 없는 상황에서 결혼을 한다고 가정하자. 이 경우 전셋집을 얻어야 하는데, 신혼부부가 살 만한 작은 평수의 아파트를 얻으려 해도 서울 시내의 경우 전세금이 수억 원에 해당된다. 서울에서 가까운 수도권에 전세를 얻어도 교통이 편리하거나 주거환경이 좋으면 1억 원을 넘기가 쉽다.

만일 이때 전세계약을 아들 명의로 하게 되면 전세보증금을 증여한 것에 해당되기 때문에 증여세 공제금액(5,000만 원)을 초과한 금액에 대해서는 증여신고를 하고, 증여세를 납부해야 한다. 만일 전세계약을 재산이 있는 부모의 명의로 했다면 전세금의 이자 상당금액을 증여한 것으로 보게 된다. 최근에 강남권 고가주택의 전세계약자를 대상으로 자금출처를 집중적으로 조사하여 전세 자금에 대한 자금출처를 밝히지 못한 경우에는 증여세 등을 추징한 사례가 바로 그 예이다.

이제 증여와 상속은 더 이상 특정 부자들만의 문제가 아니다. 그런데 많은 이들은 아직도 자신과는 별로 상관이 없을 것이라고 생각들을 하고 있다. 최근 한 부동산정보업체의 조사에 따르면, 서울시의 아파트 평균 매매가격이 10억 원을 넘었고, 서초구

아파트의 평균 전세가격은 서울 시내 평균 매매가격과 비슷한 것으로 나타났다. 살고 있는 집만 해도 이렇듯 증여세와 상속세를 고민해야 하는데, 다른 재산까지 합하면 그 대상자는 훨씬 더 늘어나게 될 것이다. 증여와 상속 문제를 더 이상 타인의 얘기로만 흘려듣고 해결을 미룰 것이 아니라 보다 적극적인 대처가 필요한 시점이 되었다.

특히 기업을 운영하는 CEO의 경우는 상황이 더욱 심각하다. 다른 재산에 기업의 가치가 더해지면서 총재산 규모가 더 커지게 된다. 더불어 기업은 재산가치만 있는 것이 아니기 때문에 상속·증여와 함께 가업승계를 고려하여 진행해야 한다. 상황에 따라서는 회사가치를 포함한 총재산의 규모와 구조 등에 따라 상속·증여와 가업승계를 분리하여 진행할 수도 있고, 그렇지 않으면 두 가지를 묶어서 함께 진행할 수도 있다.

예를 들어 전체 재산 중에 회사가치가 차지하고 있는 비중이 너무 높거나 회사의 재산 중에 부동산과 금융자산 등이 많이 포함되어 있을 경우는 상속·증여와 가업승계를 묶어서 동시에 진행해야 하기 때문에 더 어렵다. 따라서 최소 10년 이상의 미래를 내다보고 준비해야 하고, 단계적으로 실행해 가는 것이 필요하다. 그리고 그 시작은 CEO의 나이와 회사의 규모에 상관없이 빠를수록 좋다.

상속·증여 설계가
중요한 이유

우리나라는 예로부터 유교문화의 영향으로 선대로부터 재산과 전통 등 모든 것을 물려받고, 물려주는 문화를 이어왔다. 이런 문화의 영향으로 지금까지도 집안(재산)을 물려주는 것을 당연하게 생각한다. 서구 사회처럼 고등학교를 졸업하면 자녀들을 부모로부터 독립시키는 것이 아니라 부모들이 자신의 노후 준비보다 자녀들의 결혼까지 책임지려 하고, 심지어 주택 마련까지도 걱정하는 것들이 그 예이다.

자료에 따르면, 세계 어느 나라든지 상속 실패율이 70%에 달한다고 한다(《상속을 준비하라》, 로이 윌리암스·빅 프레이저 지음, 박인섭·김병태 옮김, 한솔아카데미(2008), 25쪽). 실제 우리나라에서도 많은 대기업들이 상속·증여와 관련한 분쟁에 휘말려 있는 것을 보면 쉽게 이해가 간다. 특히 상속은 죽음과 연결하여 생각하기 때문에 피하려는 경향이 강하다. 70대로 접어들면 그런 경향이 더욱 강하게 나타난다.

상속이란 어렵게 쌓은 부를 대대로 이어가기 위한 중요한 의사결정이기 때문에 많이 고민하고 결정해서 실행에 옮겨야 할 숙제다. 특히 재산 규모가 커서 많은 상속세가 예상되는 경우에는 미리 재산을 이전하는 증여를 함께 고려하는 것이 필요한데, 증여는 상속예상 시기보다 10년 이전에는 실행을 해야 세금을 줄이는 효과를 볼 수가 있다. 이 말은 증여·상속 설계는 최소 10년을 미리 내다보고 준비하여 실행해야 한다는 것을 뜻한다.

한 조사에 따르면, 상속에 실패하는 가정은 가족 간의 믿음이 부족하다는 공통점을 보이고 있다고 한다(《100세 시대 은퇴 대사전》, 우재룡·송양민, 21세기북스(2014), 483~486쪽). 부모의 상속 계획이나 자산 규모 등에 대한 얘기를 서로 하지 않은 상황에서 갑자기 상속이 진행되는 경우가 많다는 것이다. 특히 수명이 길어지고 고령화 현상이 가속화되면서 '노노老老상속'이 늘어나게 되면, 상속을 받자마자 다시 상속에 대비해야 되는 상황이 연출될 수 있다. 일본의 경우 상속받는 자녀의 평균 나이가 58세라고 한다. 그렇게 되면 상속받은 자산을 사용해 보지도 못하고, 다시 다음 세대로 넘겨주어야 한다. 특히 사업을 하는 집안의 경우 두 번의 상속세를 연이어 내게 되면 경영권의 확보에 필요한 지분을 유지하는 것이 쉽지 않을 수도 있다.

상속으로 인한 가족 간의 갈등이 발생하는 이유를 살펴보자.

첫 번째 원인은 부모가 재산을 끝까지 소유하고 있다가 세상을 떠나는 마지막 순간에 자녀들에게 넘겨주기 때문이다. 나이가 들어갈수록 재산을 자녀에게 미리 주고 난 후 후회하는 주변의 지인들을 보면서 자신은 그런 후회를 하지 않겠다는 생각을 하게 된다. 70대에 들어서면 잘된 경우보다는 나쁜 결과를 가져온 내용들이 더 마음에 와 닿으며, 좀처럼 생각을 바꾸기가 어렵다. 이렇게 되면 부모가 죽고 난 후 자녀들 간에 분쟁이 생기기 마련이다. 견물생심見物生心이라고 했다. 재산이 없으면 모를까, 재산이 있는데 욕심이 생기는 것은 당연한 일이다.

두 번째는 가족들 간의 대화와 신뢰가 부족하기 때문이다. 갑자기 상속이 발생하게 되면 상속인들 간에 충분한 대화와 조정을 할 수 있는 여유가 없기 마련이다. 모든 자산을 현금으로 물려주면 그나마 똑같이 나누기가 수월하겠지만, 실제로 그런 경우는 많지가 않다. 물려받은 자산 중에 모두가 선호하는 자산들이 겹칠 가능성이 높은데, 내가 가지고 싶은 것은 다른 사람들도 마찬가지일 것이다. 그리고 각 자산들의 가치를 각자 다르게 평가할 수 있다. 세법에서 평가하는 가치와 실제 가치는 다르기 때문에 남의 떡이 더 커 보일 수 있다.

세 번째는 상속을 받게 되는 자녀가 준비가 되어 있지 않은 경우다. 갑자기 예상치 못한 재산이 생겼을 때 어떻게 관리·운용해야 할지 몰라서 자칫 잘못하여 물려받은 재산을 다 날려버리는 경우다. 갑자기 큰돈이 생기면 잘못된 조언과 많은 유혹이 따르기 마련인데, 옥석을 잘 가려서 듣고 실행하는 것이 필요하다. 실제 복권에 당첨된 후 몇 년 못 가 모든 재산을 날리고, 불행한 생활을 하는 경우가 의외로 많다는 것이 그 좋은 예이다.

해외의 여러 가지 체계적인 연구결과들을 소개한 책(《상속을 준비하라》, 41~74쪽)에서 지적한 내용을 요약해 보면, 상속이 실패하는 가장 큰 이유로 '가족 내 대화와 믿음의 붕괴'를 들고 있다. 반면 성공적으로 상속을 마무리한 가족들의 특징은 '전 가족 구성원이 상속에 관여해 상속 계획을 수립할 때부터 참여'했다는 것이다.

이렇듯 가족 구성원 모두가 처음부터 참여하는 과정을 진행하는 것은 분명 더 어렵다. 시간도 더 많이 소요될 뿐 아니라 많은 갈등을 불러올 가능성도 더 높다. 그래서 많은 가장들은 상속으로 인해 가족 구성원들이 받을 영향에 대비해 상속인들을 준비시키는 것보다 자신들이 상속을 준비하는 데 더 많은 시간을 보낸다. 이 같은 사실은 상속과 관련하여 기존에 가졌던 생각을 재점검해 볼 필요가 있다는 점을 정확히 지적하고 있다.

특히 사업을 하는 경우 사업을 물려받을 후계자를 양성하는 데 충분한 시간과 과정이 필요한데, 그냥 재산만 물려주는 것에 비하면 몇 배나 더 힘든 일이 될 것이다. 그만큼 미리부터 준비하는 것이 필요하다는 얘기이며, 진행 우선순위에 대해 심각하게 고민할 필요가 있어 보인다.

미리부터 일부 재산을 증여해서 재산을 지킬 수 있는 능력을 갖출 수 있도록 하는 것도 좋은 방법이며, 물려받은 큰 재산에 대한 세금을 낼 수 있는 능력을 갖추도록 해주는 것이 최우선적으로 필요하다. 그 과정에서 충분한 대화를 통해 서로를 이해하고 신뢰할 수 있는 관계를 만들어나가는 것이 무엇보다 중요하다.

　나이 들어서 재산을 물려받은들 그 나이에 무엇을 할 수 있겠는가. 기껏 자신의 이름으로 보관하고 있다가 다음 세대에 물려주는 보관자의 역할밖에 남지 않게 된다. 따라서 수증자(증여를 받는 사람)가 필요할 때 조금씩 단계적으로 물려주면서 준비를 진행하는 것도 좋은 방법이라고 생각된다.

상속·증여와 관련된
주요 법률

상속이란 재산을 소유한 사람(피상속인)이 사망했을 때 사망과 동시에 상속의 권한이 있는 사람에게 그 사망자의 재산적 권리나 의무가 포괄적으로 당연히 승계되는 것을 말한다.

그런데 피상속인이 살아 있는 동안 재산을 무상으로 이전하는 것에 대하여 세금을 부과하지 않는다면, 상속세를 피하기 위해 재산을 모두 사망하기 전에 무상으로 이전시키려 할 것이다. 이와 같이 상속세가 탈루되는 것을 방지하기 위해 살아 있는 동안 무상으로 이전하는 재산에 대해서는 증여세를 부과하고 있는데, 상속과 증여에 대해서는 민법과 세법을 통해 살펴볼 수 있다.

민법은 사람이 사회생활을 영위하면서 지켜야 할 법률 주체 사이의 권리와 의무를 규율하는 법이다. 민법은 인간이기만 하면 누구에게나 일반적으로 적용되는 것을 정하고 있고, 특수한 기능이나 직업을 가진 사람에게만 적용되는 것은 아니다. 그리고 민법은 권리의무의 발생과 소멸, 그리고 그 내용 기타 법률관계의 판단기준을 정하는 실체법에 속하고, 권리관계를 확정하고 실현하는 절차를 정하는 절차법에는 속하지 않는다.

독자들의 정확한 이해를 돕기 위하여 일부 법률 조항은 내용을 그대로 소개한다.

먼저 민법에서 증여와 관련해서는 '제3편(채권) 제2장(계약) 제2절(증여)'에서 다루고 있는데, 주요 내용은 다음과 같다.

- 증여의 의의
- 수증자의 행위와 증여의 해제
- 부담부증여

먼저 민법 제556조에서는 수증자의 행위와 증여의 해제에 대해 규정하고 있는데, 정상적인 절차에 의해 진행된 증여행위를 취소하거나 증여한 자산을 원래대로 찾아오는 것은 극히 제한적으로 가능하다. 특히 가업승계를 위해 회사의 지분을 증여했을 경우에는 증여 취소를 하기가 거의 어렵다고 보는 것이 맞다.

다만, 증여일로부터 3개월 이내에 증여를 취소하면 애초에 증여가 아니기 때문에 증여세가 부과되지 않지만, 3개월 경과 후 6개월 이내에 증여를 취소하게 되면 당초 증여에 대해서는 증여세가 과세된다.

반면, 상속과 관련해서는 '제5편(상속)'에서 자세하게 규정하고 있는데, 그 주요 내용은 다음과 같다.

- 상속의 원인
- 상속인의 순위, 대습상속, 결격사유
- 상속의 효력, 상속분, 상속재산의 분할
- 상속의 승인 및 포기
- 유언의 방식, 효력, 집행, 철회
- 유류분의 인정 범위, 산정, 보전, 반환 순서, 소멸시효

민법에서 규정하고 있는 상속과 관련한 권리의무의 승계에 관한 내용들을 몇 가지 살펴보자.

상속이 발생하면 민법에서 규정하고 있는 상속의 우선순위에 따라 상속재산이 분배된다.

먼저 1순위는 '직계비속'과 '배우자'다. 1순위에 해당하는 직계비속은 피상속인의 자녀를 말하며, 그 자녀가 이미 사망한 경우에는 그 사망한 자녀의 상속분을 사망한 자녀의 상속인이 받게 되는데, 이를 '대습상속'이라고 한다. 이러한 1순위 상속자가 있는 경우는 여기서 종료된다. 이때 배우자는 직계비속과 동순위이거나 직계비속이 없을 경우 직계존속과 공동상속인이 된다.

그런데 직계비속이나 직계존속이 모두 없을 경우는 단독상속인이 된다.

2순위에 해당하는 '직계존속'이란 피상속인의 부모를 말하며, 부모가 없을 경우 조부모까지 포함된다. 피상속인에게 직계비속, 직계존속, 배우자가 모두 없을 경우 3순위에 해당하는 '형제자매'에게 상속권이 있으며, 3순위마저도 없을 경우는 4촌 이내의 '방계혈족(자신의 형제자매와 형제자매의 직계비속, 직계존속의 형제자매 및 그 형제자매의 직계비속)'이 상속권을 갖게 된다.

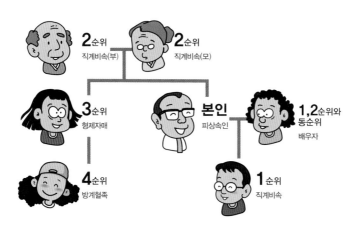

제1000조(상속의 순위) ① 상속에 있어서는 다음 순위로 상속인이 된다.

1. 피상속인의 직계비속
2. 피상속인의 직계존속
3. 피상속인의 형제자매

4. 피상속인의 4촌 이내의 방계혈족

② 전항의 경우에 동순위의 상속인이 수인인 때에는 최근친을 선순위로 하고, 동친 등의 상속인이 수인인 때에는 공동상속인이 된다.

③ 태아는 상속순위에 관하여는 이미 출생한 것으로 본다.

제1001조(대습상속) (중략) 상속인이 될 직계비속 또는 형제자매가 상속개시 전에 사망하거나 결격자가 된 경우에 그 직계비속이 있는 때에는 그 직계비속이 사망하거나 결격된 자의 순위에 갈음하여 상속인이 된다.

제1003조(배우자의 상속 순위) ① 피상속인의 배우자는 제1000조 제1항 제1호와 제2호의 규정에 의한 상속인이 있는 경우에는 그 상속인과 동순위로 공동상속인이 되고, 그 상속인이 없는 때에는 단독상속인이 된다.

② 제1001조의 경우에 상속개시 전에 사망 또는 결격된 자의 배우자는 동조의 규정에 의한 상속인과 동순위로 공동상속인이 되고, 그 상속인이 없는 때에는 단독상속인이 된다.

그리고 상속의 일반적인 효력을 규정하고 있는 것으로는 다음과 같은 내용들이 있다.

제1005조(상속과 포괄적 권리의무의 승계) 상속인은 상속개시된 때로부터 피상속인의 재산에 관한 포괄적 권리의무를 승계한다.

그러나 피상속인의 일신에 전속한 것은 그러하지 아니한다.

제1006조(공동상속과 재산의 공유) 상속인이 수인인 때에는 상속재산은 그 공유로 한다.

제1007조(공동상속인의 권리의무승계) 공동상속인은 각자의 상속분에 응하여 피상속인의 권리의무를 승계한다.

제1008조의3(분묘 등의 승계) 분묘에 속한 1정보 이내의 금양임야와 600평 이내의 묘토인 농지, 족보와 제구의 소유권은 제사를 주재하는 자가 이를 승계한다.

● **일신에 전속한 것**

'일신에 전속한 것'은 법률에서 특정한 자에게만 귀속하며, 타인에게는 양도되지 않는 속성을 말한다. 친권, 부양청구권, 초상권 등이 해당된다.

상속재산의 분할은 피상속인의 유언에 따른 지정상속이 최우선으로 효력을 가지며, 다음은 상속인 간의 협의에 의해 정하는 것이고, 협의가 잘 이루어지지 않을 경우 법정상속의 순서로 진행되는데, 그 관련 규정은 다음과 같다.

1 단계 **지정상속**(指定相續)　　**2** 단계 **협의상속**(協議相續)　　**3** 단계 **법정상속**(法定相續)

제1009조(법정상속분) ① 동순위의 상속인이 수인인 때에는 그 상속분은 균분으로 한다.

② 피상속인의 배우자의 상속분은 직계비속과 공동으로 상속하는 때에는 직계비속 상속분의 5할을 가산하고, 직계존속과 공동으로 상속하는 때에는 직계존속의 상속분의 5할을 가산한다.

제1010조(대습상속분) ① 제1001조의 규정에 의하여 사망 또는 결격된 자에 갈음하여 상속인이 된 자의 상속분은 사망 또는 결격된 자의 상속분에 의한다.

② 전항의 경우에 사망 또는 결격된 자의 직계비속이 수인인 때에는 그 상속분은 사망 또는 결격된 자의 상속분의 한도에서 제1009조의 규정에 의하여 이를 정한다.

제1011조(공동상속분의 양수) ① 공동상속인 중에 그 상속분을 제삼자에게 양도한 자가 있는 때에는 다른 공동상속인은 그 가액과 양도비용을 상환하고, 그 상속분을 양수할 수 있다.

② 전항의 권리는 그 사유를 안 날로부터 3월, 그 사유 있은

날로부터 1년 내에 행사하여야 한다.

상속재산의 분할과 관련해서는 다음과 같이 규정하고 있다.

제1012조(유언에 의한 분할방법의 지정, 분할금지) 피상속인은 유언으로 상속재산의 분할방법을 정하거나 이를 정할 것을 제삼자에게 위탁할 수 있고, 상속개시의 날로부터 5년을 초과하지 아니하는 기간 내의 그 분할을 금지할 수 있다.

제1013조(협의에 의한 분할) ① 전조의 경우 외에는 공동상속인은 언제든지 그 협의에 의하여 상속재산을 분할할 수 있다.

상속인은 상속이 발생하면 단순승인, 한정승인, 상속포기 중에서 선택할 수 있다. 먼저 '단순승인'은 피상속인의 권리와 의무를 제한 없이 승계하게 되며, 나중에 취소할 수 없다. 상속인은 상속개시가 있음을 안 날로부터 3개월 이내에 단순승인을 할 수 있으며, 한정승인 또는 포기를 하지 않으면 단순승인을 한 것으로 본다.

다음으로 '한정승인'은 상속인이 상속으로 인하여 얻은 재산의 한도 내에서 피상속인의 채무와 유증을 변제할 조건으로 상속을 승인하는 것이다. 한정승인을 할 경우에는 상속재산 목록을 첨부하여 상속개시지의 가정법원에 한정승인 신고를 해야 한다.

그리고 '상속포기'는 상속개시로 인하여 발생한 상속인으로서의 효력인 피상속인의 재산에 대한 모든 권리와 의무를 부인하고, 처음부터 상속인이 아니었던 것과 같은 효력을 생기게 하려는 의사표시다. 상속개시가 있음을 안 날로부터 3개월 이내에 가정법원에 포기의 신고를 해야 하며, 공동상속의 경우에도 각 상속인은 단독으로 포기할 수 있다.

> 제1019조(승인, 포기의 기간) ① 상속인은 상속개시 있음을 안 날로부터 3월 내에 단순승인이나 한정승인 또는 포기를 할 수 있다.
> 제1025조(단순승인의 효과) 상속인이 단순승인을 한 때에는 제한 없이 피상속인의 권리의무를 승계한다.
> 제1028조(한정승인의 효과) 상속인은 상속으로 인하여 취득할 재산의 한도에서 피상속인의 채무와 유증을 변제할 것을 조건으로 상속을 승인할 수 있다.

민법 제1060조(유언의 요식성)에는 "유언은 본법의 정한 방식에 의하지 아니하면 효력이 발생하지 아니한다"라고 규정돼 있고, 제1065조(유언의 보통방식)에는 "유언의 방식은 자필증서, 녹음, 공정증서, 비밀증서, 구수증서의 5종"이라고 규정돼 있다. 유언과 관련한 내용들을 정리해 보면 다음과 같다.

유언은 크게 5가지 방법으로 가능하며, 가장 많이 사용되는 방법은 자필증서다. 다른 방법에 비해 유언과정에 증인 또는 공증인 등 제3자가 관여하지 않는 가장 편리한 방식이기 때문이다. 다만, 자필증서에 의한 유언의 경우 유언자가 그 전문, 연월일, 주소, 성명을 직접 작성하고 날인해야 한다. 이 중 한 가지라도 빠지면 법적 효력을 갖지 못한다. 인감도장이 아닌 사인을 하거나 자필이 아닌 컴퓨터 등으로 작성한 유언장도 무효다.

녹음에 의한 유언은 유언자가 증인을 1명 이상 참석시킨 상태에서 유언의 취지와 성명, 연월일을 구술하는 것이다. 녹음된 유언에는 증인이 자신의 이름을 말하고, 유언자의 구술 내용이 정확하다는 것을 구술해야 한다.

구수증서에 의한 유언은 질병이나 급박한 사유로 인하여 일반적인 방법으로 유언을 남길 수 없을 경우 동석한 증인이 유언 내용을 받아 적고, 참석한 증인 모두가 서명하는 방식인데, 2명 이상의 증인이 참석해야 한다. 구수증서에 의한 유언은 7일 이내에 가정법원에 검인을 받아야 한다.

공정증서에 의한 유언은 공증인 사무소에 가서 증인 2명을 세우고 유언을 하는 것이다. 공증 절차를 밟으면 공증인이 유언장을 써주고 20년간 보관해 준다.

비밀증서에 의한 유언은 생전에 유언을 비밀로 해두고 싶을 때 사용하는 방식이다. 먼저 유언자의 유언 내용과 이름을 유언장에 적은 후 봉투에 넣고 2명 이상의 증인에게 제출하여 자신의 유언장임을 표시한 후 봉투 표면에 연월일을 기재하고 유언자와 증인이 각자 서명해야 한다.

위의 5가지 방법에 의한 유언은 상속재산의 분할에서 가장 우선하는 효력을 가지게 된다. 유언자는 언제든지 유언의 전부나 일부를 철회할 수 있다. 그리고 여러 유언이 있을 경우는 최근일의 유언을 우선한다.

피상속인은 생전에 유언이나 증여에 의하여 재산을 자유로이 처분할 수 있다. 그러나 상속인의 생계를 고려하지 않은 채 사망 직전에 모두 타인에게 유증하는 처분행위는 바람직하지 못하므로 일정 비율의 재산을 상속인에게 남기도록 하는 제도를 '유류분'이라고 한다.

민법 제1112조에서는 유류분의 권리자와 유류분에 대해 규정하고 있다. 유류분의 권리자는 피상속인의 직계비속, 배우자, 직계존속, 형제자매 등에 한하며, 모든 상속순위자에게 인정되는 것은 아니다. 유류분의 비율도 상속순위에 따라 차이가 있는데, 유류분은 태아에 대해서도 인정되며, 대습상속인도 피대습자의 상속분의 범위 내에서 유류분을 가진다.

유류분권을 행사할 수 있는 사람은 재산상속의 순위상 상속권이 있는 자이어야 하므로, 제1순위 상속인인 직계비속이 있는 경우에는 제2순위 상속인인 직계존속은 유류분권이 인정되지 않는다. 유류분의 비율은 직계비속과 배우자는 그 법정상속분의 2분의 1, 직계존속과 형제자매는 그 3분의 1이다.

유류분의 대상재산에 포함되는 증여는 상속개시 전의 1년 이내에 행한 것에 한하며, 당사자 쌍방이 유류분 권리자에 손해를 가할 것을 알고 증여를 한 때에는 1년 전에 한 것도 포함된다.

　유류분 반환청구권은 유류분 권리자가 상속의 개시와 반환해야 할 증여 또는 유증을 한 사실을 안 때로부터 1년 내에 하지 않거나 상속이 개시된 때로부터 10년이 경과하면 시효가 소멸된다.

　'상속세 및 증여세법'은 상속세와 증여세의 부과 및 징수에 관한 사항의 규율을 목적으로 한다. 상속세의 과세표준은 과세가액에서 기초공제액, 인적 공제액과 물적 공제액을 공제한 금액으로 한다. 상속세는 과세표준에 해당세율을 적용하여 계산한 상속세 산출세액을 그 세액으로 하며, 추정상속인에 대하여도 상속세를 부과할 수 있다. 상속세를 부과할 상속이 개시된 후 일정 기간 내에 또다시 상속이 개시되었을 때에는 상속세를 감면한다.

　상속세의 과세표준과 세액은 신고에 의하여 결정하고, 신고가 없거나 신고 내용이 부당할 때에는 정부가 과세표준과 세액을 결정한다. 세무서장은 5년 이내의 연납(가업상속 외의 경우)이나 부동산과 유가증권에 의한 물납을 허가할 수 있다.

　증여를 받은 사람은 증여세를 납부할 의무가 있으며, 증여세는 증여를 받은 당시의 증여재산가액의 합계액을 과세가액으로 한다. 배우자, 직계비속, 친족으로부터의 증여에는 증여재산공제가 인정된다. 증여세는 과세가액에서 증여재산공제를 한 금액에 해당세율을 적용하여 계산한 금액을 증여세 산출세액으로 한다. 신탁이익을 받을 권리의 증여의제, 제3자 명의로 등기 등을 한 재산에 대한 증여의제, 보험금의 증여의제, 배우자 등의 양도행위의 증여의제, 저가·고가양도 시의 증여의제, 채무면제 등의 증여의제, 합병 시의 증여의제, 증자 및 감자 시의 증여의제 등과 재산취득자금의 증여추정이 인정된다.

상속세 및 증여세법의 주요 내용은 다음과 같다.

- 과세대상, 세금 납부의무
- 과세표준과 세액의 계산
- 비과세되는 재산과 원인
- 공익목적 출연재산의 과세가액 불산입
- 과세표준과 세율
- 공제의 유형 및 한도
- 증여추정 및 증여의제
- 재산의 평가원칙, 방법
- 신고와 납부, 세액공제, 연부연납, 물납

상속세와 증여세

상속세의 과세에는 피상속인의 유산 전체를 과세대상으로 하는 재산세적 성격의 유산세 방식과 각 상속인이 상속받는 재산을 과세대상으로 하는 유산취득세 방식이 있다. 우리나라는 유산세 방식을 취하고 있다.

상속이 발생하면 거주자의 모든 상속재산과 국내에 있는 비거주자의 모든 상속재산에 대하여 상속세를 부과한다. 상속재산은 피상속인에게 귀속되는 재산으로서 금전으로 환가할 수 있는 경제적 가치가 있는 모든 물건과 재산적 가치가 있는 법률상 또는 사실상의 모든 권리를 포함하며, 일정한 보험금, 신탁재산, 퇴직금 등은 상속재산으로 본다. 재산의 가액은 상속개시일 현재의 시가에 의함을 원칙으로 하며, 재산의 종류에 따라 평가하는 방법을 규정하고 있다.

상속인 또는 수유자^{受遺者}는 상속재산 중 각자가 받는 재산의 비율에 따라 상속세를 연대하여 납부할 의무가 있다. 비영리법인에 대하여는 상속세를 면제하며, 전사 등에 의하여 상속되는 재산과 국가 등에 유증되는 재산에 대하여는 비과세로 한다. 상속개시지를 관할하는 세무서장 등이 과세한다.

과세가액은 상속재산의 가액에서 공과금·장례비용·채무 등을 공제하고, 상속개시일 전에 증여된 일정한 재산가액을 가산한 금액으로 하며, 공익목적의 출연재산은 포함하지 않는다. 과세표준은 과세가액에서 기초공제·배우자상속공제·기타인적공제·금융재산상속공제·재해손실공제 등을 차감한 금액으로 하되, 과세표준이 50만 원 미만인 때에는 상속세를 부과하지 않는다.

우리나라의 상속세는 초과누진세 구조로서 상속세 과세표준이 증가할수록 세율이 높아지는 체계인데, 과세표준이 30억 원을 초과하는 경우 그 초과분에 대해서는 50%의 세금이 부과된다. 상속세의 계산은 상속재산가액에서 각종 공제, 공과금 등을 차감한 나머지 상속재산(과세표준)에 세율을 곱하여 계산한다.

예를 들어 과세표준이 30억 원일 경우 예상 상속세의 계산은 다음과 같이 한다.

상속세＝(30억 원×40%)－1억 6,000만 원＝10억 4,000만 원

상속세 세율

과세표준	세율	누진공제액
1억 원 이하	10%	–
1억 원 초과 ~ 5억 원 이하	20%	1,000만 원
5억 원 초과 ~ 10억 원 이하	30%	6,000만 원
10억 원 초과 ~ 30억 원 이하	40%	1억 6,000만 원
30억 원 초과	50%	4억 6,000만 원

상속세 계산 절차

상속재산가액	· 본래상속재산 · 간주상속재산(①) · 추정상속재산(②) · 합산증여재산(③)
(−) 과세가액공제	
(=) 상속세과세가액	· 공과금, 장례비, 채무
(−) 상속공제	· 일괄공제(④) · 배우자상속공제(⑤) · 금융재산상속공제(⑥)
(=) 과세표준	
× 세율(10~50%)	
산출세액	
(−) 세액공제	· 기납부증여세액공제 · 단기재상속공제 · 신고세액공제(⑦)
(=) 자진납부세액	

① 간주상속재산
   보험금, 신탁재산, 퇴직금
② 추정상속재산
   1년 이내 처분자산과 부담채무 2억 원 이상
   (2년 이내 5억 원 이상)
③ 합산증여재산
   상속개시 직접 10(5)년 이내 증여한 재산
④ 일괄공제
   배우자 단독상속일 때는 미적용
⑤ 배우자상속공제
   법정상속지분 최대한 활용(30억 원 한도)
⑥ 금융재산상속공제
   순금융자산의 20%(최대 2억 원)
⑦ 신고세액공제
   산출세액의 3%

상속재산가액에는 증여재산과 간주 및 추정상속재산이 포함
된다. 상속세의 신고 및 납부는 사망일이 속하는 달의 말일부터
6개월 이내에 피상속인의 주소지 관할세무서에 신고 및 납부해

야 하며, 이 기한 내에 신고하면 납부할 세금의 3%를 공제해 준다. 신고 및 납부를 하지 않으면 납부할 세금에 고액의 가산세를 추가로 내야 하는 불이익을 당할 수 있다.

증여세는 수증자가 국내 거주자인 경우에는 모든 증여재산, 수증자가 비거주자인 경우에는 증여받은 재산 중 국내에 있는 재산에 대하여 부과하되, 거주자가 비거주자에게 해외에 있는 재산을 증여하는 경우에는 증여자에게 납부의무가 있다. 영리법인 이외의 수증자는 증여세를 납부할 의무가 있으나, 일정한 사유에 해당하는 경우에는 증여자가 수증자와 연대하여 증여세를 납부할 의무를 진다. 증여세는 수증자의 주소지를 관할하는 세무서장이 과세한다.

과세대상인 증여재산에는 수증자에게 귀속되는 재산으로서, 금전으로 환가할 수 있는 경제적 가치가 있는 모든 물건과 재산적 가치가 있는 법률상 또는 사실상의 모든 권리가 포함된다. 일정한 요건에 해당되는 경우에는 증여로 의제되거나 추정된다.

과세가액은 증여일 현재의 증여재산의 시가에 의한다. 일정한 금액은 비과세로 되고, 공익목적의 출연재산 등은 과세가액에 포함하지 않는다. 과세표준은 과세가액에서 증여재산과 재해손실을 공제한 금액으로 하며, 과세표준이 20만 원 미만인 때에는 증여세를 부과하지 않는다. 과세표준에 상속세와 동일한 누진세율을 적용하여 산출세액으로 하며, 직계비속에의 증여에 대하여는 30%를 할증하여 과세된다.

증여세는 원칙적으로 증여를 받은 사람이 내야 하는데, 납세의무가 있는 자는 증여받은 날부터 3개월 이내에 증여세의 과세가액 및 과세표준을 납세지 관할세무서장에게 신고하고, 신고기한 내에 산출세액에서 감면세액 등을 차감한 금액을 납세지 관할세무서 등에 납부해야 한다. 연부연납과 물납이 인정되며, 불성실한 신고와 납부에 대하여는 가산세를 징수한다.

세금을 내지 않고 증여를 할 수 있는 공제한도는 10년간 합산하여 배우자는 6억 원, 성년 자녀는 5,000만 원, 미성년 자녀는 2,000만 원이다.

증여와 상속 비교

구분	증여	상속
시기&성격	생전(무상계약)	사망(재산상 법률관계의 승계)
과세방식	유산취득세 방식	유산세 방식
재산평가	시가원칙, 보충적 평가	시가원칙, 보충적 평가
주요 공제	배우자 최대 6억 원 성년 자녀 5,000만 원 미성년 자녀 2,000만 원	일괄공제 5억 원 배우자상속공제 5억~30억 원 금융재산상속공제 최대 2억 원

상속세와 증여세는 세율은 동일하나, 세금을 계산하는 방법과 공제 측면에서 크게 다르다. 상속세는 공제가 많지만 전체 상속재산을 모아서 세율을 적용하고, 증여세는 공제가 적지만 수증자별로 세율을 적용한다. 따라서 상속세가 크게 나올 것으로 예상될 경우 증여를 잘 활용하는 것이 바람직하다.

증여는
선택이 아닌 필수다

상속세를 줄이거나 상속을 원활하게 진행하기 위한 준비로서 가장 먼저 고려해야 하는 것이 증여다. 상속세 절세를 위한 기본 방향은 상속가액을 낮추고, 공제를 최대한 활용해 세금 계산의 기초가 되는 과세표준을 낮추는 것이다. 이때 상속가액을 낮추는 방법으로 가장 많이 활용하는 것이 증여다. 직계가족의 경우 증여 후 10년이 경과된 뒤에 상속이 발생하면, 10년 전 증여한 자산은 상속세 과세대상재산에 합산되지 않기 때문이다.

모든 자산을 상속으로 이전할 경우 상속받은 자산에서 상속세를 내거나 보유하고 있던 자산에서 상속세를 내야 하는데, 이때 세금을 낼 자금을 금융자산으로 보유하고 있는 것이 필요하다. 그런데 세금을 내려고 금융자산을 항상 많이 보유하고 있는 것 자체가 합리적이지 못하고, 실제로는 그렇게 할 수도 없다.

또한 중간에 추가적인 증여를 하고 싶어도 수증자가 세금을 낼 능력이 없으면 증여가 쉽지 않은 것도 문제다. 따라서 소득률이 좋은 자산을 일부 증여하여 수증자 명의로 신고소득을 늘려서 추가적인 증여나 상속이 발생할 때 세금을 낼 수 있는 재원을 확보하도록 해주는 것이 좋다.

증여 계획을 세울 때 중요한 것은 적정 증여금액, 증여 시기, 증여대상 자산, 증여세 납부방안을 종합적으로 고려하여 실행할 수 있는 방안을 찾는 것이다. 특히 2004년 완전포괄주의 과세가 도입된 이후 모든 재산과 권리, 경제적 이익의 무상이전 행위에 대해 법률에서 그 유형을 구체적으로 정하지 않더라도 증여세를 과세할 수 있도록 하고 있다. 따라서 증여의 형식을 취하지 않을 경우에도 실제 재산가치가 증가되도록 한 경우는 과세를 피하기 어렵다.

세부적인 증여 계획을 수립하는 과정을 살펴보면 다음과 같이 진행된다.

첫째, 적정 증여금액을 판단하는 것이다. 예를 들어 주택을 제외한 재산이 10억 원인 부모가 여유자금 중 1억 원을 자녀에게 증여한다면 적지 않은 금액을 증여한 것이며, 추가로 증여를 하거나 상속세를 내야 할 만한 자산이 크지 않다. 그런데 100억 원의 재산을 가진 부모가 자녀에게 1억 원을 증여한다면 증여받은 1억 원이 나머지 99억 원의 증여·상속 문제를 해결하는 데 큰 도움이 되지 못한다. 따라서 총자산 규모, 나이 등을 고려하여 증여세를 많이 내더라도 적절한 규모를 증여하는 것이 필요하다. 실제 50%의 증여세를 내면서 증여를 하는 경우도 있다.

둘째, 증여 시기의 문제다. 증여세는 10년간의 증여금액을 합산하여 세율을 적용하기 때문에 10년 단위의 계획을 세워서 진행하는 것이 필요하다. 그래서 증여는 빨리 시작할수록 세금을 줄일 수 있는 기회가 그만큼 늘어나게 된다.

셋째, 증여대상 자산을 선택하는 것이다. 기본적인 원칙은 자산가치 대비 수익률이 좋은 것인데, 수익창출력이 우수한 자산이 최우선 고려 대상이다. 그래야 수증자가 소득신고를 늘려서 자금의 원천으로 활용할 수 있기 때문이다. 또한 미래에 발생할 소득을 미리 이전해 주는 효과가 크기 때문이며, 발생한 소득을 모아서 증여세를 납부할 재원으로 활용할 수 있다. 그다음은 5년 이후에 자산가치가 가장 많이 상승할 것으로 예상되는 자산이다. 특히 증여받은 자산을 5년 이내에 처분하여 차익이 생길 경우, 증여 이전의 본래 소유자가 처분한 것으로 보고 추가적인 증여세를 납부할 수도 있다. 따라서 5년 이내에 처분될 가능성이 있는 자산은 증여를 하지 않는 것이 바람직하다.

넷째, 예상 증여세를 계산해 보고 증여세를 납부할 방안을 마련하는 것이다. 소득이 나오는 자산을 증여할 경우, 증여받은 후 발생하는 소득을 모아서 연부연납을 신청한 세금을 내거나 세금을 내기 위해 빌린 대출금을 갚도록 하면 된다. 그런데 소득이 발생하지 않는 자산은 세금을 낼 수 있도록 금융자산을 포함하여 증여하는 방안을 고려해야 한다.

다섯째, 공제를 최대한 받을 수 있도록 필요 요건을 갖추도록 하는 것이다.

위의 내용들을 종합해 보면 증여의 우선 순서는 배당이 가능한 주식, 특히 CEO의 경우 사업승계를 고려하여 단계적인 주식 이전을 염두에 두고 진행하는 것이 필요하다. 다음 순서는 임대 소득률이 좋은 부동산이다. 소유하고 있는 자산에서 좋은 조건을 만족하는 자산이 있으면 그 자산을 먼저 증여하고, 그렇지 못하면 현금을 증여하여 좋은 자산을 취득하게 하는 것도 방법이다.

또 한 가지 고려할 것은 한 세대를 건너뛰어 자산을 증여하는 것이다. 자녀들에게 이미 증여를 많이 해서 추가적인 증여를 할 경우 증여세율이 높아져서 부담이 클 때는 '세대생략증여'를 통해 손자녀에게 증여하는 것도 좋은 방법이다. 세대생략증여를 할 경우 자녀에게 증여하는 것보다 30%의 할증과세를 하게 되지만, 누적으로 증여세가 높아지는 점을 고려하면 세금 계산을 해보고 적극 활용해 볼 만하다.

증여의 필요성을 설명하면 다들 공감은 하면서도 혹시나 자녀들이 증여로 인해 제 본분을 다하지 않을까 걱정한다. 학생이 공부를 등한시하거나 성인 자녀가 직장생활을 열심히 하지 않고 딴마음을 품을까 염려되어 증여를 망설이는 경우를 자주 본다. 그런데 그동안의 경험을 살펴보면, 자녀들이 어떻게 변하느냐는 것과 증여를 하는 문제는 직접적인 관계가 있다고 보기 어렵다.

　만일 그 문제가 직접적인 관계가 있어서 증여를 받은 자녀들이 잘못된다면, 그동안 증여를 받은 모든 자녀들이 잘못된 삶을 살고 있어야 한다. 반면 증여를 받지 않은 자녀들은 다들 성공적인 삶을 살아야 하는데, 실제로는 그렇지 않은 것 같다. 결국 자녀들이 어떻게 되느냐 하는 문제는 평소 자녀들과 어떻게 소통하고 가르쳤느냐에 따른 결과라고 보는 것이 맞을 것 같다. 따라서 바쁜 일상 속에서도 부모와 자녀 간의 대화를 늘리는 것이 무엇보다 중요하다 할 것이다.

상속공제를
최대한 활용하라

상속공제는 상속인, 상속재산의 유형 등에 따라 공제금액에 차이가 있다. 그래서 공제를 어떻게 활용하느냐에 따라 부담할 세액이 크게 달라질 수 있는데, 그 대표적인 예가 배우자상속공제다.

'배우자상속공제'란 거주자의 사망으로 상속이 개시된 경우 상속인 중 배우자가 포함되어 있으면 법정상속재산 중 배우자가 상속받는 금액을 상속세 과세가액에서 공제한 것을 말한다. 배우자상속공제는 다음의 금액 중 적은 금액을 공제하며, 최소 5억 원에서 최대 30억 원을 한도로 공제한다.

- 배우자가 실제 상속받은 금액
- '상속재산가액 × 배우자의 법정상속분'과 30억 원 중 적은 금액

특히 1차 상속 이후 배우자가 없는 상황에서 남은 배우자가 사망하여 2차 상속이 발생할 경우, 배우자상속공제가 없기 때문에 상속세 부담이 높아지게 된다. 따라서 이런 점을 고려하여 1차 상속 시 배우자의 상속금액과 상속재산의 종류를 결정하는 것이 필요하다. 일반적인 경우 절세 측면에서는 배우자의 상속지분은 법정상속지분 이내로 하는 것이 바람직한데, 배우자상속지분이 30억 원을 초과하는 경우는 배우자상속공제 한도액인 30억 원까지 상속을 받는 것이 유리하다. 그런데 배우자의 상속지분을 법정지분보다 작게 하면 공제금액이 작아져서 상속세가 증가하게 된다.

그리고 기초공제(2억 원)와 기타 인적 공제를 합한 금액과 일괄공제(5억 원)를 비교해 큰 금액을 선택해 공제를 받을 수 있다.

보통 기초공제와 기타 인적 공제액이 5억 원 미만인 경우가 일
반적이므로 이때는 일괄공제를 선택하는 것이 유리하다.

　이 밖에 '금융재산상속공제'가 있는데, 이는 순금융자산의
20%를 공제해 주는 것을 말한다. 순금융자산이 2,000만 원 이하
면 전액 공제되고, 2,000만 원을 초과하는 경우는 2억 원을 한도
로 20%가 공제되는데, 금융자산을 10억 원까지 보유할 경우 최
대의 혜택을 받을 수 있다.

　또한 특별히 피상속인과 10년 이상 계속 동거한 무주택자인
상속인이 상속받는 1주택의 경우 주택가액의 100%(6억 원 한도)를
공제해 주는 '동거주택상속공제'와 중소기업의 가업승계를 지원
하기 위한 '가업상속공제' 등이 있으므로 적절히 활용할 수 있다.

사업을 상속할 때
놓치기 쉬운 것

사업을 하는 CEO의 경우 상속이 발생하면 상속재산에 회사의 가치가 포함된다. 회사의 가치는 매매 시의 양도세 계산을 위한 평가방법과 상속·증여 시의 적정 가격을 평가하기 위한 방법이 있는데, 법에서 그 평가방법을 정하고 있다.

CEO들 중에는 본인의 소유 자산 중에서 회사의 가치가 얼마인지를 잘 모르는 경우가 많은데, 실제로는 전체 자산 중에서 회사의 가치가 가장 큰 비중을 차지하는 경우가 많다. 그래서 CEO가 사망할 경우 유가족들이 회사의 가치를 포함하여 상속세를 내야 하기 때문에 가업승계에 어려움을 겪기도 한다. 만일 회사 지분과 살고 있는 집 외에 다른 개인 재산이 없는 CEO가 갑작스런 사고로 사망했다고 가정하자. 이 경우 유가족은 회사를 승계하기 위해 세금을 납부해야 하는데, 대부분은 자금 유동성이 확보되지 않아 큰 어려움을 겪는다.

상속이 발생하면 모든 자산은 시가로 평가하는 것이 기본 원칙이다. 상장주식은 거래가격이 있기 때문에 이를 기초로 계산하면 되지만, 비상장주식은 평가방법이 복잡하다. 상속재산 중에 비상장주식이 차지하는 비중이 높을 경우 상속세를 납부해야하는 상속인들 입장에서는 부담스러울 수밖에 없다. 그렇다고비상장주식을 쉽게 처분하여 현금화할 수도 없다.

따라서 평상시 주식가치에 대한 평가방법을 이해하고, 사전에 최소한의 준비를 하는 것이 필요하다. 여기서는 상속세 및 증여세법상 주식가치 평가방법에 대해 간단히 알아보자.

① 상장주식의 가치평가

유가증권 시장에 상장된 상장주식의 경우 평가기준일 이전·이후 각 2개월간 공표된 매일의 최종 시세가액의 평균액으로 평가한다.

② 비상장주식의 가치평가

시가로 평가하는 것이 원칙이지만, 비상장주식은 상장주식처럼 그 시가를 확인할 수가 없다. 그 시가가 있더라도 대부분의경우에는 특수관계자 간의 거래가 대부분이고, 특수관계자가 아니더라도 그 시가의 정당성을 인정받기가 쉽지 않다. 따라서 비상장주식은 보충적 평가방법에 따라 산정한 가액으로 하는 것이

비상장주식 평가방법(보충적 평가방법)

① 1주당 주식가치 $= \dfrac{(\text{1주당 순손익가치} \times 3) + (\text{1주당 순자산가치} \times 2)}{5}$

– 부동산 과다법인 : 부동산 등의 비율이 총 자산의 50%(80%) 이상인 경우
– 순자산가치로만 평가하는 경우

② 1주당 순손익가치 $= \dfrac{\text{1주당 최근 3년간 순손익가액의 가중평균액}}{\text{기획재정부 장관이 고시하는 이자율(2011년 현재 10\%)}}$

1주당 최근 3년간 순손익액 $= \dfrac{(\text{1년 전 순손익} \times 3) + (\text{직전 2년 순손익} \times 2) + (\text{직전 3년 순손익} \times 1)}{6}$

③ 1주당 순자산가치 $= \dfrac{\text{자산} - \text{부채}}{\text{발행주식 총수}}$

※ 기획재정부 장관이 고시하는 이자율 : 10%
- 부동산 과다법인(자산총액 중 부동산 및 부동산에 관한 권리가 50% 이상인 경우)은 순손익 가치를 2, 순자산가치를 3으로 가중평균한다.
- 순자산가치로만 비상장주식의 가치를 평가하는 경우
  – 사업의 지속이 곤란한 법인
  – 사업개시 전의 법인
  – 사업개시 후 3년 미만 법인
  – 휴·폐업, 청산 중에 있는 법인
  – 평가기준일 전 3년 지속 결손법인
  – 자산액 중 부동산(또는 주식)이 차지하는 비중이 80% 이상인 법인
- 2018년 3월 31일 이후 상속증여분부터 다음의 경우는 예외 적용을 한다.
  – 보충적 평가방법에 의한 평가금액이 순자산가치의 80% 보다 낮을 경우
    비상장주식 평가액 = Max[가중평균치, 순자산가치의 80%]

일반적이다.

비상장주식의 경우 위의 그림과 같이 해당 회사의 자산과 수익의 가치를 감안하여 1주당 순손익가치와 1주당 순자산가치를 가중평균한 금액으로 평가한다.

피상속인이 평생을 바쳐 많은 고난과 역경을 이겨내고 키운 회사를 승계하기 위해서는 회사의 가치가 상속재산에 포함된다는 사실을 인지하고, 회사가 너무 크게 성장하기 전에 단계적으로 지분을 이전하는 것을 고려할 필요가 있다. 그래야 무난하게 사업을 승계하여 대를 이어 정상적으로 회사를 운영해 나갈 수 있을 것이다.

상속이나 증여는 부담해야 할 세액이 크기 때문에 상속재산이나 증여재산으로 물납할 수 있도록 허용하고 있다. 그런데 물납된 비상장주식을 국가에서 공매처분하더라도 그 주식을 낙찰받을 사람이 없어 국고의 손실로 이어지는 상황이 계속되면서 세법에서는 비상장주식의 물납에 제한을 두고 있다. 물납은 상속 또는 증여받은 재산 중 부동산과 유가증권(비상장주식 제외)의 가액이 상속 또는 증여받은 재산가액의 50%를 초과하고, 상속세 납부세액 또는 증여세 납부세액이 2,000만 원을 초과하는 경우에 가능하도록 하고 있다.

다만, 상속 시 비상장주식 외에 다른 상속재산이 없거나 상속 개시일 현재 상속인이 거주하는 주택 및 그 부수토지를 제외한 다른 상속재산으로 상속세 물납에 충당하더라도 그 충당액이 부족할 때는 비상장주식으로 물납할 수 있다.

PART 2

CHAPTER 1 상속과 증여, 적극적으로 해결하라

CHAPTER 2 상속·증여 설계 및 절세 가이드

01 | CEO Financial Management

상속·증여 설계를 위한
기본 노하우

성공적인 상속을 위해서는 증여를 활용하는 것이 중요하며, 상속이 언제 일어날지는 모르지만 증여를 상속 시점으로부터 10년 전에 미리 해야 효과를 최대화할 수 있다는 내용은 앞에서 설명했다. 미리부터 준비하고, 단계적으로 실행할 수 있는 효과적인 상속·증여 설계를 위한 노하우들을 살펴보자.

① 10년 이상의 미래를 내다보는 큰 그림을 그려라

상속·증여 계획을 세울 때는 가장 먼저 현재 가족의 재무 현황을 살펴봐야 하는데, 본인과 배우자, 자녀, 필요할 경우 부모까지 포함해야 한다. 그리고 현재의 상황이 그대로 유지될 경우 미래의 총자산, 자산별 구성비, 미래 시점별 예상 상속세, 상속세 납부 유동성, 기타 예상되는 문제점들을 살펴봐야 한다.

예를 들어 8억 원에 매입한 현재 시가 10억 원 상당의 상가를 보유한 A가 자녀들에게 양도하는 경우는 양도세가 5,000만 원이고, 증여하는 경우는 증여세가 2.2억 원이라고 단순히 가정해 보자. 이 경우 단순히 1억 5,000만 원(신고세액공제 등 고려 필요)이라는 금액상의 차이만으로 양도가 유리하다고 판단할 수 있을까?

당장 눈앞의 세금만 비교했을 때는 세금을 1억 5,000만 원이나 줄이는 효과적인 방법인 것 같지만, 나중에 양도대금 10억 원 중 세금을 제외한 9.5억 원이 결국 아들에게 상속될 때 세금을 내야 한다는 사실을 고려하면 오히려 불필요한 양도세를 낸 것이 될 수도 있다.

만일 A가 사망한 후에 아들에게 물려줄 재산의 규모가 상속세 최고세율에 해당한다면 어떻게 될까? 이런 경우 세후 양도대금 9.5억 원에 대해 상속세 최고세율 50%가 적용되어 무려 4.75억 원의 세금이 발생된다. 결국은 1억 5,000만 원을 덜 내려

다가 3억 2,500만 원의 세금을 더 내는 결과를 가져올 수도 있는 것이다.

사례

앞의 상가를 공시지가인 8억 원에 성인 자녀에게 증여할 경우를 살펴보자. 이때 1.65억 원 정도의 증여세를 냈다고 가정하자. 양도세에 비해 1.15억 원의 세금을 더 내지만, 증여 후 10년이 경과하면 상속세 과세대상 재산에서 제외되어 상속 시점에서 최대 4억 원 정도의 상속세를 줄이게 되며, 더불어 증여받은 상가에서 발생하는 소득에 대해서는 증여세 없이 받은 것과 같은 효과를 얻을 수 있다.

위의 경우처럼 상속 설계의 큰 그림을 그리지 않고 당장 눈앞의 결과만으로 손익을 판단한다면, 전체를 고려했을 때에 비해 세금을 더 많이 내는 결과를 불러올 수도 있다. 빌딩을 짓는 데 설계도면도 없이 공사를 진행하는 잘못을 해서는 안 된다. 따라서 절세효과를 최대한 누리면서 무리 없이 재산을 물려주려면 10년 이상의 미래를 내다보는 전략, 즉 상속·증여 설계의 큰 그림을 그리는 작업이 선행되어야 한다.

② 미리 증여하라

상속개시 전 10년 이내에 상속인에게 증여된 재산은 상속세

계산 시 상속재산에 포함된다. 결국 이 말은 상속 계획을 세울 때는 최소 10년 이상의 장기적인 시각에서 판단해야 한다는 의미다. 그런데 상속개시 시점은 아무도 알 수 없는 일이므로 만일 상속세 규모가 클 것이라고 예상되면 가능한 빨리 증여 계획을 세워 실행하는 것이 좋다. 만일 예상 상속세의 세율 구간이 10~20% 이내라고 판단된다면 증여세가 면제되는 금액만큼을 미리 증여해 두는 것이 좋겠다.

그런데 30% 이상의 높은 상속세율이 예상된다면 일정액의 증여세를 부담하더라도 증여재산공제금액 이상으로 증여를 실행하는 것이 좋다. 이런 경우 증여재산의 규모는 상속세 세율 구간보다 한 단계 이상 낮은 세율의 증여세를 부담하는 수준에서 실행하는 것이 좋다. 물려받은 증여재산의 가치가 크게 상승할수록 절세효과 이상의 이익을 볼 수 있는 장점도 있다. 특히 소득이 있는 자산을 증여했을 때는 미래의 소득에 대해서는 세금을 내지 않고 증여한 것과 같은 효과가 있기 때문에 더욱 효과적이다.

그러나 재산 소유주의 나이가 70세가 넘고, 총 자산이 30억 원 이내일 경우는 총 자산 규모, 건강 상태 등을 고려하여 큰 금액을 증여하는 것은 신중하게 판단해야 한다. 증여 후 10년 이내에 상속이 개시될 경우 자칫 안 낼 수도 있는 세금을 증여세로 불필요하게 낼 수도 있기 때문이다. 이는 증여는 공제가 적고, 상속은 공제가 많기 때문에 생기는 문제다.

③ 상속·증여세 납부재원을 마련하라

재산을 지키고 물려주는 데 있어 핵심은 바로 세금이다. 사전 준비를 통해 절세전략을 수립하는 것도 중요하지만, 재산을 받아야 하는 수증자 입장에서는 어떻게 세금을 낼 것인가 하는 문제가 큰 고민이다. 기업이 아무리 잘 돌아가도 유동성이 부족하여 당장 돌아오는 어음을 막지 못하면 결국 부도가 나고, 회사는 문을 닫게 된다. 미처 준비가 되지 않은 상황에서 갑자기 상속이 발생하면 이런 상황이 생길 수도 있다.

특히 상속받을 자산이 대부분 부동산이거나 비상장기업의 주식일 경우에는 재산이 많더라도 유동성을 확보하지 못하여 결국 아까운 재산을 적정 가격보다 낮게 처분해야 할 수도 있다. 그러므로 재산의 일정 부분은 금융자산으로 보유하거나 종신보험에 가입하여 필요한 시점에 현금을 확보할 수 있도록 상속세 납부재원을 미리 확보해 놓을 필요가 있다.

상속세 납부재원 마련 방법별 특징

구분	특징
예금/금융상품	· 상속세 즉시 납부 가능 · 금융상품에 따라 중도해지 수수료, 매매 타이밍에 따른 손실 가능성이 있음
대출	· 담보가치가 어느 정도 있을 경우 일정 수준의 현금 확보 가능 · 감정가액 산정을 위한 평가로 인해 상속세 부담이 증가할 가능성이 있음
부동산 매각	· 매각 이후 양도세를 뺀 차익만큼의 유동성 확보 가능 · 상속개시 이후 매각 시 급매로 인한 손실 및 부동산 실거래가 노출로 상속세 부담 증가
물납	· 주로 부동산으로 납부하는 것을 고려하므로 부동산 매각의 효과와 유사 · 기준시가로 신고한 경우 물납을 통해 인정받는 재산가치 역시 신고가액에 준할 것이므로 시가 대비 차액만큼 자산손실 발생
종신보험	· 어느 시점에 사망하더라도 약정한 보험금이 지급되는 적기성 확보 가능 · 약정한 보험금을 위한 일정 기간 동안의 보험료 부담

사례

A와 B 두 대표가 동일한 지분으로 투자하여 공동창업을 한 후 30년을 함께 경영해 오다가 B가 갑자기 사망하는 일이 벌어졌다. B의 유가족은 상속세 신고를 위해 회사가치를 평가했고, 그 결과 200억 원의 가치를 지닌 것으로 평가결과가 나왔다.

B의 유가족 입장에서는 회사의 지분가치를 제외한 상속재산의 과세표준이 이미 30억 원을 넘겼기 때문에 회사 지분가치 100억 원으로 인해 부담해야 할 상속세가 50억 원이나 되었다. 유동성도 없고, 경영권도 없는 비상장주식 100억 원으로 인해 B

의 유가족은 현금 50억 원을 추가로 확보해서 납부해야 된다.

설령 다른 담보가 있어서 50억 원을 마련해 상속세를 납부했다고 하더라도 그 이자와 원금은 어떻게 갚을 것인가? 배당 이외에는 기대할 수 있는 소득원도 없는 상황이다. B의 유가족이 상속받게 되는 주식을 사줄 만한 곳은 A와 회사뿐이다. 그런데 개인이나 회사가 100억 원을 일시에 지급할 수 있을 정도로 현금이나 금융자산을 보유하고 있기는 쉽지 않다.

선진국에서는 이 같은 동업자 관계의 지분 문제를 해결하기 위해 법인을 보험료 납부의 주체인 계약자로 하고, 동업자를 피보험자로 하는 종신보험에 가입했다가 동업자가 사망할 경우 회사가 받는 사망보험금으로 주식을 사주는 플랜을 많이 활용한다.

④ 전문가와 함께 진행하라

10년 이상을 내다보고 상속·증여 계획을 수립하는 것은 결코 쉬운 일이 아니다. 자산 규모가 크고 복잡할수록 세금뿐만 아니

전문가

라 부동산, 금융, 법인, 투자 등 다양한 분야에 대한 전문 지식을 갖추어야 한다. 특히 절세를 통한 효과를 얻기 위해서는 다양한 사례를 다루어본 경험이 중요한데, 이론과 실행의 사이에도 많은 차이가 나타난다.

따라서 상속·증여 문제를 전문적으로 다루는 재무설계사[FP], 세무사, 회계사, 변호사 등의 도움을 받아 구체적이고 실효성 있는 계획을 세우는 것이 바람직하다. 필요한 경우 별도의 컨설팅 비용을 지불하더라도 책임 있는 실행 방안의 수립이 필요하다.

그리고 상속·증여는 한 번에 모두 실행해 옮길 수 있는 일이 아니다. 따라서 우선순위를 정해 작은 계획부터 실행해 가면서 점진적으로 진행하는 것이 좋다.

미리 준비할수록 덜 내는
상속·증여세 절세 노하우

힘들게 모은 재산을 이전시키는 과정에서 발생하는 상속·증여세를 줄이는 것 자체가 자산을 늘리는 것과 같다. 따라서 세금을 피하려고만 하지 말고 작은 세금으로 큰 세금을 피한다는 적극적인 자세로 절세 방안을 찾는 것이 더 현명하다고 볼 수 있다.

① 자산 및 소득을 분산하라

상속세 절세를 위해서는 우선적으로 상속세 과표를 낮추는 일부터 시작해야 한다. 예를 들어보자. 개인사업자의 경우, 부부가 함께 사업을 하면서 남편 명의로 사업자를 내고 모든 소득을 신고하는 경우를 흔히 볼 수 있다. 마찬가지로 부모와 자식이 함께 사업을 하는 경우에도 자녀들에게는 적은 급여를 주고 부친 명의로 소득이 신고되는 경우가 많다.

　이렇게 되면 소득금액이 쌓여서 늘어난 재산을 상속·증여를 통해 이전해야 되기 때문에 과세가액이 증가하게 된다. 따라서 부부 또는 부모와 자식이 함께 사업을 하는 가족기업의 경우, 가족들이 공동으로 사업을 운영하는 것이 바람직하다. 이 경우 가족들 명의로 소득을 분산 발생시켜서 한 사람이 많은 소득을 신고하는 것보다 소득세도 절세되고, 각자 신고된 소득을 근거로 자산을 취득하게 되므로 상속·증여세까지 줄이는 효과를 얻을 수 있다.

　배우자가 전업주부이거나 자녀가 함께 사업을 할 수 없는 경우라면 임대소득이 잘 나오는 부동산을 증여하여 재산과 소득의 분산을 고려할 필요가 있다. 혹은 개인사업을 법인으로 전환한 후 배우자와 자녀들에게 지분을 나눠 줌으로써 배당을 통한 소득의 분산과 회사가치의 증가를 지분 비율만큼 나누는 효과를 볼 수도 있다. 특히 법인을 활용할 경우 배당을 통한 소득의 시기를 조절할 수 있다는 장점과 더불어 자녀들의 나이와 국내 거주 여부 등과 상관없이 참여할 수 있다는 장점이 있다. 이렇게 법인으로 전환하고, 지분을 나눠 주는 과정에서 증여세를 포함한 일부 비용이 발생하겠지만, 얻을 수 있는 절세 효과에 비하면 그 비용은 크지 않다.

② 유동성을 확보하라

상속이 개시되면 상속개시일이 속한 달의 말일부터 6개월 이내에 상속세 과세표준의 신고와 상속세 납부를 해야 한다. 연부연납을 신청하여 최대 5년간에 걸쳐 나누어 내더라도 6분의 1은 기한 내에 납부해야 한다. 그런데 언제일지 모르는 상속 발생을 고려하여 많은 금융재산을 보유하는 경우는 드물다. 따라서 제대로 준비가 되어 있지 않아 자산의 유동성이 낮을 경우, 갑작스

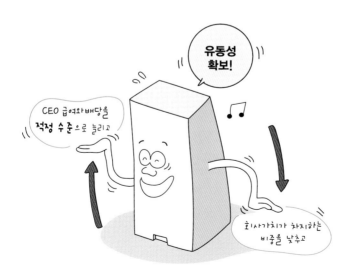

런 상속 발생으로 곤란을 겪기도 한다. 단기간 내에 상속세 납부를 위한 재원을 마련하는 일이 결코 쉽지 않기 때문이다.

특히 회사를 운영하는 CEO의 경우 자산 중 상당 부분이 회사가치이고, 나머지도 부동산의 비중이 높은 경우가 많기 때문에 CEO 본인 사망 시 유동성 측면에서 취약한 구조를 갖고 있다. 따라서 단기적으로는 최소한의 비용으로 보험을 활용한 유동성을 확보하는 것이 필요하고, 중장기적으로는 금융자산을 일정 수준 이상으로 확보 및 유지하여 유동성 위험에 대비하는 것이 필요하다.

평소에 급여와 배당을 적정 수준으로 늘려 총자산에서 회사가치가 차지하는 비중을 낮춰 나가야 하며, 개인자산 중에서도 금융자산의 비중을 일정 수준 이상으로 유지할 필요가 있다.

③ 나이가 많아질수록 금융자산의 비중을 높여라

우리나라 사람들은 유난히 부동산에 대한 애착이 강하다. 현재 40대 이상은 결혼 후 첫 번째 목표를 '내 집 마련'에 두고 살아왔다고 해도 과언이 아니다. 특히 부동산을 통해 한 번이라도 재산을 불린 경험을 해본 사람들은 부동산에 대한 맹신과 애착이 강하다.

2000년대 후반부터 우리나라 부동산 시장은 패러다임의 변화가 진행되고 있다. "주택을 포함한 부동산은 사놓기만 하면 언젠가는 올라간다"는 '부동산 불패신화'는 이미 한참 전에 지나갔다.

주택은 더 이상 '투자의 대상'이 아닌 '거주의 대상'이 되었다. 즉 집을 살 때 가장 고려해야 할 기준이 바뀐 것이다. 이제 사람들은 '미래에 가격이 많이 상승할 것으로 기대되는 집'을 사는 것이 아니라 '가족이 가장 행복하게 살기에 좋은 집'을 선택하고 있다.

그럼에도 불구하고 아직 많은 사람들이 부동산에 대한 막연한 기대감을 갖고 있다. 각종 통계를 보면, 우리나라 사람들의 재산 중에서 부동산이 차지하는 비중이 다른 선진국에 비해 높다고 한다. 좀처럼 전체 자산에서 부동산이 차지하는 비중이 낮아지지 않고 있다.

부동산투자를 통해 높은 수익을 올리는 것도 좋겠지만, 나이가 들수록 수익률보다는 위험관리에 초점을 맞춘 자산관리가 필요하다. 그래야 상속과정에서 상속세 납부를 위해 재산을 급매하거나 물납을 하는 과정에서 예상치 못한 재산의 감소를 방지

할 수 있고, 이로 인한 유동성 부족에 따른 손실을 피할 수 있을 것이다. 특히 비사업용 토지의 경우는 더욱 적극적으로 줄이는 것이 바람직하다.

나이가 많아질수록 지속적으로 부동산자산의 비중을 낮추고 금융자산의 비중을 높이는 것이 현명하며, 점진적으로 관리가 덜 필요한 상품 중심으로 운용하는 것이 바람직하다.

④ 자녀 소유의 상속세 납부재원을 준비하라

비상장주식뿐만 아니라, 토지, 상가 등의 부동산도 매매가 힘들 뿐 아니라 매매 시 세금 등의 문제를 고려해야 하는데, 단기간에 매매를 통해 유동성을 확보하는 데는 어려움이 크다. 또한 물납의 경우에도 제한적으로 허용되며, 가장 좋은 재산부터 받아주기 때문에 오히려 손해를 보게 될 수도 있다. 또한 회사 주

식의 경우 경영권 확보 등의 문제가 있기 때문에 고려해야 할 문제가 더욱 많다. 그래서 비유동성자산의 비중이 높은 상태를 유지하게 되면 상속세 납부과정에서 상당한 재산가치의 감소를 불러올 수밖에 없다.

매월 소득이 일정 수준 이상 유지가 될 경우, 위와 같은 문제를 해결하기 위해 종신보험을 활용하는 방안이 있다. 재산의 소유주를 피보험자로 하고 그 배우자나 자녀를 계약자로 하여 보험료를 내게 되면 피보험자인 재산의 소유주가 사망할 경우, 즉 상속세를 내야 할 경우 사망보험금을 계약자가 받아서 상속세 재원으로 활용할 수 있다. 이때 피상속인의 사망으로 인해 지급받게 되는 사망보험금은 상속세 과세대상 재산에서 제외되어 그 효과가 더 크게 나타난다. 이런 경우 보험료를 내는 계약자가 보험료 이상의 소득을 확보하는 것이 필요하며, 필요하다면 증여를 통해 소득을 확보하는 것도 좋은 방법이다.

사례 1

A와 B는 캠퍼스 커플로 오랫동안 연애를 했는데, 여자친구인 B가 임신을 하자 가족들의 반대를 무릅쓰고 결혼을 했다. 그런데 아이를 낳은 지 얼마 되지 않아 남편 A가 사고로 세상을 떠났다. 시댁 식구들은 B와의 결혼으로 아들을 잃었다면서 B를 더욱 미워했고, 이후 인연을 끊고 살았다. 10년이 지난 후 시아버지의 사망 소식을 들은 B는 시댁을 찾아갔지만, 시댁 식구들은 B를 며느리로 인정할 수 없다며 상속인 자격이 없다고 문전박대했다. 더구나 B의 아들을 시댁에서 데려다 키우겠다고 한다. B는 아직 재혼하지 않은 상태로 혼자다. 이 경우 어떻게 해야 할까?

▶▶▶ B가 시부모와 같이 살지 않았다거나 연락이 되지 않았다는 점은 상속결격사유가 될 수 없다. 따라서 B와 미성년자인 자녀는 A의 대습상속을 받을 수 있으며, B는 친권자로서 미성년자인 아들의 상속재산도 관리할 수 있다.

사례 2

자식을 낳지 못한 C는 남편의 외도를 바라보며 살았다. 남편은 내연녀와의 사이에서 자녀 D를 낳았고, 그 자녀는 내연녀가 양육했다. 그런데 남편은 내연녀와의 사이에서 낳은 자녀 D를 C와의 친자녀로 출생신고를 했다. 남편이 사망하자 C는 자신의 친생자로 되어 있는 혼외자의 자녀를 친생자관계부존재확인 청구소송을 통해 가족관계등록부에서 빼려 하는데, 이것이 가능할까?

▶▶▶ 남편이 내연녀와의 사이에서 낳은 자녀에게 C는 친생자관계부존재확인의 소를 통해 가족관계등록부상의 친생자 관계를 부인할 수 있다. 이로써 D는 남편의 사망 시에는 상속권을 가졌지만, C가 사망할 경우 내연녀와의 사이에서 낳은 자녀 D는 상속권이 없게 된다.

사례 3

E는 직장을 그만두고 사업을 시작했다. E는 사업을 빨리 안정시키기 위해 무리를 했고, 결국 과로로 사망하고 말았다. 다행히 사업을 시작하면서 거액의 생명보험에 가입했는데, 보험금의 수익자를 아내로 해두었다. E의 부모는 아들 부부 사이에 아직 자녀가 없으니, 사망보험금도 공동상속재산에 포함시켜야 한다고 주장한다. 이 경우 어떻게 해야 할까?

▶▶▶ 피보험자 사망 시 지급되는 생명보험금은 생명보험 계약 당시 수익자로 지정된 자의 고유재산에 해당되기 때문에 피상속인의 상속재산이 아니다. 피상속인의 채권자가 있을 경우에도 생명보험금에 대해서는 압류를 할 수가 없다. 따라서 원칙적으로 보험금은 수익자인 아내의 고유재산이므로 아내가 단독으로 수령할 수 있다. 다만, 세법상은 상속재산으로 간주되어 상속세가 부과될 수 있다.

사례 4

F와 G 형제는 평소 사이가 좋지 않았다. 사업을 하는 형 F는 동생 G에게 "급히 필요한 사업자금을 빌려주면 아버지의 상속재산 중 자신의 몫을 포기하겠다"는 각서를 자필로 써주었다. 그런데 아버지가 사망하자 F는 약속을 어기고 상속재산에 대해 권리를 주장하고 나섰다. F가 직접 쓴 상속포기 각서는 효력이 있을까?

▶▶▶ 유류분이나 상속을 포기하는 행위는 상속이 개시된 후 일정한 기간 내에만 가능하고, 가정법원에 신고하는 등 정해진 절차와 방식을 준수해야 효력이 발생한다. 따라서 상속개시 전에 쓴 상속포기 각서는 효력이 없다. 그러므로 형은 동생과 공동상속인으로서의 지위를 여전히 가지고 있다.

PART 3

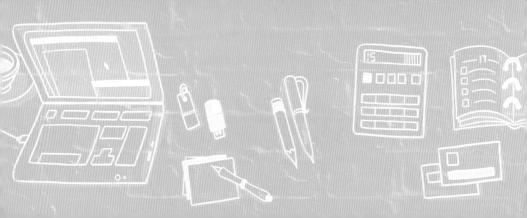

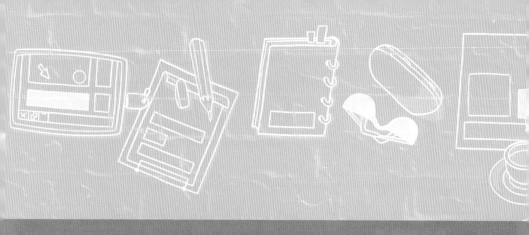

CEO의 가업승계 및 자산관리

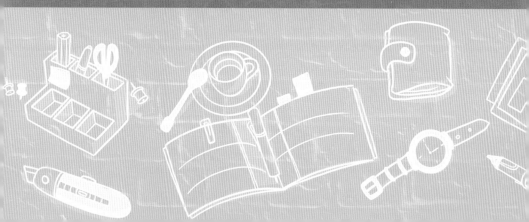

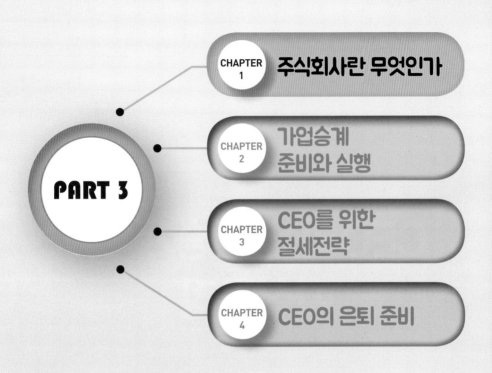

법인은 영리법인, 공익법인, 비영리법인으로 나뉜다. 이 중 영리법인은 법인이 수익사업을 영위하여 이익을 추구하고, 그 이익을 구성원들에게 귀속시키는 형태로 운영된다. 주식회사, 합명회사, 합자회사, 유한회사 등이 이에 해당한다. 실제로 주식회사가 가장 많이 운영되고 있는 형태다.

상법상
주식회사의 요건

주식회사를 설립할 수 있는 요건에 대해서는 상법에서 규정하고 있는데, 주식회사의 설립과 관련하여 현행 상법상 주요 사항을 요약해 보면 다음과 같다.

먼저 회사의 자본금 규모는 사업의 종류에 따라 결정되는데, 2009년 최소자본금 규정이 삭제되어 법률상으로는 100원(주식발행 1주×주당 100원) 이상이면 법인 설립이 가능하다. 사실상 자본금 최저한도가 없는 셈이다.

자본금 규모가 결정되면 자본금을 누가, 얼마 투자할 것인가를 결정해야 하는데, 1명이 100% 모두를 투자해도 된다. 따라서 최소 주주는 1명 이상이라고 보면 된다.

대표이사와 이사, 감사는 등기되는 임원으로 등기부등본에 기재되어 회사 업무와 관련하여 중요한 권한과 법적 책임을 동시에 지게 된다. 이때 임원이 반드시 주주여야 되는 것은 아니며, 주주와 임원은 별개의 지위다. 상법이 개정되면서 이사 1명만 있어도 법인 설립이 가능하게 되었는데, 여전히 주식회사 설립 시에는 최소 2명이 필요하다. 그 이유는 주식회사를 설립할 때 '조사보고'라는 과정이 있는데, 조사보고는 이사 또는 감사 중 1명이 하게 되어 있으며, 지분이 없는 사람이어야 한다. 따라서 최소 2명의 이사, 즉 대표이사와 지분이 없는 이사(또는 감사)가 필요하게 된다. 만일 지분이 없는 이사가 없는 경우는 공증인이 조사보고를 할 수도 있는데, 업무 처리가 더 복잡해지기 때문에 잘 활용하지는 않는다.

주주는 회사에 대해 인수한 주식의 가액을 한도로 출자의무를 부담할 뿐 이외의 어떤 의무도 부담하지 않는다. 이것을 '주주유한책임의 원칙'이라고 하며, 특히 회사 채권자에 대해 주주는 전혀 책임이 없다. 현물출자의 경우 출자의 목적물은 금전 외의 재산이고, 신용 또는 노무의 출자는 인정되지 않는다. 주주는 주주총회의 결의에는 참가하지만 업무집행에 당연히 참여하는 것은 아니다. 주식의 양도는 자유로우며, 일반적으로 큰 기업의 경영에 알맞은 회사 제도다.

주식회사를 설립할 때는 정관에 '설립 시 발행하는 주식의 총수와 1주의 금액'을 반드시 기재하고, 주식인수인의 확정, 이사·감사의 선임 등 회사의 실체를 구성하는 절차가 정관 작성과 설립등기 외에 필요하다.

주식회사는 법률상 반드시 의사결정기관인 '주주총회', 업무집행과 대표기관인 '이사회·대표이사', 감독기관인 '감사'의 세 기관을 가져야 한다. 회사의 최고기관인 주주총회의 권한은 상법과 정관에 정한 사항만 결의할 수 있게 되어 있다. 또한 업무집행기관에 이사회 제도를 채용하여 권한을 강화하고, 감사의 권한을 회계감사만으로 한정하고 있다.

상법상 자본금의 총액과 발행주식의 총수는 등기사항에 지나지 않으므로, 신주를 발행할 때는 정관을 변경할 필요가 없다. 회사가 필요한 자금을 신속하게 조달할 수 있도록 원칙적으로 이사회의 결정에 따라 신주를 발행할 수 있도록 하고 있다.

주주총회의
개최 및 결의

주주총회는 주주 전원에 의하여 구성되고, 회사의 기본 조직과 경영에 관한 중요한 사항을 의결하는 기관이다. 주주총회는 형식상으로는 주식회사의 최고기관이며, 그 결의는 이사회를 구속하는 것이나, 주주총회가 결의할 수 있는 사항은 법령 또는 정관에 정하는 바에 한정된다. 주주총회는 회사의 내부에 있어서 중요한 사안에 대한 의사를 결정하는 것이 그 임무이며, 대표이사와 같이 회사를 대표하거나 회사업무를 집행하는 것은 아니다.

주주총회는 소집시기에 따라서 정기총회와 임시총회로 나뉜다. 정기총회는 매년 1회의 일정한 시기에 소집되나, 연 2회 이상의 결산기를 정하는 회사에서는 매 결산기에 소집된다. 반면 임시총회는 필요에 따라 수시로 소집된다. 주주총회의 소집은 상법에 별다른 규정이 있는 경우를 제외하고는 이사회가 결정하고, 이 결정에 따라 대표이사가 구체적인 소집 절차를 밟는다.

주주총회를 소집할 때는 총회일을 정해 2주 전에 의결권이 없는 주주를 제외한 각 주주에 대해 서면으로 통지를 발송해야 하고, 그 통지서에는 회의의 목적사항을 기재해야 한다. 주주총회는 정관에 다른 정함이 있는 경우를 제외하고는 본점의 소재지 또는 이에 인접한 곳에서 소집해야 한다. 주주총회의 결의사항에는 보통결의, 특별결의, 특수결의 등이 있다.

상법에서 정하는 주주총회의 절차는 다음과 같다.

주주는 1주당 1개의 의결권을 가지며, 의결권 행사는 직접 참석하거나 위임장을 작성해 대리인을 통해서도 가능하다. 2개 이상의 주식을 가진 주주는 서로 다르게 의결권을 행사할 수도 있다.

주주총회는 대부분 발행주식의 과반수 출석과 출석 주주의 과반수 찬성으로 결정하는 보통결의가 적용되지만, 정관변경·감자·영업양수도·이사해임 등은 과반수 출석과 출석 주주 3분의 2 이상의 찬성으로 의결하는 특별결의가 있어야 한다.

주식회사에 있어서 한 사람이 주식의 100%를 보유한 1인 회사의 경우, 그 주주가 유일한 주주로서 주주총회에 출석하면 전원 총회로서 성립한다. 그리고 그 주주의 의사대로 결의가 될 것임이 명백하므로 따로 총회소집 절차가 필요 없으며, 실제로 총회를 개최한 사실이 없더라도 그 주주 1인에 의해 의결이 있었던 것으로 주주총회 의사록이 작성되었다면 특별한 사정이 없는 한 그 내용의 결의가 있었던 것으로 볼 수 있다.

주주총회 개최 절차

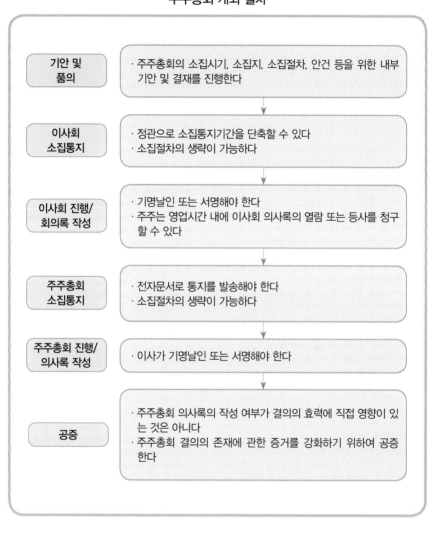

기안 및 품의	· 주주총회의 소집시기, 소집지, 소집절차, 안건 등을 위한 내부 기안 및 결재를 진행한다
이사회 소집통지	· 정관으로 소집통지기간을 단축할 수 있다 · 소집절차의 생략이 가능하다
이사회 진행/ 회의록 작성	· 기명날인 또는 서명해야 한다 · 주주는 영업시간 내에 이사회 의사록의 열람 또는 등사를 청구할 수 있다
주주총회 소집통지	· 전자문서로 통지를 발송해야 한다 · 소집절차의 생략이 가능하다
주주총회 진행/ 의사록 작성	· 이사가 기명날인 또는 서명해야 한다
공증	· 주주총회 의사록의 작성 여부가 결의의 효력에 직접 영향이 있는 것은 아니다 · 주주총회 결의의 존재에 관한 증거를 강화하기 위하여 공증한다

정관

정관이란 회사 또는 법인의 조직·활동을 정한 근본 규칙을 말한다. 법인을 설립하기 위해서는 정관을 작성하고, 일정사항을 기재해야 한다. 정관에는 회사의 목적·명칭·사무소 등 법인의 종류에 따라 법률이 정한 필요사항을 기재해야만 한다. 여기에는 한 가지만 빠뜨려도 정관 전체가 무효가 되는 '절대적 기재사항'과 기재하지 않아도 정관 자체의 효력에는 영향이 없지만 기재하지 않으면 그 사항에 대해서 법률상의 효력이 발생하지 않는 '상대적 기재사항'이 있다.

이 밖에 정관에는 '임의적 기재사항'으로서 강행규정과 사회질서에 위배되지 않는 한 어떤 사항이라도 기재할 수 있다. 이 경우에는 정관에 기재하지 않아도 그 사항의 효력에는 관계없지만, 그 변경에는 정관변경의 절차가 요구된다. 따라서 최근에는 이와 같은 사항들은 이사회가 정하는 별도의 규정에 위임하고, 가급적 정관의 내용을 최소한으로 한정시키려는 경향이 있다.

정관의 주요 기재사항으로는 다음과 같은 것들이 있다.

정관의 주요 기재사항

절대적 기재사항	상대적 기재사항
· 회사의 목적과 상호 · 발행할 주식의 총수 및 금액 · 회사 설립 시 발행할 주식의 총수 · 본점 소재지 · 공고의 방법 · 발기인의 성명, 주민등록번호, 주소	· 발기인의 특별이익 · 현물출자 · 재산양수 · 설립비용 · 발기인의 보수

주식회사 정관의 절대적 기재사항은 회사의 목적·상호, 회사가 발행할 주식의 총수 및 금액, 회사 설립 시 발행하는 주식의 총수, 본점의 소재지, 회사가 공고를 하는 방법, 발기인의 성명·주민등록번호·주소다.

상대적 기재사항은 상법의 여러 곳에 규정되어 있는데, 설립에 중대한 관계가 있는 것으로는 발기인의 특별이익, 현물출자, 재산양수, 설립비용, 발기인의 보수 등이 있다. 사단법인의 설립자, 회사의 발기인 등 법인의 설립에 관계된 자는 정관에 이를 기재하는 동시에 그 서명이 요구된다. 또한 주식회사의 경우에는 공증인의 인증을 받지 않으면 정관의 효력이 발생하지 않는다.

단, 자본금이 10억 원 미만인 회사의 경우에는 발기인 혹은 이사들의 기명날인이나 서명으로도 정관의 효력이 발생한다.

정관을 변경할 때는 법에서 정한 절차를 준수해야 하는데, 상법상 주주총회의 특별결의사항이므로 상법상의 절차에 따라 주주총회를 개최해야만 한다. 만일 정관을 변경할 계획이라면 최근에 이슈가 되고 있는 임원의 퇴직금 지급 근거, 중간배당, 자사주 매입 등과 관련한 사항을 체크하여 포함시켜 놓도록 하자.

이사 및 이사회

이사란 주식회사의 주요 사안에 대한 업무집행 의사결정기관인 이사회를 구성하는 일원을 말한다. 이사회와 대표이사가 주식회사의 업무집행기관이며, 이사는 이사회의 구성원인 동시에 대표이사로 선임되기 위한 전제가 된다. 이사는 이사회의 소집권, 주주총회의 출석권, 소제기권 등 일정한 권리를 가짐과 동시에 책임도 따른다. 이사의 선임은 주주총회의 결의사항이다. 이사 선임결의는 원칙상 보통결의 방법에 의하나, 이사의 선임은 주주의 이해관계와 크게 관련되어 있으므로 결의의 요건을 경감 또는 배제하지 못한다. 이사의 임기는 최대 3년이며, 재선도 가능하다. 이사는 언제든지 사임할 수 있으며, 주주총회는 언제든지 특별결의를 통해 이사를 해임할 수 있으나 정당한 이유가 없을 때에는 회사는 손해를 배상해야 한다.

이사회는 이사에 의하여 구성되어 회사의 업무집행에 관한 사항을 결정하는 기관을 말한다. 이사회는 계속 열리는 것이 아니고, 소집에 의해 열리게 되는 법률상의 회의체다. 법령 및 정관으로서 주주총회의 권한으로 되어 있는 것을 제외한 업무집행에 관한 사항은 모두 이사회의 결의에 의하여 행하여진다. 다만, 그것은 회사의 내부적 의사결정에 한하며, 이에 의거하는 집행 행위 자체는 해당되지 아니한다.

상법상 이사회의 주요 결의사항은 주주총회의 소집, 지배인의 선임·해임, 지점의 설치·이전 또는 폐지, 이사의 직무집행의 감독, 대표이사의 선임과 공동대표의 결정, 이사의 자기거래의 승인, 신주발행사항의 결정, 사채의 모집 등이며, 이외에도 상법상 회사가 결정해야 할 사항은 이사회의 결의사항으로 보아야 할 것이다.

이사회의 소집은 회의일을 정하고 1주일 전에 각 이사 및 감사에 대하여 통지를 발송해야 하나, 그 기간은 정관으로 단축할 수 있다. 또 이사 및 감사 전원의 동의가 있을 때에는 소집 절차를 생략할 수도 있다.

이사회의 결의는 이사 과반수의 출석과 출석이사의 과반수로서 결정하되 정관으로 그 비율을 높게 정할 수 있다. 결의에 특별한 이해관계가 있는 이사는 의결권을 행사하지 못하며, 서면 결의도 불가하다. 이사회의 의사에 관하여는 의사록을 작성해야 하며, 이 의사록에는 의사의 경과사항과 그 결과를 기재하고, 의장과 출석이사 및 감사가 기명날인해야 한다. 이사회의 결의는 대표이사를 구속하지만, 그 내용·소집 절차·결의 방법이 법령이나 정관을 위반하면 무효다. 다만, 그것은 내부적 의사결정에 지나지 않으므로 그것에 의거하는 대표이사의 대표행위는 원칙적으로 유효하다.

이사의 수는 원칙적으로 3명 이상이다. 그런데 자본금이 10억 원 미만인 회사는 1명 또는 2명으로 할 수도 있다. 이사가 1명 또는 2명이 된 경우는 이사회를 구성하지 못하므로, 이 경우 절차에 의한 규정은 이사회가 존재하지 않으므로 적용될 여지가 없다. 그리고 그 권한에 관한 규정은 각 이사가 회사를 대표한다.

이사가 1명 또는 2명인 경우 상법의 규정 적용

구분	상법 적용 대상의 예
적용되지 않는 사항	이사회 소집통지, 이사회 결의요건, 이사회 의사록
이사가 행사하는 사항	주주총회 소집결정, 주주제안의 채택
주주총회가 행사하는 사항	신주 발행, 준비금 자본전입 등 기타 이사회 권한

일반적인 이사회 결의사항이라도 정관으로 주주총회의 결의사항으로 정할 수 있는데, 대표이사의 선임, 공동대표의 선임, 신주의 발행, 준비금의 자본전입, 전환사채의 발행, 신주인수권부사채Bond with Warrant의 발행 등이 해당된다.

이사는 대표이사로 하여금 다른 이사 또는 직원들의 업무에 관하여 이사회에 보고할 것을 요구할 수 있으며, 이사는 3개월에 1회 이상 업무의 집행상황을 이사회에 보고해야 한다.

임원의
보수 및 상여금

임원의 급여 한도와 관련해서 직접적으로 정하고 있는 규정은 없다. 다만, 세법상 인정되는 임원의 상여금 한도와 임원의 퇴직금 한도를 법인세법과 그 시행령에서 규정하고 있다. 임원에 대한 보수의 한도 규정에 대해 상법과 세법에서는 다음과 같이 정하고 있다.

구분		임원에 대한 보수 한도 규정
상법		정관 또는 주주총회 결의(상법 제388조)
세법	임원상여금	정관·주주총회·사원총회 또는 이사회의 결의에 의하여 결정된 급여지급기준(법인세법 시행령 제43조 2항)
	임원퇴직금	정관에서 정한 퇴직급여로 지급할 금액(법인세법 시행령 제44조 4항)
	임원급여	임원급여의 한도에 대한 직접적인 법령 규정은 없음

법인세법 시행령 제43조 2항에서는 임원급여의 손금 인정한도를 '정관·주주총회·사원총회 또는 이사회의 결의에 의하여 결정된 급여지급기준 범위'로 규정하고 있으며, 예외로 '지배주주 등인 임원에게 정당한 사유 없이 다른 임원보다 초과 지급한 보수는 손금불산입한다'고 되어 있다.

일반 직원에게 상여를 지급하는 경우에는 회사의 규정이 없더라도 모두 비용으로 인정이 되나, 법인이 임원에게 상여금을 지급하는 경우는 반드시 관련 규정이 있어야 한다. 그렇지 않으면 상여금으로 지급한 전액을 비용으로 인정받지 못하는 일이 생길 수도 있다.

직원들에 대해서 임원과 달리 별도의 규정이 없어도 되는 이유는 회사에서 직원에게 아무런 이유 없이 급여나 상여금을 지급하는 경우는 발생하지 않을 것이기 때문이다. 그런데 임원, 특히 가족기업의 임원인 경우는 임의적인 지급이 얼마든지 가능하기 때문에 특별히 임원에 대해서는 별도로 규정을 하고 있는 것이다.

회사의 업무집행권을 가진 임원은 회사로부터 일정한 사무처리의 위임을 받고 있으므로 사업자의 지휘감독 아래 일정한 근로를 제공하고 소정의 임금을 지급받는 고용관계에 있는 것이 아니다. 따라서 일정한 보수를 받는 경우에도 이를 근로기준법에서 정하고 있는 '소정의 임금'이라고 할 수 없다. 그러므로 임원의 보수지급기준을 명확히 마련하여 회사와 임원 모두 불이익을 받지 않도록 미연에 방지하는 것이 필요하다.

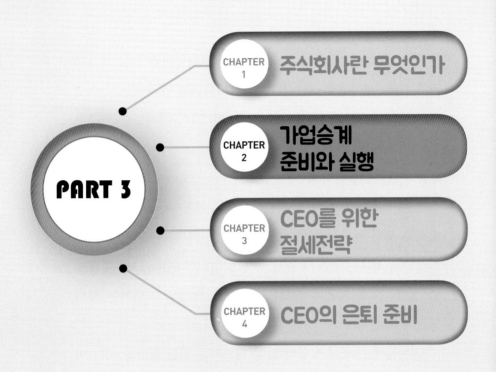

.....

많은 중소기업 CEO들이 자기 회사를 과소평가하는 데, 주식의 액면가가 5,000원이기 때문에 승계나 청산을 할 때도 주식가치가 5,000원이라고 생각하는 것이 대표적인 사례다. 예를 들어 자본금 1억 원(액면가 주당 5,000원)에 창업한 회사가 성장하여 주당 가치평가액이 50만 원으로 높아졌다면 회사가치는 액면가 1억 원이 아닌 100억 원이 되는 것이다. 따라서 가치가 높아진 회사의 주식을 처리하는 것은 쉬운 일이 아니다.

그리고 가업승계에 대한 사전 준비는 규모가 큰 대기업들만의 이야기라고 생각하기 쉽다. 아무런 준비도 없이 갑작스럽게 CEO가 사망하게 되면 상속인들로서는 회사의 경영을 정상적으로 유지하는 일 외에도 상속세 납부 및 대출금 상환 등과 같은 다양한 문제에 직면하게 된다.

규모가 비교적 큰 기업들은 담당자나 전담 부서가 있어 회사가치를 정확하게 평가하고, 오랜 기간 동안 다양한 방법으로 가업승계를 고려한다. 그래서 필요한 경우에는 꼭 가족이 아니더라도 전문경영인을 영입해 소유와 경영을 분리하여 회사가 정상적으로 운영될 수 있게 시스템화하기도 한다. 그렇게 준비를 해도 예기치 못한 일로 인해 CEO가 정상적으로 경영에 참여하지 못할 경우 대규모 투자 등의 중요한 의사결정이 제대로 이루어지지 않아 회사 경영에 어려움을 겪는 경우를 쉽게 볼 수 있다.

그런데 중소기업의 경우 현장 영업부터 주요 경영 의사결정까지 대부분의 업무가 CEO를 중심으로 이루어지다 보니, 전문경영인 영입을 통한 회사 운영도 쉽지가 않다. 또 안타깝게도 회사를 키우는 데만 집중하던 CEO의 사망으로 인해 상속이 갑작스럽게 개시되는 경우, 개인자산의 부족으로 상속세를 납부할 자금 마련에 어려움을 겪게 되고, 상속재산 분할과정에서 가족 간의 분쟁이 발생하기도 한다. 또한 이 과정에서 경영 관련 의사결정의 지연 등으로 인해 CEO의 인생을 바친 결과물인 회사가 경영상의 어려움을 겪거나 사업을 포기하는 경우도 쉽게 볼 수 있다.

따라서 중소기업의 경우 가업승계에 대한 준비가 더욱 절실히 필요하다고 할 수 있다.

회사를
승계하는 방법

회사를 승계하는 방법에는 신규 법인 설립을 통한 이전, 현재 법인의 지분 양도 또는 증여, 향후 상속을 통한 승계 그리고 법인 청산 후 자산을 이전하는 방법 등이 있다. 신규 법인의 설립은 상속인을 주주로 참여시키고 기존 법인의 영업권 및 자산을 넘기는 방식인데, 기존 법인의 자산을 이전받기 위한 자금출처 확보 및 법인 간 자산 이전에 따른 법인세 등 여러 가지 세금 문제가 발생할 수 있다.

그래서 대부분의 경우 보유 중인 현 법인의 주식 지분을 양도하거나 지분을 증여하는 방법, 또는 향후에 지분을 일반상속 또는 가업상속으로 진행하는 방법을 선택하고 있다.

회사 승계 방법

구분	고려사항	관련 세금	유용성
증여	· 경영권 승계 준비 · 증여 시기 결정(비상장주식의 가치 증감) · 자금출처 준비 : 신고를 통해 증빙(낼 세금이 없더라도 증여신고) · 증여 후 10년 이내 상속개시 시 합산하여 상속세 과세	증여세	○
주식양도	· 증여로 추정되지 않게 양도 계약서류 완비 · 양수도 대금 입증 · 저가/고가양도 판단(시가의 30%, 3억 원) · 자녀 외 양수인 물색 어려움	양도소득세	△
특수형태의 승계	자녀 법인과 양수도, 합병, 분할 시	-	-
청산	세금 과다 (비영리, 외국법인 제외)	청산 소득 법인세 청산 배당 소득세	×

간혹 현재 운영 중인 법인의 재무상태표와 실제가 여러 가지 사유로 다른 경우가 종종 있다. 또 명의신탁주식 등 해결하기 어려운 다양한 여러 가지 문제들 때문에 현재 상태로 자녀에게 법인 승계를 꺼리는 경우도 있다.

이때 생각할 수 있는 방법 중 한 가지는 자녀와 가족들이 주주로 구성된 새로운 법인을 설립한 후, 현재 법인의 자산을 신규 법인에게 적정 가격에 매각하거나 거래처를 이전하는 것이다. 이런 방법을 통해 현재 법인의 자산과 거래처 등을 신규 법인으로 이전하면 세 부담 없이 자산 이전이 가능하다.

만일 현재 법인의 자산이 신규 법인으로 이전될 때 시가 대비 지나치게 높거나 낮은 가격으로 거래될 경우 부당행위계산부인 규정에 의해 법인세 등이 추가 과세될 수 있다. 또한 양도대금이 현재 법인에 들어오게 되므로 향후 현 CEO의 유고 시에 법인자산에 상속세 부담이 있을 수 있다.

또한 현실적으로 법인 설립이 가능한지를 생각해 봐야 한다. 특히 거래처와의 관계도 고려 사항이다. 대표자나 사업자 상호를 변경할 경우 거래처와의 거래가 어려운 상황이 발생할 수도 있으므로 신규 법인 설립의 타당성에 대해 승계 관점뿐 아니라 기업 경영활동에 미치는 영향까지 고려한 후 실행해야 한다.

법인주식을 자녀에게 양도할 경우 양도소득세와 증권거래세를 납부해야 한다. 그런데 일반적으로 배우자나 직계존비속과의 양도거래는 증여로 추정되기 때문에 증여추정에 해당되지 않도록 계약서를 작성하고, 거래대금 수수에 따른 금융자료 증빙도 철저히 준비해야 한다. 이때 양도 가능 여부 및 양도거래 규모 등은 배우자나 자녀의 자금출처 입증이 가능한 범위 안에서 결정해야 한다.

또 한 가지 주의할 점은 주식의 액면가로 거래하는 것이 아니라 '상속세 및 증여세법'에 따라 평가된 주식가액을 기준으로 거래해야 한다는 것이다. 평가된 가액보다 지나치게 높거나 낮은 가액으로 주식양수도 계약을 하는 경우 추가적인 증여세 등의 과세 문제가 발생할 수 있다.

법인주식을 증여할 경우에도 일반 증여와 마찬가지로 증여가액에 따라 10~50%의 증여세를 자녀가 납부해야 한다. 만일 증여세를 자녀가 납부하지 않고, CEO가 대신 납부해 준다면 그 세금에 대해서도 증여세가 추가로 과세된다. 물론 이때에도 주식가치는 액면가액이 아니라 상증법에 따라 평가된 주식가액을 기준으로 평가된다. 따라서 주식을 증여하고자 할 때에는 주식의 증여 시점을 언제로 하느냐가 절세의 포인트다. 즉 주식가치가 상대적으로 낮은 시점에 증여를 하여 세금을 줄이는 것이 필요하다.

또 CEO가 10년 이상 운영한 중소기업의 주식을 자녀 1명에게 증여할 경우 최대 100억 원까지 20% 세율(과세표준 30억 원 이하 금액에 대해서는 10%)을 적용하는 '가업승계 증여세 과세특례'의 요

건을 갖추어 활용한다면 세 부담을 줄이면서 자녀에게 지분의 일부를 이전할 수 있다. 다만, 가업승계 증여세 과세특례 규정을 적용받은 주식은 증여 시기에 관계없이 향후 상속개시될 때 증여 당시 가액으로 상속재산에 합산된다.

　일반적으로 이전하고자 하는 주식의 가액이 클 경우에는 양도를 통한 이전이 증여보다 세금 측면에서 유리하다. 하지만 양수도의 경우 지분을 이전받는 자의 자금출처가 명백해야 함을 고려할 때, 소득이 없는 자녀에게 사업을 승계할 경우 최초 지분 이전은 총 이전 지분의 5~10% 수준으로 증여해서 세금 부담을 경감시키고, 지속적인 배당을 실시하여 자금출처를 확보한 후에 남은 주식을 양수도하는 방법을 고려해 볼 수 있다. 그러나 양수도를 통해 지분을 이전할 경우 양도대금이 현 CEO에게 남아 있게 되므로 금융자산을 이전하는 상속·증여 문제는 여전히 과제로 남는다.

가장 바람직한 가업승계는 지분과 경영권이 함께 이전되는 것이다. 지분 이전은 단계별로 진행하여 자녀 명의로 소유하게 하고, 경영권 이전은 회사의 다양한 부서를 경험하게 하는 등 후계자 수업을 통해 진행하는 것이 현명하다. 회사마다 상황이 다르기 때문에 어떤 방법이 가장 유리하다고 일반화할 수는 없지만, 한 가지 확실한 것은 사업의 승계는 장기간에 걸쳐 실행하는 것이 세금 측면이나 경영권 승계 측면에서 더 큰 효과를 기대할 수 있다는 것이다.

CEO가 보유하고 있는 법인주식을 상속을 통해 자녀에게 이전할 수도 있다. 다만, 상속으로 주식을 이전하는 경우에는 상속

세 문제를 고려해 봐야 한다. CEO의 사망으로 인해 상속인들이 CEO의 지분을 상속받게 되면 해당 주식은 상속재산에 해당되어 상속인들은 상속세를 부담해야 한다. 이때 주식가치는 상속이 개시되는 CEO의 사망 시점을 기준으로 평가하는데, 상속 시점의 주식가치가 높으면 그만큼 상속인들의 상속세 부담이 커지게 된다. 만일 CEO가 갑자기 사망하여 준비 없이 승계가 진행된다면 과도한 상속세 부담으로 인해 상속인들이 회사를 이어가는 데 어려움을 겪을 수도 있다.

중소기업의 경우 이러한 가업승계 관련 상속세 부담을 줄이는 방법으로 '가업상속공제' 제도가 있다. 가업상속공제는 가업 영위기간에 따라 최대 500억 원(명문장수기업은 최대 1,000억 원)까지 상속공제 혜택을 주는 제도로, 피상속인이 10년 이상 계속하여 경영한 기업에 대해 상속요건이 발생했을 때 상속개시연도의 직전 과세연도 말 현재 조세특례제한법상의 중소기업(매출액 3,000억 원 미만의 중견기업 포함)을 운영하는 경우 적용받을 수 있다.

사례

물류 관련 법인을 지난 20년간 운영하던 A대표는 갑자기 건강이 악화되면서 앞으로 회사를 어떻게 해야 할지 고민하게 되었다. 외국에서 MBA과정을 이수하고 있는 아들이 조만간 학업을 마칠 텐데, 그때 아들을 회사로 불러들여 사업을 승계할 수 있도록 해야 할까? 아니면 요즘 젊은이들이 매력을 느낄 만한 업종이 아닌 만큼 회사를 청산하고 은퇴해야 할까? A대표는 쉽사리 결정을 내릴 수 없었다. 특히 승계나 청산과정에서 생길 수 있는 세금 문제 등에 대해서도 궁금했다. 이미 세무사로부터 회사가치가 100억 원 이상으로 평가되어 법인 청산 시 법인세와 개인적인 소득세가 총 40억 원이 넘을 것이라는 얘기를 들었기 때문에 결정을 내리기가 더욱 어려웠다.

가업상속공제 요건 충족

▶▶▶ 사업을 승계할 때와 청산할 때 어떤 문제들이 발생할 수 있는지 상세히 살펴보자.

먼저 신규법인 설립의 경우 거래처 등 영업적인 문제로 인해 쉽게 선택할 수 없고, 법인 청산의 경우에는 법인세 납부 후 잔여재산을 주주에게 배당하게 되는데 이로 인해 예상되는 배당소득세의 규모가 너무 커서 쉽게 결정할 수 있는 상황이 아니다. 또한 대학생인 자녀에게 지분 양도 및 증여를 하는 방법을 고려하였으나, 대학생 자녀의 자금출처가 없어 당장 실행할 수 없다. 마지막으로 소유와 경영의 분리를 검토하였으나, 전문경영인을 영입하여도 주식보유에 따른 상속세 문제가 있고, 마땅한 경영자 후보를 찾을 수 없는 등 여러 가지 현실적인 문제가 있다는 것을 알 수 있었다.

이러한 상황을 고려하여 먼저 가업상속공제 요건을 충족시키기 위해 배우자를 회사에서 근무하도록 하였다. 그리고 회사의 지분을 자녀와 배우자에게 일부 증여한 후 배당을 실행하여 그 배당금으로 A대표의 주식을 양수하는 계획을 수립하였다. A대표는 주식 처분대금을 은퇴자금으로 활용토록 하면 된다. 다만, 이러한 승계방법의 경우 상당한 시간이 소요되는 만큼 갑작스런 A대표의 사고에 대비하기 위해 A대표를 피보험자로 하는 종신보험을 가입하여 리스크 회피 및 유동성 자금을 확보토록 했다. 이때 배우자나 자녀가 종신보험의 계약자가 되는 것이 가장 좋으나, 보험료 납입 여력이 부족할 경우 법인으로 하여 준비하는 것도 좋다.

주식 이전
시점 찾기

자녀에게 회사 지분을 이전하려고 한다면 나중에 한꺼번에 주는 것보다 절세 효과를 최대화할 수 있는 최상의 시기를 고려해 이전하는 방법이 효과적일 수 있다. 비상장주식을 자녀에게 효과적으로 이전하기 위해서는 어떤 사항들을 고려해야 하는지 알아보자.

가업승계를 위한 기업의 소유권 이전은 단순한 부의 이동을 뜻하는 게 아니다. 기업의 철학과 사회기여도를 유지하면서, 다음 세대에 경영권을 넘겨줌을 의미한다. 이는 동시에 크나큰 세금 부담으로 이어질 수 있으므로 신중하게 진행해야 한다.

기업 소유권을 이전할 때 우선적으로 고려할 사항은 세금을 포함한 비용 부담을 어떻게 최소화할 것인가 하는 것이다. 비상장기업(중소기업)은 주식 양도세율(10~25%)이 증여세율(10~50%)보다 낮다. 따라서 양도를 활용한 지분 이전은 총 부담 세액이 적어지므로 고려할 수 있는 좋은 방법이다. 하지만 유의할 부분은 양도 시 법인의 주식가치는 최초 출자한 액면가액으로 평가되지 않는다는 점이다.

순자산가치·순이익가치 증가 현황

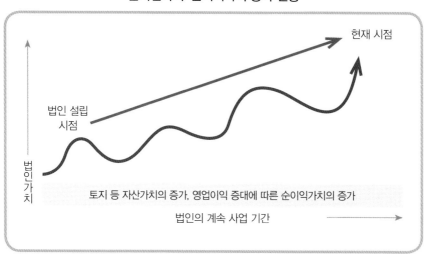

기업의 주식가치는 원칙적으로 시가로 평가한다. 하지만 일반 상장기업과는 달리 비상장기업의 주식은 쉽게 거래될 수 없기 때문에 주식 가격을 파악하기가 힘들다. 이 경우 액면가액으로 거래하기도 하는데, 특히 부모자식 간 또는 특수관계자 간 거래에서는 주의해야 한다. 시가보다 현저히 높거나 낮은 금액으로 거래하면 어느 한쪽이 이익을 얻었다고 간주해 증여세 문제가 발생하거나, 추가로 양도소득세가 추징될 수도 있기 때문이다.

시가가 없을 때는 세법에서 정한 보충적 평가방법을 이용해 주식가치를 산정하게 되어 있다. 일반적으로 순자산가치와 순손익가치를 가중 평균해 계산하는데, 회사의 자산과 순손익이 해마다 변경되므로 비상장주식의 가치는 계산하는 시점에 따라 달라질 수 있다. 하지만 적법한 방법으로 평가해 양도가 이뤄졌어도 원칙적으로 부모자식 같은 특수관계자 간 매매는 일단 증여로 추정하며, 타인 간 매매처럼 매매 대금을 지급한 사실을 명백히 입증할 수 있을 때만 증여가 아닌 양도로 본다. 따라서 양도로 주식을 이전할 경우, 자녀의 매수자금 지급 여력에 대한 자금출처를 반드시 고려해야 한다.

만일 자녀들에게 주식 양수 자금이 없어 양도로 지분을 이전하지 못한다면 증여를 검토할 수 있다. 주식을 증여할 때는 자녀들이 증여세를 납부할 재원에 대한 방안도 당연히 마련해야 한다.

이때 연부연납 제도를 활용할 수 있는데, 이는 세금을 당장 낼 수 없을 때 세금 납부를 일정 기간 연장해 주는 제도다. 증여세 신고·납부 기한 내에 최소 증여세의 6분의 1을 납부하고, 나머지는 5년간 매년 6분의 1을 납부한다. 한 번에 내야 할 세금을 최대 6회에 걸쳐 나눠 낼 수 있기 때문에 증여세 납부재원이 마련되지 않은 상황에서는 유용한 방법이다. 참고로 각 분할 납부액에 대해서는 연간 1.8%(2020년 3월 13일 이후 신청분)의 이자가 가산되고, 또한 납세담보의 제공과 관할세무서장의 허가 등 조건이 있지만 충분히 활용한 만한 방법이다.

상속세 및 증여세법 제71조 제2항에서는 "금전, 국채 또는 지방채 등의 유가증권, 납세보증보험증권, 은행 등의 납세보증서, 토지 등을 담보로 제공해 연부연납 허가를 신청한 경우에는 그 신청일에 연부연납을 허가받은 것으로 본다"고 정하고 있다.

연부연납 기간은 다음의 각 구분에 따른 기간의 범위에서 해당 납세 의무자가 신청한 기간으로 한다. 다만, 각 회분의 분할 납부세액이 1,000만 원을 초과하도록 연부연납 기간을 정해야 한다.

연부연납 기간

납부할 세액	분납할 수 있는 기간
일반적인 경우	연부연납 허가일로부터 5년
가업상속재산 50% 미만	연부연납 허가일로부터 10년 또는 연부연납 허가 후 3년이 되는 날로부터 7년
가업상속재산 50% 초과	연부연납 허가일로부터 20년 또는 연부연납 허가 후 5년이 되는 날로부터 15년

주식가치를 낮춰 이전하는 방안

주식의 가치는 계속해서 변동하므로 주식 매매가액을 산정할 때 함께 고려해야 하는 것 가운데 하나가 지분을 이전할 시점이다. 평가 시 과거 3년간 손익과 현재 자산가치를 3대 2 비율로 가중 평균해 평가하기 때문에 과거 3년간 이익이 가장 적거나 결손이 많을 때, 또는 자산가치가 낮은 시기에 지분을 이전하는 것이 세금 부담을 줄일 수 있는 방법이다. 최근 경기 침체로 많은 기업의 실적이 악화되고 부동산 가격이 하락했지만, 주가

가 하락한 시기가 오히려 지분을 이전하기에 최적의 시점인 점을 고려해 지분 이전 계획을 세우는 것이 필요하다.

비상장기업의 주식가치는 순손익과 순자산에 따라 정해진다. 자연스럽게 주가가 하락한 시점에 맞춰 주식을 양도할 수도 있지만, 주식의 가치를 낮춰 이전하는 것도 방안이 될 수 있다. 합법적으로 주식가치를 낮출 수 있는 방법들에 대해 살펴보자.

첫째, 주기적으로 배당을 실시하여 회사의 이익잉여금을 감소시키고, 이를 통해 순자산가치를 낮추는 방법이다.

둘째, 임원퇴직금 지급규정을 정비해 임원퇴직금 지급배수를 세법에서 인정하는 범위까지 높이고, 향후 임원이 실제로 퇴직하면서 퇴직금을 받으면 그 시점에서 순자산가치가 낮아질 수 있다.

주식가치를 낮춰 이전하는 방법

배당 실시	순자산가치 평가 시 액면가보다 주식가치가 높게 평가되는 이유 중 하나가 이익잉여금이 과다하기 때문이다. 따라서 배당금 지급을 통해 이익잉여금을 감소시킨다. → 순자산가치 하락
임원퇴직금 적립 및 지급	임원퇴직금 지급규정을 정비해 임원퇴직금 지급배수를 세법에서 인정하는 범위까지 현실화하고, 향후 임원이 실제 퇴직 시 퇴직금을 받으면 해당 연도의 순자산가치가 낮아진다. → 순자산가치 하락

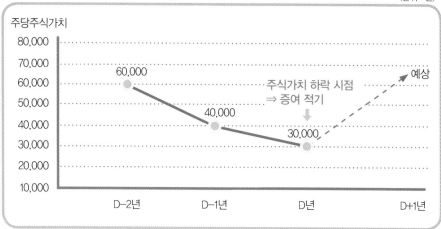

주식가치 변동 현황과 증여 시점

(단위 : 원)

주당주식가치

80,000
70,000
60,000 → 60,000
50,000
40,000 → 40,000
30,000 → 30,000
20,000
10,000

주식가치 하락 시점
⇒ 증여 적기

예상

D−2년　　　　D−1년　　　　D년　　　　D+1년

상속세는 상속재산의 규모에 따라 10~50%의 누진세율 구조로 되어 있다. 그런데 예금 등과 같은 금융자산으로 상속세 납부재원을 사전에 확보하지 않았다면 상속세 납부에 대한 부담이 커서 결국 회사 승계가 원활하지 못하는 경우가 발생할 수 있다.

자녀에게 지분을 이전하려고 한다면 나중에 한꺼번에 주는 것보다 절세 효과를 최대화할 수 있는 최상의 시기를 활용해 이전하는 방법이 효과적일 수 있다.

● **연부연납**

연부연납이란 세액을 일정한 기간 동안 나누어 납부하는 것으로 다음의 요건을 모두 충족해야 한다.

– 납부세액이 2,000만 원을 초과할 것

– 납세지 관할세무서장에게 허가를 받을 것

– 담보를 제공할 것

● **상속세 및 증여세 분납 제도**

납부할 세액이 1,000만 원을 초과하는 경우 세금을 2회에 걸쳐 나누어 낼 수 있으며, 2회분 금액은 납부기한 경과 후 2개월 이내에 이자부담 없이 분할하여 납부할 수 있다. 납부할 세액이 2,000만 원 이하이면 1,000만 원을 초과하는 금액을 분납할 수 있고, 납부할 세액이 2,000만 원을 초과할 경우는 그 세액의 50% 이하를 분납하여 낼 수 있다.

가업승계
지원 제도

정부는 가업승계를 앞둔 중소기업 및 중견기업에 대해 적극적인 세제혜택을 확대해 나가고 있다. 중소기업의 창업주들은 가업승계와 관련한 애로사항들을 지속적으로 건의하고 있으며, 정부도 이를 긍정적으로 받아들여 가업승계를 지원하기 위한 제도를 운영하고 있는 것이다. 중소기업의 가업승계를 지원하기 위한 세제지원 내용에는 가업상속공제, 가업의 승계에 대한 증여세 과세특례, 창업자금에 대한 증여세 과세특례, 중소기업주식 할증평가 배제, 가업상속에 대한 상속세 연부연납 제도가 있다.

먼저 '증여세 과세특례'는 가업에 해당하는 주식을 사전에 증여할 때 일정 요건을 충족하면 증여세 계산 시 10~20%의 특례세율을 적용받을 수 있는데, 이를 활용하면 절세가 가능하다.

'가업승계 증여세 과세특례' 제도는 60세 이상인 부모가 18세 이상인 자녀에게 가업승계를 목적으로 주식 등을 증여하는 경우 100억 원을 한도로 5억 원을 공제한 뒤 과표 30억 원까지는 10%, 30억 원 초과분은 20% 세율로 과세한다. 생전 가업승계에 대한 증여세 부담을 줄여주고, 이후 상속이 개시되면 증여 시점에 관계없이 증여시점의 평가액으로 상속재산에 합산하여 상속세를 계산한다.

증여세 과세특례 제도가 피상속인이 생존했을 경우에 활용 가능한 방안이라면, 사망했을 경우에는 가업상속공제 제도를 활용해 세금을 크게 줄일 수 있다. 하지만 가업상속공제는 일정 요건을 갖춰야만 적용할 수 있으므로 사전에 미리 준비를 해야 한다.

'가업상속공제' 제도는 10년 이상 피상속인이 경영한 가업인 중소기업 등을 18세 이상 상속인(상속인 1명의 배우자 포함) 1인이 승계하면 승계자가 받은 가액을 과세가액에서 공제하는데, 가업의 영위기간이 10년 이상일 경우는 200억 원, 20년 이상일 경우는 300억 원, 30년 이상일 경우는 500억 원을 한도로 하고 있다.

가업상속공제를 받기 위해서는 피상속인은 거주자여야 하고, 가업 영위기간의 50% 이상 또는 10년 이상의 기간(상속인이 피상속인의 대표이사 등의 직을 승계하여 승계한 날로부터 상속개시일까지 계속 재직한 경우), 또는 상속개시 전 10년 중 5년 이상을 대표이사로 재직해야 하는 조건이 있다. 상속인은 상속개시일 2년 전부터 가업에 종사하고 있어야 하고, 상속인은 상속세 신고기한까지 임원으로 취임해야 하고, 2년 이내에 대표이사로 취임해야 한다. 가업상속공제를 활용할 경우 상속 후 7년간 사후관리 요건을 충족해야 하며, 그렇지 않을 경우 감면된 세금이 추징된다.

사례

반도체 장비 제조업체를 운영하고 있는 A대표(50세)는 그동안 많은 우여곡절 끝에 회사의 매출과 이익이 어느 정도 안정권에 접어들게 되었다. 유학 간 아들도 미국의 유명 공대에서 공부하고 있다. 회사는 전년도에 매출이 300억 원을 넘어섰으며, 향후 몇 년간은 큰 어려움 없이 지속적인 성장이 기대되고 있다. 지금까지 오로지 회사 일에만 관심을 가지느라 개인자산은 거주하고 있는 아파트 외에는 특별한 자산이 없는 상황이다.

최근 A대표는 자신과 비슷한 규모의 회사를 운영하던 친구가 갑작스럽게 사망하는 바람에 유가족들이 상속세 납부 문제로 고민하는 것을 보았다. 결코 남의 문제가 아니라는 생각에 자신의 상황도 한번 살펴보기로 했다.

● 가업상속공제 제도

Max[Min(2억 원, 가업상속재산가액), 가업상속재산가액의 100%(500억 원 한도)]

가업 영위기간	가업상속공제
10년 이상~20년 미만	가업상속재산가액의 100%(200억 원 한도)
20년 이상~30년 미만	가업상속재산가액의 100%(300억 원 한도)
30년 이상	가업상속재산가액의 100%(500억 원 한도)

※ **가업상속재산**
· 개인가업 : 상속재산 중 가업에 직접 사용되는 토지, 건축물, 기계장치 등 사업용 자산
· 법인가업 : 상속세 및 증여세법상 법인 주식평가액X(1-가업에 직접 사용하지 않는 사업무관자산 비율)

[가업상속공제 적용 요건]

가업 요건

· 상속개시일이 속하는 과세연도의 직전 과세연도 말 현재 중소기업으로서 피상속인이 10년 이상 계속하여 경영한 기업
· 중소기업 : 상속개시일이 속하는 과세연도의 직전 사업연도 말 현재 '조세특례제한법 시행령' 제2조에 따른 중소기업
· 중소기업을 영위하는 법인의 최대주주(최대출자자)인 경우로서 그와 친족 등 특수관계에 있는 자의 주식 등을 합하여 해당인의 발행주식 총수(출자총액)의 50%(상장기업은 30%) 이상의 주식 등을 소유

피상속인 요건

· 상속개시일 현재 거주자이면서 피상속인이 10년 이상 경영한 중소기업일 것
· 가업의 영위기간 중 50% 이상의 기간을 대표이사(개인사업자인 경우 대표자를 포함)로 재직하거나, 상속개시일부터 소급하여 10년 중 5년 이상의 기간을 대표이사로 재직하여야 함
  *10년 이상의 기간(상속인이 피상속인의 대표이사 등의 직을 승계하여 승계한 날부터 상속개시일까지 계속 재직한 경우로 한정)

상속인 요건

· 상속개시일 현재 18세 이상이면서 상속개시일 2년 전부터 계속하여 직접 가업에 종사(다만, 태풍 등 천재지변, 화재 등 인재로 인한 피상속인의 사망으로 부득이한 사유가 있는 경우에는 예외)
· 신고기한까지 임원으로 취임하고, 신고기한부터 2년 이내에 대표이사(대표자)로 취임

● 가업승계 주식에 대한 증여세 과세특례

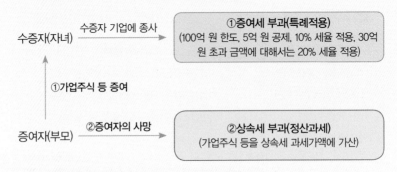

[과세특례 적용 요건]

가업 요건

· 증여일이 속하는 과세연도의 직전 과세연도 말 현재 중소기업으로서 증여자가 10년 이상 계속하여 경영한 기업
· 중소기업 : 가업 주식의 증여일이 속하는 과세연도의 직전 사업연도 말 현재 '조세특례제한법 시행령' 제2조에 따른 중소기업
· 증여자와 그의 친족 등 특수관계에 있는 자의 주식 등을 합하여 해당 법인의 발행주식 총수(출자총액)의 50%(상장법인은 30%) 이상의 주식 등을 소유

수증자 요건

· 가업 주식의 증여일 현재 18세 이상인 거주자
· 수증자는 증여세 신고기한까지 가업에 종사하고, 증여일부터 5년 이내에 대표이사에 취임

증여자 요건

· 가업 주식의 증여일 현재 중소기업인 가업을 10년 이상 계속하여 경영한 60세 이상인 수증자의 부모(증여 당시 부모가 사망한 경우 그 사망한 부모의 부모를 포함)

▶▶▶ 현재 회사의 가치가 상당히 높아져 있고, 향후 지속적으로 더 높아질 것으로 예상된다. 마침 자녀들이 다 성장하여 마땅히 할 일이 없어 고민하는 부인을 회사에 적당한 업무를 주어 일하게 했다. 회사 창업 초기에는 부인도 함께 일했었기 때문에 업무 적응에는 큰 무리가 없을 것으로 생각된다.

그리고 현재 검토 중인 새로운 아이템은 신설법인을 만들어서 진행하는 방안을 고려하고, 신설법인을 만들 때는 일부 증여를 통해 부인과 자녀들의 지분 참여를 적극적으로 고려했다. 그리고 현재의 법인은 지금 수준에서 유지시키면서 가업상속공제 요건을 만족시킬 수 있도록 관리해 가기로 했다.

부족한 개인자산을 확보하기 위해 본인의 급여를 크게 인상하고, 배당도 실시키로 했다. 또한 노후자금은 퇴직금을 활용해서 준비키로 했다. 이를 진행하기 위해 정관을 변경하여 임원의 퇴직금 지급 근거를 정비하는 한편, 중간배당제를 도입했다. 또한 진행 상황을 체크해 가면서 자녀가 자격요건이 될 때 가업승계 증여세 과세특례 규정을 활용하기로 했다.

'창업자금에 대한 증여세 과세특례' 제도는 증여세를 경감하여 자녀의 창업을 지원하기 위한 제도인데, 18세 이상 거주자인 자녀가 60세 이상인 부모로부터 창업자금을 증여받아 중소기업을 창업할 경우 증여세 과세가액(30억 원 한도)에서 5억 원을 공제한 후 10% 세율을 적용하여 증여세를 납부한다. 다만, 피상속인의 상속 시점에서 증여 당시의 평가액을 상속세 과세가액에 포함하여 다시 계산한다. 창업자금 과세특례를 적용받은 경우에는 증여세 신고세액공제를 적용하지 않으며, 연부연납 제도는 이용할 수 있다.

3년 이내에 창업자금을 모두 해당 목적에 사용해야 한다. 창업자금 증여세 과세특례는 수증인의 수에 제한 없이 특례적용이 가능하기 때문에 자녀가 여러 명일 경우 각자 적용을 받을 수 있다. 증여대상 재산은 양도소득세 과세대상이 아닌 재산이어야 하며, 현금·예금·소액주주 상장주식·국공채·회사채 등이 가능하다.

다음은 '중소기업주식 할증평가 배제'인데, 중소기업주식에 한해 최대주주라도 주식가액 평가 시 할증평가하지 않는 제도다.

신설법인 활용

신규 사업을 하거나 기존 사업을 분리할 때 새롭게 법인을 만들어 운영하는 방법도 있다. 이렇게 신설법인을 설립하여 소득을 분산하면 어떤 효과들이 있는지 살펴보자.

사례

의약품을 해외에서 수입하여 판매하는 사업을 하는 70세의 A 대표에게는 두 아들이 있다. 현재 두 아들은 모두 결혼했고, 그 중 큰아들인 B는 신입사원부터 10여 년을 근무하여 현재 이사로 재직 중이다. 그리고 둘째아들 C는 대기업에 다니고 있다.

회사는 이미 업계에서 인정할 정도로 자리를 잡아 연매출 200억 원을 유지하고 있다. 최근 새로운 의약품을 수입키로 하고, 국내 판권과 관련한 계약을 추진 중이다.

A대표는 외부 세미나에 참석했다가 가업승계와 관련한 강의를 듣고, 본인 역시 나이를 감안할 때 더 이상 늦출 수 없다는 생각을 하게 되었다. 그래서 어떤 방법으로 진행해야 할지를 고민하고 있다.

▶▶▶ 회사의 사업 내용에 따라 동일한 회사에서 진행할 때 시너지를 낼 수 있는 일이 있고, 그런 영향을 전혀 받지 않는 경우도 있다. 특히 유통의 경우는 아이템별로 분리하여 회사를 운영하더라도 별문제가 없다. 일반관리비가 조금 더 늘어나는 정도다.

마침 A대표의 회사는 새로운 아이템을 추진하고 있었다. 유통사업은 초기 사업자금이 많이 들어가지 않는 점을 고려해 새로운 약품의 유통을 담당할 회사를 자본금 1억 원으로 신설했다. 신설회사의 지분은 큰아들과 둘째아들이 각각 45%이고, A대표는 10%만 참여키로 했다. 그리고 사업자금이 자본금만으로 부족할 경우는 A대표로부터 가수금으로 차입하여 활용키로 했다.

이를 통해 큰아들인 B는 두 개의 회사로부터 급여를 받으면서 신설회사를 통해 본격적인 경영수업도 할 수 있는 기회를 갖게 되었다. 또한 회사가 이익이 나면 적극적으로 배당을 실시하여 두 아들의 소득원을 확대해서 자금출처를 확보키로 했다.

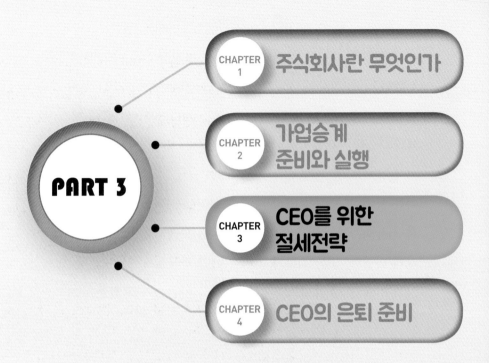

.....

종합소득세와
절세방안

'종합소득세'란 개인에게 귀속되는 각종 소득을 합산하여 하나의 과세단위로 보고 세금을 부과하는 과세 제도를 말한다. 우리나라는 종합소득세제를 채택하고는 있으나, 모든 소득을 합하지는 않고 매년 1월 1일부터 12월 31일까지 발생한 이자소득, 배당소득, 사업소득, 근로소득, 연금소득, 기타 소득 등 6가지 소득만을 합산하여 종합소득세를 부과한다.

대부분의 CEO들은 급여로 인한 근로소득 이외에도 배당을 받을 경우 배당소득, 금융자산에 대한 이자소득, 개인사업을 할 경우 사업소득, 임대사업을 할 경우 임대소득 등이 발생한다. 따라서 CEO의 세후수익률을 높이기 위해서는 종합소득에 해당하는 모든 소득을 살펴보고 절세전략을 마련하는 것이 필요하다.

과세표준별 소득세율

소득세 과표	세율
1,200만 원 이하	6%
1,200만 ~ 4,600만 원	15%
4,600만 ~ 8,800만 원	24%
8,800만 ~ 1.5억 원	35%
1.5억 원 ~ 3억 원	38%
3억 원 ~ 5억 원	40%
5억 원 ~ 10억 원	42%
10억 원 초과	45%

※ 지방소득세(소득세의 10%) 별도

　　종합소득세는 인별로 세금이 부과되기 때문에 한 사람에게 자산과 소득이 집중되어 있는 경우에는 부담하는 세금 역시 커질 수밖에 없다. 또한 CEO에게만 자산과 소득이 집중되어 있어 배우자나 자녀 앞으로 자산과 소득이 없다면 향후 자금출처 소명 시 불리한 상황이 발생할 수도 있다. 따라서 종합소득세를 줄이는 핵심은 한 사람에게 집중되어 있는 자산의 소유와 소득을 분산시키는 것이다.

① 소득을 분산하라

　　배우자나 자녀가 회사에 함께 근무한다면 종업원으로 등재를 해서 급여를 지급해 소득 분산을 꾀할 수 있다. 4대 보험료를 고려하더라도 일하는 가족에 대한 급여를 지급하는 것이 소득세 절세 및 자금출처를 위한 소득 확보 차원에서 유리한 점이 많다.

예를 들어 CEO의 과세표준이 1억 8,000만 원이면, 최고 소득 세율은 38%에 해당된다. 만일 함께 일하는 가족이 있으면 대표 의 과세표준을 1억 3,000만 원으로 낮추고, 가족의 과세표준을 5,000만 원으로 한다고 가정해 보자. 이렇게 하면 대표의 최고 소득세율은 35%, 가족의 최고 소득세율은 15%가 되어 1,265만 원 정도의 소득세를 절세할 수 있다.

② 자산의 소유와 소득을 함께 분산하라

배우자나 자녀가 회사에 함께 근무하지 못한다면 법인 대표 가 보유한 자산과 소득을 분석해 소득률이 좋은 자산을 증여하 라. 세금 없이 증여할 수 있는 금액이 10년을 기준으로 배우자

간 증여는 6억 원이고, 성년 자녀는 5,000만 원, 미성년 자녀는 2,000만 원이다. 예를 들어 성년 자녀에게 증여할 때 공제금액을 고려할 경우 10%의 증여세율 구간인 1억 5,000만 원을 증여할 경우 증여세를 900만 원만 내면 된다. 배우자에게 6억 원을 증여할 경우 부채 4억 원을 조달하여 10억 원 상당의 자산을 취득할 수 있으며, 연간 5%의 수익을 얻을 경우 지급이자(이자율 2% 가정 시) 800만 원을 고려하더라도 4,200만 원의 소득을 확보하면서 동시에 가족 전체의 소득세를 줄이는 효과가 있다.

따라서 법인 운영에 따른 근로소득 외의 임대소득이나 금융소득이 2,000만 원을 초과해 종합과세 대상이 된다면, 가족 간 증여를 통해 임대소득이 나오는 부동산이나 금융소득이 2,000만 원이 되지 않도록 분산하면 소득세를 절세할 수 있다.

또 부동산이나 금융소득이 종합과세되지 않는다면 법인의 지분 평가를 통해 지분을 배우자나 자녀에게 증여함으로써 향후 법인의 배당을 통해 소득을 분산해 가는 것도 좋은 방법이다. 일부 증여세를 부담해도 전체적으로는 절세 효과가 훨씬 높을 가능성이 크다.

예를 들어보자. 법인 대표가 100% 지분을 보유한 법인에서 1억 원을 배당한다면, 대표가 받은 배당소득 중 8,000만 원은 종합과세에 해당하여 추가적인 세금을 부담해야 한다. 하지만 지분을 대표와 배우자, 자녀 3명이 각각 20%씩 보유한 상황에서는 회사가 1억 원을 배당하더라도 각자 2,000만 원의 배당소득만 발생하여(다른 금융소득이 없다고 가정할 때) 14%가 적용돼 원천징수로 종결되는 것이다.

사전증여는 종합소득세만 절세할 수 있는 것이 아니라 자산도 분산돼 향후 상속이 발생하는 시점에서 상속세도 절세할 수 있다. 다만, 증여를 결정할 때는 증여자산의 가치가 향후 얼마나 증가할 수 있을지를 알아보고, 증여받는 배우자나 자녀가 증여세와 취득세를 납부할 능력이 없다면 세금을 납부할 수 있는 방안까지 고려해야 한다.

③ 소득공제·세액공제·비과세 상품을 활용하라

소득공제가 가능한 금융상품 중 일부분이 세액공제로 전환되었지만, 절세 측면에서는 여전히 매력적인 상품이다. 연금저축 상품은 연간 납입액 중 400만 원까지, 퇴직연금을 포함하여 연금계좌 총 700만 원까지 세액공제를 받을 수 있다.

사업하는 사람(개인·법인 상관없음)은 소기업·소상공인의 폐업, 노령 등에 따른 생계 위험으로부터 생활안정을 기하고, 사업 재기의 기회를 제공하기 위해 도입한 노란우산공제 상품을 활용할 수 있다. 소기업·소상공인의 범위는 상시근로자 50명 미만의 경우 광업, 제조업, 건설업, 운수업, 출판·영상·방송통신 및 정보서비스업, 사업시설 관리 및 사업지원 서비스업, 보건업 및 사회복지서비스업, 전문·과학 및 기술서비스업이다. 상시근로자 10명 미만은 50명 미만 업종 외의 모든 업종이다. 다만, 가입

제한 업종이 있으니 미리 확인해야 한다. 노란우산공제는 연간 500만 원까지 소득공제가 가능하기 때문에 높은 세금 환급 효과가 발생한다.

마지막으로 일정 수준 이상의 금융자산으로 인해 금융소득종합과세가 걱정이라면 비과세 금융상품을 활용하여 금융소득종합과세를 절세하는 방법이 있다. 비과세 금융상품은 상품별로 가입조건이나 금액, 기간에 차이가 있으니 본인에게 맞는 비과세 금융상품을 활용하는 것이 필요하다.

사례

50대의 A대표는 사업을 시작한 지 20년 정도 되었는데, 회사 주식의 대부분을 본인이 소유하고 있으며, 회사가치는 50억 원 정도로 평가되고 있다. 현재 A대표는 회사로부터 매달 3,000만 원 정도의 급여와 별도의 성과급을 받고 있다. 보유자산은 거주하고 있는 아파트와 투자용 부동산이 약 30억 원, 현금성 자산은 예적금·주식형 펀드·보험을 합해 20억 원 정도가 된다.

최근 수년간 세금이 지속적으로 늘어나고 있고, 세무조사도 강화되고 있어서 본인의 상황에 대한 진단과 향후 자산관리에 대한 조언을 구하고 있다.

▶▶▶ A대표는 2013년부터 금융소득종합과세 기준금액이 낮

아지고, 2014년부터 최고 소득세율 기준이 낮아져서 종합소득세가 크게 늘어났다. 또한 대부분의 재산이 A대표에게 집중되어 있어 소득의 절반 이상이 최고 소득세율을 적용받고 있다. 만일 본인이 갑자기 사망할 경우 현재 기준으로 30억 원 상당의 상속세가 예상되며(회사는 가업상속공제 대상이 아님), 향후 더 빨리 증가하게 될 것이다.

따라서 자녀들에게 일부 주식을 증여하고 배당을 지속적으로 실시하는 한편, 배우자에게 현금 6억 원을 증여하여 10억 원 상당의 수익성 부동산을 취득하게 했다. 그렇게 하면 가족들 모두 자금출처를 확보할 수 있게 된다. 그리고 일부 금융자산은 비과세 상품으로 매월 납입하여 노후자금으로 활용하기로 했다. 또한 배우자의 소득을 활용하여 A대표를 피보험자로 하는 종신보험에 가입하여 상속세 재원을 확보하기로 했다.

02 CEO Financial Management

CEO의 상속·증여세 절세설계

일반적인 상속과는 달리 CEO의 가업승계는 회사라고 하는 실체가 단순히 자산의 가치뿐만 아니라 경영권을 포함하여 비즈니스 모델, 시장지배력 등 눈에 보이지 않는 여러 가지 가치들이 있기 때문에 상속의 방법이 단순치 않고, 세금과 관련해서도 매우 복잡하다. 특히 CEO의 나이와 성향, 회사의 상황에 따라 예상되는 문제점과 해결방안에도 큰 차이가 날 수 있다.

사례

A대표가 운영 중인 회사는 자체 특허 기술을 기반으로 제품 개발부터 생산, 판매까지 모든 과정을 운영하고 있다. 현재 해외에서 공학박사 학위를 받은 A대표의 아들이 기술개발연구소장

을 맡아서 새로운 제품의 개발을 담당하고 있다.

최근 A대표는 세무 대리인으로부터 다음과 같은 조심스런 의견을 듣고 향후 문제를 고민 중이다.

"사장님, 회사를 아들에게 물려줄 생각이시라면 기술개발연구소를 별도 회사로 분리하는 방안을 검토해 볼 필요가 있어 보입니다. 특히 회사에서 기술개발 부분의 중요성이 높아지고 있고, 발전 가능성이 높은 만큼 집중적으로 육성할 필요가 있어 보입니다. 그렇게 하면 장기적으로 상속세를 줄일 수 있는 방법들이 있을 것 같습니다."

A대표는 60대 중반에 접어든 자신의 나이를 고려하면 가업승계 준비를 더 이상 미룰 수만은 없다고 생각하게 되었다.

▶▶▶ 현재 기술개발연구소가 차지하고 있는 비중은 그리 높지 않지만, 최근 개발하고 있는 기술들이 성공한다면 몇 년 뒤에는 그 가치가 크게 높아질 것으로 예상된다. 따라서 기술개발연구소를 별도의 회사로 분리하고, 분할 회사의 지분을 조정하는 등 본격적인 가업승계 계획을 수립하여 진행키로 했다.

이때 새로 설립한 신설회사에서 기술개발연구소를 인수하거나, 기술개발연구소를 분할하여 신설회사로 만드는 방법이 있다. 어떻게 하든 가능한 자본금을 적게 들여 신설회사를 세운 뒤 대부분의 지분을 아들이 취득하게 하고, 신설법인에서 자금이 필요할 경우 A대표로부터 가수금으로 차입하여 활용할 수 있도록 하는 것이 좋다. 이때 가수금의 규모가 크지 않다면 일정 수준까지는 이자를 지급해도 되고, 지급하지 않아도 된다.

현재의 회사가치는 크지 않지만 미래 성장성이 높을 것으로 예상될 경우에는 한시적으로 운영되고 있는 '가업승계 증여세 과세특례' 제도를 이용하는 것이 좋다. 즉 회사가치가 더 높아지기 전에 미리 지분을 증여하여 취득하게 할 경우 상속·증여세를 줄일 수 있는 방법이다.

회사가 신규 사업 분야에 진출할 때는 기존의 회사에서 진행하는 방법도 있지만, 신규 회사를 설립하여 진행하는 것도 한 방법이다. 신설법인을 통해 가업승계를 한다고 하더라도 신규 회사 설립 시 인력 구성, 사업자 형태, 사업자금 확보방법 등을 어떻게 할 것인지 다각적인 검토가 필요하다.

지분의 이전 시기를 잘 선택하면 세금을 많이 줄일 수 있다. 예를 들어 달러로 수출을 하는 기업의 경우, 원·달러 환율에서 원화가 약세를 보이면 수출에 유리하지만 원화가 강세를 보이면 수출에 어려움을 겪는다. 따라서 원화 강세 시에 매출과 이익이 일시적으로 줄어들게 된다. 이렇게 회사의 수익가치가 낮아질 때를 이용하여 일부 지분을 자녀에게 증여하는 것을 고려할 필요가 있다.

자기주식 취득의
득실

2012년 이후부터 상법상 비상장법인의 자기주식 취득이 전면 허용되었다. 자기주식이란 주식회사가 이미 발행한 주식을 매입하거나 증여를 통해 재취득하거나 보유하는 것을 말한다. 2012년 이전에는 비상장법인의 자기주식 취득이 엄격히 규제되었는데, 회사가 유상으로 자기주식을 취득하는 만큼 회사의 순자산이 감소해 채권자와 주주의 이익을 침해하기 때문이다. 사실 자기주식 취득은 법인재산을 주주에게 반환하는 배당과 경제적 이익이 동일하다.

따라서 특정 주주에게만 이익을 환급하는 제도로 악용될 수 있고, 자본 충실을 저해할 우려가 없는 경우까지 일률적으로 금지하는 이전의 상법이 부당하다는 지적들이 많았다. 또 자본시장법에서는 상장회사의 자기주식 취득을 원칙적으로 허용한다는 점에서, 형평성을 맞추기 위해 비상장회사와 상장회사의 자기주식 취득을 허용했다. 하지만 자기주식 취득은 세법상 논란이 많다. 국세청에서는 상법 개정 전의 세법 기준으로 과세하겠다는 입장을 밝히고 있으니 신중하게 판단해야 한다.

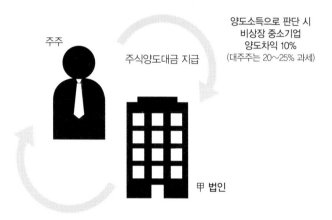

① 취득 목적에 따른 세금 문제

자기주식 거래가 매매 목적이라면 양도소득세(중소기업 대주주는 20~25%, 그 외 주주는 10%, 증권거래세 0.45%)가 과세되고, 소각 목적이라면 의제배당(6~45%)으로 과세된다. 이처럼 자기주식의 취득 목적에 따라 세금 부담이 달라진다. 자기주식을 취득하는 절차를 살펴보면, 먼저 주주총회에서 자기주식 취득을 결의하고, 이사회에서 취득 목적과 취득할 주식의 수 등을 결정한다. 주주에 대한 양도 통지를 서면이나 전자문서로 하고, 이후 주주가 양도 신청을 하면 취득 계약이 체결된다.

이사회에서 자기주식의 취득 목적을 소각이 아닌 '제3자 매각을 위한 단기 보유'나 '경영권 방어' 등으로 할 경우 양도소득세가 부과됨이 원칙이다. 하지만 소규모 비상장법인은 특성상 법인에 지분을 투자할 투자자를 찾기가 어렵다. 결국 법인 대표나 특수관계자가 자기주식을 취득하지 않으면 법인이 주식을 장기 보유할 가능성이 크다. 이에 대한 부담으로 회사가 이 주식을 나중에 소각한다면 당초 이사회에서 자기주식의 취득을 매매 목적으로 결의했더라도 자기주식을 소각할 목적으로 취득한 것으로 봐야 한다. 이럴 경우 배당소득(의제배당)으로 과세된다. 따라서 국세청은 자기주식 취득을 '주요 사후관리 검증 사전예고' 항목에 넣고 관리한다.

② 특정 주주에게만 자금대여로 보는 업무무관 가지급금 문제

일반 목적에 의한 자기주식 취득은 주주의 형평성을 침해하지 않도록 진행하는 것이 원칙이다. 즉 주주의 지분율에 비례해 자기주식을 거래해야 한다. 따라서 자기주식의 취득 절차를 준수했고, 자기주식 취득 목적을 '제3자 양도를 위한 단기 보유'로 한 거래는 상법상 유효하기 때문에 세법상 과세 문제를 보류하여 양도소득세를 납부하고, 인정배당 처리나 업무무관 가지급금 판단을 이연한다.

법인이 취득한 자기주식을 당초 목적에 맞지 않게 장기 보유하는 경우를 살펴보자. 이 경우 과세 당국에서는 자기주식 취득 목적이 특정 주주에게 자금을 대여하기 위함이었다고 해석해서 자기주식 취득 자체를 무효 처분할 가능성이 매우 높다. 이와 같이 자기주식 취득이 무효인 경우 거래가 원상회복되어야 하므로 법인은 자기주식을 돌려주고 매매대금을 돌려받아야 한다. 만일 회사가 자기주식 매매대금을 회수하지 않으면 주식 매매대금은 법률상 원인 없이 지급된 것이므로 업무무관 가지급금에 해당한다. 회사는 업무무관 가지급금에 대한 인정이자를 익금산입하고, 법인의 지급이자를 손금불산입한다.

따라서 자기주식 취득 계획을 실행할 때는 자기주식 취득 이후 법인에서 보유한 주식이 양수도 거래를 통해 차후 주주들에게 다시 분배할 계획을 반드시 세워야 한다.

③ 기존 주주들에 대한 양수도를 통해 주식 이전

비상장 중소기업들의 경우 주주 간 의견이 맞지 않아 결별하는 경우가 종종 있다. 이런 경우 상법이 개정되기 전에는 주로 대표이사가 개인자산으로 기존 주주의 주식을 양수했다. 그런데 상법 개정 이후에는 법인의 자산으로 쉽게 자기주식을 취득할 수 있게 되었다. 그러나 단순히 경영상 불협화음을 해결하기 위한 자기주식 거래는 특정 목적에 의한 자기주식 취득에 해당하지 않는다. 따라서 이 거래를 위한 주주총회 특별결의는 무효에 해당하며, 세법은 상법상 무효에 해당하는 자기주식 거래를 업무무관 가지급금으로 판단한다. 결국 상법상 자기주식 취득이 허용되었지만 그 목적에 맞게 세법이 개정되지 않으면 특정인에 대한 자금지원 목적인 자기주식 취득은 무효가 된다.

자기주식 취득 시 '소각 목적'으로 하여 양도자가 배당소득세를 납부하든지, 아니면 개인 간 주식양수도 방식을 선택함이 바람직하다. 개인 간 비상장주식을 양수도할 경우 시가로 양도해야 하며, 여기서 '시가'란 상속세 및 증여세법에 따른 평가가액을 말한다.

④ 비상장주식 매매는 시가로 평가

소득세법은 특수관계자 간 저가로 주식을 양도한 경우 부당행위계산부인 규정을 적용해 시가로 양도한 것으로 보고 양도소득세를 과세한다. 상속세 및 증여세법에서는 저가나 고가 양수도 거래가 일정 요건을 충족하면 양도소득세와 별도로 증여세를 과세한다. 따라서 시가 대비 5% 이내에서 고가 또는 저가로 양도할 경우 부당행위계산부인 규정이 적용되지 않는다.

또 법인이 특수관계에 있는 개인으로부터 자기주식을 취득할 때 시가 대비 낮은 가액으로 주식을 인수하면 시가와 대가(저가 양수한 금액)의 차액을 당해연도에 익금산입해 법인세를 내도록 하고 있다. 특수관계의 주주들 간 거래라면 시가와 대가의 차이가 시가의 30% 이상이거나 차액이 3억 원 이상일 경우 증여세를 과세한다. 특수관계가 아니라면 시가와 대가의 차이가 30% 이상일 경우 증여세를 과세한다. 그러므로 양수도에 의해 특정 주주의 주식을 인수할 때는 먼저 시가대로 주식을 평가하고, 저가 양수도 30%와 3억 원 기준을 활용해 실제 양수할 총 금액을 정한다. 비상장주식의 순손익가치를 평가할 때는 전년도에 순손실이 발생하거나 일시적으로 현저하게 손익이 줄었을 경우 그해에 주식을 평가해서 양수도를 통해 이전하는 것도 고려해 볼 만하다.

다시 말해 법인이 특정 주주의 주식을 매입하기 위해 자기주식을 취득할 목적이라면 주주들 간에 양수도에 의한 방법을 고려하는 것이 바람직하다. 명의신탁주식의 회수나 가지급금을 해소하기 위해 자기주식을 취득한다면 주식취득 목적 자체가 무효가 되어 업무무관 가지급금으로 처리됨을 유의해야 한다. 만일 자기주식을 취득하려고 한다면 반드시 전문가와 충분히 상의한 후 실행하는 것이 바람직하다.

● 사례

甲법인은 직전연도 말 기준으로 자본금이 10억 원, 이익잉여금이 90억 원인데, 단기 금융상품으로 40억 원 정도의 유동자산을 운영하고 있다. 甲법인의 대주주(60%)인 A대표는 조찬 모임에 참석했다가 법인의 자기주식 취득이 가능해졌다는 얘기를 듣고, 이를 활용할 방법이 있는지 관심을 갖게 되었다. 창업 때 투자했으나 경영에는 참여치 않았던 동업자 B(40%)의 지분 처리 문제가 항상 고민이었다.

▶▶▶ A대표의 개인자산 현황을 살펴보니, 회사는 부자임에
도 개인자산은 거의 없었다. 노후를 대비해 사놓은 전원주택
부지 외에는 금융자산 몇억 원이 전부였다. 그런데 회사의 가
치는 순자산가치만 100억 원이었고, 이는 본인 지분을 감안
하면 60억 원에 해당된다. 별도로 은퇴 준비도 안 되어 있고,
B의 지분을 사줄 만한 자금 여력도 없다.

비상장법인인 甲법인의 주식을 제3자에게 매각하여 일부 현
금화하는 방안을 검토해 보았으나, B를 대신할 새로운 투자
처를 찾는 일도 쉽지 않을뿐더러 설령 새로운 투자자가 들어
와도 동일한 문제는 계속 남는다.

따라서 장기적으로 여유자금을 가진 甲법인이 B의 주식을 취
득한 후 당분간 보유하는 방안을 진행키로 했다. 甲법인이 감
자목적 이외의 사유로 자기주식을 취득하여 보유하게 될 경

우 양도자인 B의 甲법인주식 매매차익은 배당소득이 아닌 중소기업주식 양도소득에 해당되므로 20~25%의 양도세율(지방소득세 포함)이 적용된다. 향후 A대표는 지속적인 배당을 통해 甲법인의 자기주식 취득자금을 마련해 나가기로 했다.

⑤ 자기주식 취득을 통한 공동소유 지분 문제 해결

중소기업의 경우 CEO 단독 또는 가족이나 친인척이 지분을 100% 보유하는 경우가 일반적이나, 자금 여력 등의 문제로 타인과 공동으로 법인을 설립한 경우에는 설립 자본금의 출자비율에 따라 지분을 보유하게 된다. 이때 투자자가 경영활동에 참여하는 경우와 그렇지 않은 경우로 나누어 볼 수 있다.

법인주식을 동업자와 공동으로 소유하고 있는 경우에는 향후 아래와 같은 문제가 있을 수 있다.

첫째, 공동으로 법인 운영 중 한쪽 상대방이 갑작스럽게 사망했을 경우, 유가족과 경영권 분쟁 문제가 발생할 수 있다. 동업은 사업이 잘되어도 문제고, 잘 안 되어도 문제가 되는 경우가 많다. 사업을 시작하는 단계에서는 순수한 마음으로 "잘되면 같이 사이좋게 수익을 나누자"고 얘기하지만, 회사가 잘되면 욕심이 생기는 게 인지상정이다. 반대로 회사 사정이 좋지 않으면 책임 문제로 인해 갈등의 골이 깊어지기도 한다.

둘째, 동업자 또는 동업자의 유가족이 동업관계의 청산을 요구할 경우, 동업자의 지분을 인수해야 하는 문제가 생긴다. 동업자와의 관계가 나빠지거나 동업자가 다른 사업에 관심이 있을 경우 투자금 회수를 위해 지분인수를 요구할 수 있다. 또 동업자가 갑자기 사망할 경우에는 유가족 입장에서 상속세 재원 등의 현금 마련이 절실해지기 때문에 지분인수를 적극 요구할 수도 있다.

이렇게 갑자기 주식인수 자금이 필요할 때 미리 자금이 준비되어 있는 경우는 거의 없다. 이럴 때 자기주식 매입을 통해 해결하는 것도 한 방법이다. 이때 실제 거래되는 매매가격은 경영권과 관련한 지분 비율, 동업자의 기여도 등을 고려하여 상호 간의 협의를 통해 정하면 된다. 다만, 법에서 정하고 있는 일정 범위를 벗어난 가격으로도 거래는 가능하지만 양도세나 증여세가 과세될 수 있다는 점을 유의해야 한다.

자동차 부품을 제조하는 중소기업을 운영하는 A대표는 요즘 동업자인 B대표가 요구하는 지분 매입 요청 때문에 고민이다. 10년간 같이 동업해 왔던 A와 B는 최근 관계가 나빠졌다. 사업 확장 문제와 관련하여 의견충돌이 생기자 B대표는 회사를 나가 겠다면서 A대표에게 본인 주식 지분 50%를 적정한 가격에 인수 해 줄 것을 요구해 왔다.

A대표는 공동대표인 B의 주식 지분을 개인적으로 인수할 만 한 자금 여력이 없으나, 회사는 여유자금이 상당히 있는 상태였 다. 이에 동업자의 지분을 인수하는 방안을 찾고 있다.

▶▶▶ 먼저 적정 주식가치로 거래하는 방법과 회사의 여유자 금으로 공동대표 B의 주식 지분을 인수하는 방법을 설명했 다. 그러면서 상법상 자기주식 취득을 위한 요건 등 유의사항 도 안내해 주었다.

실제 공동사업자의 탈퇴, 임직원 주주의 퇴사 등의 사유로 법 인주식을 거래하는 경우에는 일단 세무사나 회계사에 의뢰하 여 회사의 주식가치 평가를 받는다. 최종 거래가액은 여기에 경영권 프리미엄, 회사의 기여도 및 영향력 등을 고려하여 결 정하게 된다. 특히 50%의 지분은 경영권에 영향을 주기 때문 에 이를 고려한 가격 결정이 중요하다. 다만, 실제 거래가격과는 별개로 세금 문제를 고려해야 하는데, 특수관계자 간 거래 시 매매가격이 법에서 정한 가격 범위를 벗어날 경우 소득세 및 증여세가 추가로 과세될 수도 있다.

따라서 상속세 및 증여세법상 평가가액을 산출하여 세법상 추가 과세가 되지 않는 범위 내의 가격에서 경영권 프리미엄을 감안하여 가격을 결정하고, 회사가 자사주 매입을 통해 주식을 인수키로 했다.

이 경우 주식의 양도에 대한 대가를 출자지분의 환원으로 보아 의제배당 등에 대한 소득세가 과세된다.

법인 청산 전략

법인 청산은 회사가 법률관계를 종료하고, 잔여재산을 주주들에게 분배하는 절차를 말한다. 일반적으로 청산은 회사를 가족 등에게 승계할 계획이 없거나, 사업 아이템이 사양화되어 회사 경영을 지속하기 어려운 경우에 최종적으로 검토하는 방법이다.

법인 청산은 ① 해산등기 및 청산인 선임등기, ② 신문공고, ③ 해산 및 청산인 선임신고, ④ 재산 목록 및 재무상태표 신고, ⑤ 채무의 변재 및 잔여재산 분배, ⑥ 결산보고서 작성, ⑦ 청산 종결등기 과정을 거쳐 진행되며, 각각의 절차가 끝나면 법인 청산이 종결된다.

법인 청산은 비교적 간단한 절차로 끝낼 수 있어 용이한 측면이 있지만, 세금 측면에서 부담이 클 수 있다. 청산 시에는 잔여재산 모두를 주주가 가져갈 수 있는 것이 아니라 잔여재산가액

중 자기자본총액(자본금+잉여금−이월결손금)을 뺀 금액에 대해 법인세(10~25%)를 납부해야 한다.

법인세를 내고 남은 자산에 대해서는 주주 지분 비율로 분배하고, 이 부분에 대해서는 배당소득으로 보아 청산 배당소득세를 부과하게 된다. 배당소득을 포함하여 연간 금융소득이 2,000만 원을 초과할 경우 금융소득종합과세 대상에 해당되어 세금 부담이 커질 수도 있다.

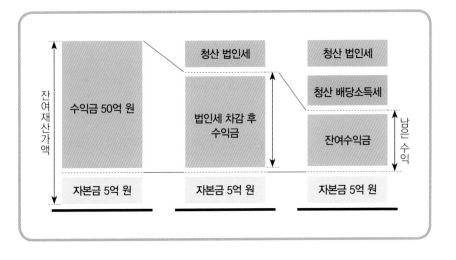

다음의 사례를 통해 甲법인이 납부하게 될 세금을 살펴보자.

甲법인의 주식을 100% 보유하고, 30년간 운영해 온 A대표는 30기를 마지막으로 회사를 정리하기로 했다. 해산등기일 현재 재무상태표는 아래와 같다.

재무상태표(甲법인 30기)

1. 유동자산 20억 원	1. 부채 20억 원
2. 고정자산 40억 원	2. 자본 40억 원
– 토지 : 20억 원	– 자본금 : 5억 원(5,000원×10만 주)
– 건물 : 10억 원	– 자본잉여금 : 1억 원
– 기계장치 : 10억 원	– 이익잉여금 : 34억 원
합계 60억 원	합계 60억 원

토지와 건물의 시세는 약 100억 원이며, 지난해에 발생된 공제받지 못한 이월결손금이 4억 원이 있다. 청산 시 부동산은 100억 원에 환가했으며, 나머지 자산 및 부채는 장부가액대로 환가 및 상환했다.

　잔여재산은 유동자산 20억 원과 건물과 토지의 시가인 100억 원, 그리고 기계장치 10억 원에다 부채 20억 원을 차감한 금액을 말한다. 여기서 자본금 5억 원과 잉여금 35억 원을 더한 후 이월결손금 4억 원 빼준 금액을 차감하면 74억 원의 과세표준이 나오고, 여기에 세율을 곱하면 법인세는 14억 6천만 원을 내게 된다. 또한 배당소득으로는 35억 8,168만 원을 내게 된다.

　결국 잔여재산가액이 110억 원이지만, 청산 시 법인세, 소득세 등으로 50억 4,168만 원을 부담해야 한다. 이렇듯 청산은 세금의 부담이 크기 때문에 신중하게 결정해야 된다.

　이익잉여금이 많은 우량기업일수록 법인 청산을 급하게 진행할 경우 세금 부담을 줄이기가 어렵다. 따라서 불가피하게 청산을 고려해야 한다면 회사의 유보자금을 '소득'과 '기간'으로 나누어 장기간에 걸쳐 배분하는 전략을 세우는 것이 필요하다.

첫째, 주주의 구성을 다양하게(본인 및 배우자, 자녀 등) 하여 정기적으로 배당 정책을 실행하는 것이다. 통상 금융소득은 2,000만 원 이하일 경우 14%로 원천징수하는 것으로 종결되므로 주주의 수를 늘리는 만큼 세금 부담이 줄어들 수 있다.

둘째, 급여의 규모를 상향 조정하고, 임원에 대한 퇴직금 규정상 지급배수를 상향시키는 것이다. 통상 퇴직소득은 다른 소득과는 달리 분류과세되므로 세금 부담이 상대적으로 적다.

셋째, 회사 내부 또는 잘 아는 지인 중에 사업을 물려받을 만한 후계자를 양성하여 물려주는 것을 고려해 볼 필요가 있다. 먼저 청산에 대비하여 CEO의 급여 인상, 지속적인 배당 등을 통해 회사의 가치를 줄여나가는 한편, 후계자를 양성하여 회사를 물려받도록 하는 것이다. 이때 CEO의 지분은 새로운 경영진, 직원들의 우리사주조합, 자사주 등을 통해 인수토록 하는 방안이 가능하다. 그렇게 되면 청산에 따른 세금 부담도 완화하고, 기업도 지속적으로 이어져 나갈 수 있을 것이다. 청산은 그때 가서 도저히 인수할 자가 없으면 결정해도 늦지 않을 것이다.

사례

70대를 목전에 둔 A대표는 자녀들이 모두 전문직에 종사하고 있어서 승계를 전혀 고려하지 못하는 상황이다. 외부에서 전문

경영인을 도입하려고 했으나 이도 여의치가 않았다. 최근 건강에 이상이 생기면서 회사 청산 문제를 심각하게 고민하고 있다.

▶▶▶ A대표가 회사 지분 100%를 보유하고 있으므로 청산 시 최고 42%의 소득세율을 부담하게 된다. 100억 원 상당의 회사를 청산할 경우 약 40억 원 정도의 세금이 발생하게 되므로 장기적으로 회사가치를 낮춘 후에 청산하는 것이 바람직하다.

회사가치를 낮추기 위해 먼저 회사의 부실요인을 찾아서 일시에 정리하여 수익가치를 조정하는 한편, 급여를 대폭 인상한 후 A대표의 급여 제도를 연봉제로 전환하는 것을 전제로 하여 퇴직금을 중간정산하기로 했다(2016년부터는 퇴직금 중간정산 불가). 이렇게 회사의 자산가치와 수익가치가 크게 낮아지는 시점을 이용하여 지분의 일부를 자녀들에게 증여하고, 배당을 적극적으로 실시하여 이익잉여금을 축소했다.

또한 직원들 중에 사업을 물려받을 만한 사람을 찾아서 후계자를 양성해 보고, 가능하면 회사 지분을 새로운 경영자나 직원들의 우리사주조합, 또는 자사주 매입을 통해 처리하는 방안을 고려키로 했다.

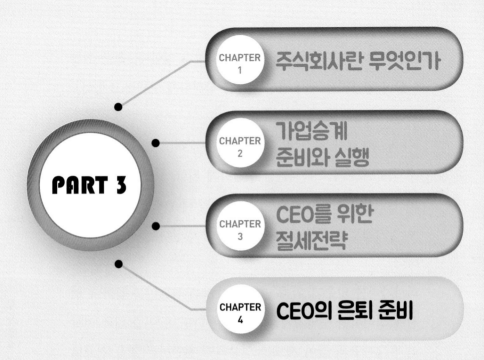

PART 3

노후는 든든하게

은퇴 자금

일반적으로 CEO들은 은퇴 시기가 근로자들에 비해서 늦다. 은퇴할 시기를 본인이 직접 결정하기 때문이기도 하지만, 회사에 대한 열정을 떨쳐 버리기가 쉽지 않기 때문이다. 평생을 바쳐 일군 회사를 후계자가 물려받아 잘 경영할 수 있을지도 걱정스럽고, 못다 한 회사 성장에 대한 미련이 끝없이 남기 마련이다. 그렇다고 해도 언젠가는 은퇴를 해야 한다. CEO의 은퇴 시기가 너무 늦어지면 자칫 사업을 승계한 자녀 등의 후계자가 완전히 독립적으로 생존할 수 있는 기회를 놓칠 수도 있다.

CEO는 어떻게 은퇴를 준비해야 하는지를 살펴보자.

은퇴자금
준비하기

은퇴 후 돈이 많이 필요할까? 은퇴생활에 필요한 자금이 얼마나 될까? 은퇴생활이 돈으로만 해결될 수는 없지만, 돈이 없어서도 안 된다. 어디에, 어떤 모습으로 살지, 건강상태는 어떤지, 가족들은 어떤 삶을 원하는지 등에 따라 필요한 자금 규모가 저마다 달라진다.

은퇴 후 필요한 비용은 크게 몇 가지로 나눌 수 있다. 첫 번째는 생활비인데, 부부가 모두 생존해 있는 기간과 배우자 사망 후에 혼자 살아가는 기간을 모두 고려해야 한다. 두 번째는 의료비와 간병비다. 세 번째는 취미생활, 여행, 기부 등 여유 있는 생활에 필요한 비용이다. 이 비용들이 과거 부모 세대보다 훨씬 많이 소요된다는 점을 고려해야 한다. 특히 의료비와 간병비는 예상보다 충분하게 확보하는 것이 필요하다. 부부 중 한 명이 아프면 배우자가 돌볼 수 있지만, 둘 다 건강이 좋지 않거나 혼자 사는 기간 동안 아프게 되면 자식의 집이 아닌 병원이나 요양시설로 가야 하기 때문이다. 최근 10년간 노인병원과 요양시설이 급증한 것이 이를 증명하고 있다.

특히 CEO의 경우 은퇴하면 개인자금의 사용이 늘어나게 된다. 재직 중에는 잘 모르고 지냈던 회사로부터 받은 지원이 그 실체를 드러내기 때문이다. 그동안 회사에서 지원했던 만큼이 개인의 주머니에서 나와야 하는데, 그 금액이 생각보다 많을 것이다.

예를 들어 자동차 구입 및 운영비, 운전기사 월급, 골프, 경조사 등에 들어가는 비용이 매월 수백만 원을 웃돈다. 은퇴 전에는 모든 것을 회사 비용으로 처리했지만, 은퇴 후에는 개인의 재산에서 지불해야 한다.

그리고 그동안 살아온 삶의 모습이 있기 때문에 은퇴 후 생활이 한동안은 은퇴 전과 크게 달라지지 않는다. 먼저 가족여행과 같이 그동안 회사 일이 바빠서 미루어놓은 일들을 하느라 한동안 바쁜 시간을 보내게 된다. 그런데 여기에는 비용이 수반되기 마련이다. 따라서 원하는 생활수준을 유지하면서 은퇴생활을 하기 위한 비용은 예상보다 많아질 가능성이 높다.

CEO들의 은퇴자금을 쉽게 계산하는 방법을 알아보자. 일단 은퇴 전에 사용했던 실제 개인자금과 회사 비용으로 처리했던 항목의 금액을 산출해 보자.

- 가정에서 사용하고 있는 순수 생활비
- 본인이 사용하는 생활비(많지 않은 경우가 대부분임)
- 헬스장, 골프장 등 시설 이용비
- 식사비 중 회사 내부 직원 이외의 사용금액
- 차량 할부금(또는 리스), 주유비, 수리비 등 월평균 비용

이렇게 산출된 금액의 70% 이상 수준을 은퇴 후 생활비로 고려해야 한다. 그래야 CEO로서 살아온 삶의 수준을 유지하면서 은퇴생활을 잘해 낼 수 있을 것이다.

02 CEO Financial Management

퇴직소득을 활용한 은퇴자금설계

직원들의 퇴직금은 법에서 보호하고 있고, 법인에 대한 세제지원을 통해 회사 외부에서 별도로 관리하도록 유도하고 있다. 그에 비해 CEO들은 항상 회사의 생존과 성장이 먼저이기 때문에 자신과 관련한 문제는 뒤로 미루기 쉽다. 퇴직금과 관련한 문제도 마찬가지다.

수년 전에 'CEO 플랜'이 유행하면서 한동안은 중소기업 CEO 들도 정관에 임원의 퇴직금 지급 근거를 마련하고, 퇴직금 지급 규정을 정비하는 등 나름 은퇴 후를 대비하는 모습이었다. 하지 만 여전히 CEO의 은퇴 준비는 많이 부족한 것이 현실이다.

사례

A대표는 휴대폰 액세서리를 제조 및 판매하는 회사를 운영하 고 있다. 개인사업자로 하다가 법인으로 전환한 후 회사를 성장 시키는 데만 전념해 왔다는 A대표는 개인의 자산관리는 생각할 여유조차 없었다. 어느 날 부인이 퇴근한 A대표에게 조심스러운 표정으로 노후 준비 얘기를 꺼냈다.

"여보, 그동안 회사를 이렇게까지 키우느라 고생한 건 아는 데, 우리 나이도 있고 이제는 슬슬 노후자금을 준비해야 하지 않 을까요? 회사도 중요하지만, 개인적으로는 생활이 별로 달라진 게 없잖아요. 이제 애들 결혼도 시켜야 하고, 우리 부부 노후 생 활비도 준비해야 하는데, 집 말고는 마땅히 모아놓은 재산도 없 으니…."

부인의 말을 듣고 나니 A대표는 부인에게 미안한 한편, 걱정 이 되기도 했다. 다음 날 A대표는 담당 직원과 세무 대리인을 불 러 고민을 얘기한 다음 대책을 논의했다. 세무 대리인은 고민 끝 에 "세금 부담과 직원들 보는 눈도 있으니 급여는 단계적으로 올려나가고, 장기적으로는 퇴직소득을 활용하여 준비하는 것이 좋겠습니다"라고 조언을 했다.

▶▶▶ A대표가 개인자산을 확보하기 위해서는 자신의 급여를 인상하거나 배당을 받는 방법이 있다. 이 경우 소득세를 그만큼 많이 내야 한다. 따라서 일부 급여 인상과 배당을 실시하는 한편, 퇴직소득을 활용하는 방안을 고려할 수 있다. 퇴직소득에 대한 세금 부담률은 급여나 배당에 대한 종합소득세보다 낮기 때문이다.

다만, 임원에 대한 퇴직금의 경우 법인 입장에서 손금산입에 제한이 있으므로 퇴직금 규모를 키우기 위해서는 점진적으로 급여를 인상할 필요가 있다. 또한 정관에 임원의 퇴직금 근거를 마련하고, 임원의 퇴직금 지급규정을 통해 최대한의 퇴직금을 지급할 수 있는 지급 근거를 마련해 두는 것도 필요하다.

점진적 은퇴하기

회사를 운영하던 CEO가 단번에 회사 일에서 손을 떼는 것은 결코 쉽지 않다. 평생을 바쳐온 목숨과도 같은 회사의 일을 그만둔다는 것은 아무리 자녀가 사업을 물려받는다고 해도 쉽지 않은 결정이다. 그런데 가업승계와 관련해서 중요한 과제 중 한 가지가 후계자의 양성이다.

어느 기업이나 후계자가 잘 준비되어 있어야만 CEO가 은퇴를 하든, 사망으로 인해 가업승계가 되든 간에 회사는 안정적으로 운영될 수 있다. 그런 측면에서 더 오랫동안 일하고 싶고, 또 일할 수 있어도 미리부터 회사의 경영에서 조금씩 물러나는 연습을 하는 것이 필요하다.

그래서 CEO들에게 '점진적 은퇴하기'를 권하고 싶다. 회사 일을 점진적으로 줄여가면서 은퇴 이후의 삶을 준비해 나가는 것도 좋은 방법이라고 생각한다. 이렇게 함으로써 CEO 스스로도 은퇴에 필요한 준비를 하고, 회사도 적응해 갈 수 있는 시간과 과정을 거치게 하는 것이다. 이런 과정이 진행되는 중에는 설령 후계자가 경영상 실패를 해도 CEO가 즉각적인 조치로 큰 무리 없이 해결을 할 수 있다. 실패는 성공의 바탕이라고 한다. 실패를 해봐야 더 큰 실패를 피해 갈 수 있고, 어떤 어려움이 닥쳐도 이겨낼 수 있는 힘을 키울 수 있다. 그러므로 후계자가 실질적인 책임과 권한을 갖고 경영을 할 수 있도록 상당한 기간 동안 훈련시키는 것이 필요하다.

중소기업 2, 3세가 회사를 물려받아 경영을 잘하고 있는 경우도 있지만, 수십 년간 쌓아 올린 회사를 몇 년도 안 가서 회사가 망하는 경우도 자주 있다. 그래서 CEO의 점진적 은퇴는 CEO의 입장뿐만 아니라 후계자의 입장에서도 고려해 볼 가치가 있다. 후계자가 특히 자식일 경우는 아무리 잘해도 부모 눈에는 늘 위태위태해 보인다. 부모 입장에서 자식이 아무리 나이가 들어도 항상 어린아이처럼 생각되고, 좀처럼 안심이 안 된다. 그것이 부모의 마음이다. 가업승계를 위해서는 한 번은 반드시 극복해야 할 과제다.

김경준이 쓴 《지금 마흔이라면 군주론》 260쪽을 보면 다음과 같은 내용이 나온다.

"~부유해진 집안의 가장이 후세에게 물려주어야 할 가장 중요한 유산은 빈천한 시절 가졌던 근검의 정신이다.

(중략)

기업수명이 30년을 넘기기 어렵고 부자가 3대를 못 간다고 하는 것은 세상이 변한 탓도 있지만, 성공이 주는 교만에 쉽게 빠지기 때문이다.

빈천한 태생의 1세대는 근검하게 사업을 일구는 과정에서 자연스럽게 현실세계의 냉혹함에 대처할 수 있는 내공이 쌓이지만 후세는 다르다."

위의 내용에서도 강조하듯이 실패의 경험에서 얻는 것이 성공에서 얻는 것 못지않다는 것이다. 오히려 실패를 경험하고 이겨내야 생존력이 더욱 강해진다. 따라서 후계자에게 실패의 경험을 할 수 있는 기회를 주자.

'한강의 기적-제2의 건국' 이끈
1·2세대 경영인들 퇴장

이건희 삼성 회장의 별세로 한국 산업화를 이끈 재계 1·2세의 시대가 저물고 있다. 산업화 시대 '한강의 기적', 외환위기 이후 '제2의 건국'을 주도한 이들이 퇴장하면서 재계의 세대교체도 한 층 더 속도를 내게 될 전망이다.

올해 세상을 떠난 1세대 경영인은 지난 1월 별세한 신격호 롯데그룹 회장이다. 일본에서 성공 후 지난 1967년 한국에서 롯데제과를 창업한 신 회장은 1970~1980년대 제과, 유통, 중화학 등으로 사업영역을 확대하면서 한강의 기적에 공헌했다.

지난해 12월 별세한 김우중 대우그룹 회장도 산업화의 주역으로 꼽힌다. 김 회장 역시 1967년 대우실업을 창업해 무역전선에 뛰어든 후 현재까지도 한국의 주력사업인 건설, 자동차, 중공업으로 사업영역을 확장, 창업 20여년 만에 4대 재벌 반열에 오르는 대우 신화를 썼다. '세계경영', '탱크주의' 등은 아직도 재계에서 회자되는 슬로건 이다. 특히 김 회장이 내놓은 저서 '세계는 넓고 할 일은 많다(1989)'는 고도성장기 샐러리맨의 신화를 상징하는 대표작으로 자리매김 하기도 했다.

1세대 경영인은 아니지만 1970년 회장직을 승계한 구자경 LG그룹 회장도 지난해 12월 세상을 떠났다. 창업주 구인회 회장의 장남으로 태어난 구 회장은 1995년까지 25년간 그룹 총수로서 전자·화학산업을 주력으로 하는 LG그룹의 도약 기반을 마련했다는 평가를 받고 있다.

1세대 경영인들이 한강의 기적을 이뤄냈다면 2·3세대 경영인들은 1997년 국제통화기금(IMF) 외환위기 이후 신(新) 성장 동력을 발굴, 제2의 건국에 일조한 이들이다. 2018년 세상을 떠난 구본무 LG그룹 회장은 취임 초반 화학, 디스플레이산업 진출을 통해 새 먹거리 발굴에 집중했다. 특히 구 회장이 집중 육성한 전지(배터리) 사업은 최근 들어 LG그룹은 물론 한국의 주력사업으로 성장 중이다.

지난해 4월 별세한 조양호 한진그룹 회장도 대한항공을 명실상부한 플래그십 캐리어로 키워내는 데 공헌했다. 1990년대 후반 잇따라 발생한 항공기 추락 사고를 반면교사 삼아 안전운항을 강화했고, 9·11테러 등 잇따른 악재에도 '역발상 투자'를 통해 항공기를 대거 확대해 성장발판으로 삼기도 했다. 조 회장 체제에서 대한항공은 2000년대 중·후반 항공화물 수송 기준 세계 1위를 달성하기도 했다. 이후 내실을 다져온 대한항공의 화물사업부문은 신종 코로나바이러스감염증(코로나19) 국면에서 든든한 수익원 역할을 하고 있다.

한국의 산업화를 이끈 경영인들이 잇따라 세상을 등지면서 재계의 세대교체도 가속화 되고 있다. 2014년 이 회장의 와병 이후 실질적으로 삼성그룹을 이끌어온 이재용 삼성전자 부회장이 대표적이다. 현대자동차그룹 역시 정의선 회장이 정몽구 명예회장으로부터 그룹총수직을 이어받으면서 3세 경영시대가 본격화 됐다. 한진그룹은 조원태 회장이 지난해 4월 취임하면서 4세 경영시대가 열렸다.

3·4세 경영을 준비하는 기업들도 있다. 한화그룹은 3세대인 장남 김동관 한화솔루션 사장이 최근 취임하면서 경영전면에 부상했다. GS그룹 역시 허세홍 GS칼텍스 대표, 허윤홍 GS건설 사장 등 4세대 경영인들이 속속 경영일선에 등장하고 있다. 이밖에도 신세계그룹, CJ그룹 등에서 3·4세 경영체제로의 전환이 진행 중이다.

— 출처: 《아시아경제》 기사 인용 (2020. 10. 26)

비재무적인
은퇴 준비

은퇴 준비에서 재무적인 은퇴자금의 확보 이외에도 중요한 것이 행복한 은퇴생활을 위한 비재무적인 준비다. 비재무적인 준비에서 가장 미흡한 부분이 가족관계와 공동체 생활이다. 나이 들어서도 좋은 사람들과 친분을 나누고, 사회적 활동들을 통해 교류한다면 매우 행복한 삶이 가능해질 것이다. 은퇴자들이 가장 크게 느끼는 고통 중의 하나가 고독이라고 한다. 자의든 타의든 간에 사회관계가 단절되어 외롭게 지내면 자아를 실현하기 어려우며, 정신적으로 더 약해져 건강이 악화될 수도 있다.

특히 우리나라 은퇴자들은 공동체 생활이 원활하지 못한데, 그 이유는 학연, 지연, 혈연과 같은 관계가 은퇴 후에는 점차 힘을 잃어가기 때문이다. 그리고 직장에서 맺어진 인간관계를 지나칠 정도로 소중하게 생각하는 점 때문이라고 한다. CEO들은 회사를 경영할 때 만난 이들과의 관계를 지속하겠지만, 은퇴 후에는 그 관계가 약해질 수밖에 없다.

또한 주위 사람들과의 관계가 은퇴 전과 후에 크게 변화한다는 점이다. 가장 먼저 부부관계가 변하고, 자녀관계 역시 변화가 불가피하다. 사업관계에 있던 지인들과는 말할 필요도 없다. 그런데 이러한 점들을 이해하지 못하고 은퇴 전처럼 행동한다는 것이 문제다.

은퇴 후에는 생활의 중심이 회사에서 가정과 이웃으로 옮겨진다는 사실을 인지하고, 새로운 공동체를 만들어 어울릴 수 있도록 노력해야 한다.

은퇴 후에도 좋은 사회관계를 만들어가기 위해 적극적으로 노력해야 한다. 대부분 비슷한 사람들이 만나는 경우가 많은데, 편안하기는 하지만 활기가 떨어지고 생동감이 낮아서 시간이 지나면서 서로 지루함을 느낄 수 있다. 그리고 배경이나 출신, 관계를 따지지 말고 순수한 마음으로 대하는 것이 필요하다.

배우자, 자녀, 친구, 이웃 등과의 친밀한 관계는 인간의 수명을 연장하는 효과를 가지고 있다고 한다. 은퇴 후에 전원생활을 계획하거나 귀농·귀촌을 고려하는 경우는 신중하게 생각해 볼 필요가 있다. 이 경우 배우자와의 충분한 협의와 공감이 필요하다. 실제로 서로 생각이 달라서 은퇴 후에 떨어져 사는 경우도 종종 볼 수 있다.

여성들이 나이가 들면 남편이 일찍 귀가하는 것을 싫어한다고 한다. 은퇴 전에는 남편과의 대화시간이 부족해서 항상 아쉬웠지만, 시간적인 면에서는 한결 자유로웠다. 남편이 회사 일로 바빠서 아내를 구속할 여유가 없었기 때문이다. 그런데 은퇴 후에 남편이 매일 일찍 집에 들어오거나 삼시 세끼를 꼬박 챙겨주다 보면 지금까지 유지해 왔던 부인의 생활 리듬이 송두리째 무너지게 된다. 그런데 남편은 경쟁사회에서 살아남기 위해 회사에서 하던 언행이 몸에 배어 있어, 지시하고 복종을 원하는 상하관계에 익숙해져 있다. 그렇게 되면 가족들 입장에서는 많이 불편해지며, "아빠, 여기는 회사가 아니에요"라는 말을 듣기 쉽다.

따라서 은퇴한 남편이 가장 먼저 해야 할 일은 가족의 일원으로서 자신의 역할을 찾는 것이다. 가족의 생활을 책임져 주는 가장인 아버지로서가 아니라 아내의 친구로서, 자녀들과 소통할 수 있는 아버지로서의 역할을 찾아야 한다. 이런 역할의 변화를 행동을 통해 실천해 나가야 한다. 아내가 마트에 갈 때는 운전기사인 동시에 수행비서 역할도 하고, 가끔은 요리와 청소도 하는 자리로 돌아가야 한다.

다음은 적극적으로 여가활동을 즐길 수 있도록 준비하는 것이다. 여가활동은 은퇴 후의 삶에서 중요하다. 먼저 여가는 은퇴자에게 행복감을 높여준다. 또 여가활동은 은퇴 후 시작하는 새로운 사회활동의 기반이 될 수도 있으며, 또 다른 직업으로 발전하는 경우도 있다. 사회봉사를 통해 새로운 삶의 가치를 찾아보는 것도 좋은 방법이 될 수 있다.

이와 같은 은퇴 후 생활이 가능하려면 은퇴 전에 미리 마음의 준비를 하는 한편, 틈틈이 시간을 내서 조금씩 경험해 보는 것도 좋은 대안이 될 것이다.

은퇴 후에도 현 거주지 살기 원해… "귀농·해외생활 비선호"

[부자 보고서]

노후생활비 원천 예·적금과 보험 35.3%
부동산 27.3%, 금융자산 19.3%
개인연금 10.3% 퇴직금과 퇴직연금 4.9%

부자들은 은퇴 후에도 현재 사는 거주지에서 계속 살기를 원하는 것으로 나타났다. 노후생활비 원천은 예·적금과 보험이었다.

하나은행 산하 하나금융경영연구소가 2일 낸 '한국 부자 보고서'에 이러한 결과가 나타났다. 이 보고서는 금융자산 10억 원 이상을 보유한 하나은행 프라이빗뱅커PB 고객 393명을 대상으로 한 설문 내역을 분석했다. 이들의 총자산은 평균 160억 원, 연소득은 평균 4억7700만원에 달했다. 다만 이 조사는 국내에 신종 코로나바이러스감염증(코로나19)이 발생하기 전인 지난해 12월 중순부터 약 1개월 간 진행됐다.

부자들이 은퇴 후 가장 선호하는 거주지는 바로 현재 사는 곳으로 조사됐다.

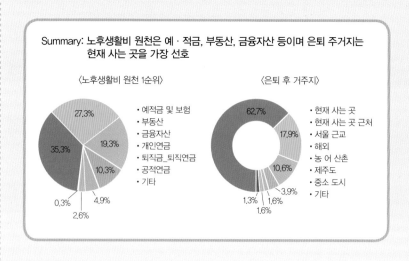

Summary: 노후생활비 원천은 예·적금, 부동산, 금융자산 등이며 은퇴 주거지는 현재 사는 곳을 가장 선호

〈노후생활비 원천 1순위〉

27.3%
35.3%
19.3%
10.3%
0.3%
2.6%
4.9%

• 예적금 및 보험
• 부동산
• 금융자산
• 개인연금
• 퇴직금_퇴직연금
• 공적연금
• 기타

〈은퇴 후 거주지〉

62.7%
17.9%
10.6%
3.9%
1.6%
1.6%
1.3%

• 현재 사는 곳
• 현재 사는 곳 근처
• 서울 근교
• 해외
• 농·어 산촌
• 제주도
• 중소 도시
• 기타

62.7%의 부자들이 선택했는데 현재 사는 곳과 가까운 곳(17.9%)을 포함할 경우 은퇴 후에도 현재 사는 곳에서 크게 벗어날 생각이 없음을 알 수 있다. 이어 서울 근교(10.6%), 해외(3.9%), 농촌, 산촌, 어촌 등(1.6%), 제주도(1.6%) 등 외국이나 외곽 지역은 선호하지 않는 것으로 나타났다.

이런 선택 이유로 부자들은 현재 생활패턴에서 벗어나기 어려울 것으로 응답한 비중이 67.6%로 압도적으로 높았다. 이어 여유로운 생활 13.2%, 의료시설 등 편의시설 12.4%로 답해 부자들은 현재 사는 곳에서 충분히 여유로운 생활을 하고 있거나 각종 편의시설 향유에 만족하고 있는 것으로 해석된다. 결국 부자들은 귀농 및 귀촌이나 해외거주보다는 현재 생활에 크게 만족하면서 이미 준비된 노후자금을 바탕으로 현재 생활패턴을 유지할 것으로 예상된다.

노후생활비 원천은 예·적금과 보험이 35.3%, 부동산 27.3%, 금융자산 19.3%, 개인연금 10.3%, 퇴직금과 퇴직연금 4.9% 등 순이다.

부자들은 은퇴 이후 월평균 844만원이 필요하다고 응답했다. 국민연금연구원의 중고령자의 경제생활 및 노후준비 실태 보고서(2018)에 따른 부부의 적정 노후생활비 219만원과는 큰 격차를 보였다.

반면 부자들이 받을 것으로 예상하고 있는 연금 규모는 월 370만원으로, 은퇴 생활자금에 비해 474만원이나 부족한 것으로 조사됐다.

이 연구소는 "부자들은 예상 노후생활비와 예상 수령 연금의 차액을 보전하기 위해 현재 보유한 예·적금 및 보험 외에 금융자산, 부동산을 적절히 활용할 계획인 것으로 보인다"고 했다.

— 출처: 《아시아경제》 기사 인용(2020.04.02)

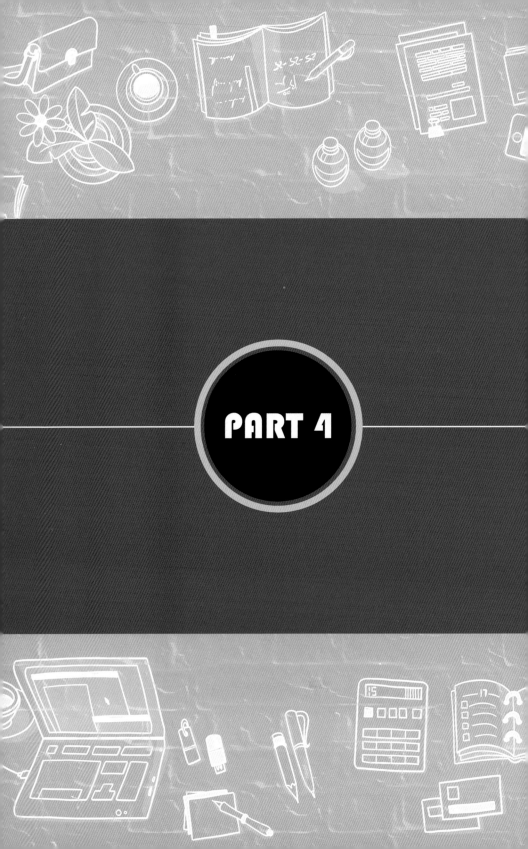

PART 4

법인의 절세전략 및
자산운용

:

법인의 세무

법인의 자산운용

세무조사의 이해 및 대응

법인세

법인세는 개인사업자에게 부과되는 소득세와 같은 성격의 세금으로서 법인의 소득을 과세대상으로 하여 법인에게 부과하는 조세로 국세·직접세·보통세에 속한다.

법인세법에 따라 국가와 지방자치단체 이외의 내국법인과 국내 원천소득이 있는 외국법인은 법인세를 납부할 의무를 진다. 자산 또는 사업에서 생기는 수입이 법률상 귀속되는 법인과 실질상 귀속되는 법인이 서로 다른 경우에는 그 수입이 실질상 귀속되는 법인을 납세의무자로 한다. 과세대상은 법인의 각 사업연도의 소득·청산소득과 토지 등 양도소득으로 하고, 비영리 내국법인과 외국법인은 각 사업연도의 소득에 대하여만 부과한다. 과세소득이 되는 금액의 계산에 관한 규정은 소득·수익 등의 명칭이나 형식에도 불구하고 그 실질내용에 따라 적용한다.

법인 구분		과세대상 소득	양도소득 과세 여부	청산소득 과세 여부
내국 법인	영리법인	국내외의 모든 소득	O	O
	비영리법인	국내외의 열거된 수익사업에서 발생한 소득	O	X
외국 법인	영리법인	국내 원천소득	O	X
	비영리법인	국내 원천소득 중 열거된 수익사업에서 발생한 소득	O	X

사업연도 종료일이 속하는 달의 말일부터 3개월 내에 기업회계기준에 의해 작성된 재무제표, 세무조정계산서, 현금흐름표 및 기타 부속서류를 첨부하여 본점 납세지 관할세무서에 신고해야 한다. 그리고 법인세는 신고기한 내에 납부할 세액을 가까운 지정 금융기관에 납부하거나 인터넷 등에 의해 전자납부하면 된다. 납부할 세액이 1,000만 원을 초과하는 경우에는 초과금액(2,000만 원 초과 시 50% 이하 금액)을 1개월(중소기업은 2개월) 이내에 나누어 납부할 수 있다.

가산세가 적용되는 경우는 기한 내에 신고하지 않거나 장부를 쓰지 않는 경우, 과세표준에 미달되게 신고한 경우, 세액을 납부하지 않거나 미달하게 납부한 경우 등이다. 또 내국법인으로서 사업연도의 기간이 6개월을 넘는 모든 회사는 사업연도 개시일로부터 6개월 동안의 법인세를 사업연도 중간에 신고·납부할 의무가 있는데, 이를 '법인세 중간예납'이라고 한다.

법인세 신고·납부 절차

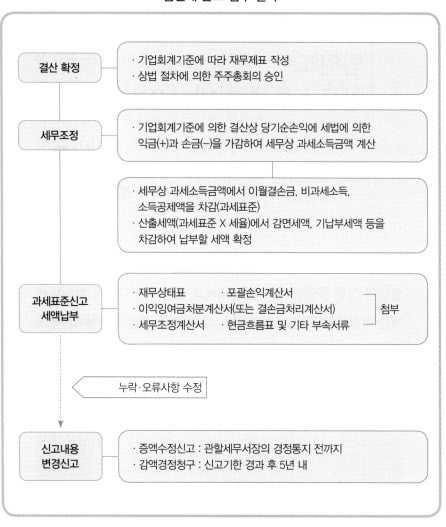

결산 확정	· 기업회계기준에 따라 재무제표 작성
	· 상법 절차에 의한 주주총회의 승인

세무조정	· 기업회계기준에 의한 결산상 당기순손익에 세법에 의한 익금(+)과 손금(−)을 가감하여 세무상 과세소득금액 계산

· 세무상 과세소득금액에서 이월결손금, 비과세소득, 소득공제액을 차감(과세표준)
· 산출세액(과세표준 X 세율)에서 감면세액, 기납부세액 등을 차감하여 납부할 세액 확정

과세표준신고 세액납부	· 재무상태표 　　　 · 포괄손익계산서
	· 이익잉여금처분계산서(또는 결손금처리계산서)
	· 세무조정계산서 　 · 현금흐름표 및 기타 부속서류

첨부

누락·오류사항 수정

신고내용 변경신고	· 증액수정신고 : 관할세무서장의 경정통지 전까지
	· 감액경정청구 : 신고기한 경과 후 5년 내

구분	2018년 4월~	2020년 4월~
지분율	4% 이상	4% 이상
종목별 보유액	15억 원 이상	20억 원 이상

　한편, 법인이 보유한 자산 중에서 부동산이 차지하는 비율이 높은 법인의 주식을 팔았을 경우 주식양도에 따른 세율을 적용한다면, 사실상 부동산을 파는 것과 같은 효과가 있음에도 불구하고 개인이 부동산을 팔 때보다 낮은 세금을 내게 되므로 과세형평성에 문제가 생기게 된다. 이런 문제를 해결하기 위해 세법에서는 부동산을 많이 보유한 법인의 주식을 팔 때는 기본 세율을 적용하여 세금을 내도록 하고 있다.

03 CEO Financial Management

알아두면 유용한
세무 상식

CEO들이 알아두면 도움이 될 만한 몇 가지 세무상식들을 간단히 정리하여 소개하겠다.

① 주금(자본금)의 가공납입과 세무

'주금의 가공납입'이란 상법 규정에 의해 법인을 설립하는 과정에서 주주들이 법인의 자본금을 정상적으로 납입하지 않고, 일시적인 차입금으로 자본금 납입 형식을 취하여 회사설립 절차를 마친 후 곧바로 그 납입금을 인출해 차입금을 변제하는 것을 말한다.

비정상적으로 남의 자금을 빌려 법인을 설립하게 되면 회사의 부실화는 물론, 장부에 기록된 자산과 실제 보유자산이 일치하지 않는 등 회계장부의 부실화를 초래하게 된다.

따라서 상법에서는 주금 가장납입행위를 한 자, 행위에 응한 자, 중개한 자들에 대하여 5년 이하의 징역 또는 1,500만 원 이하의 벌금으로 엄격한 제재를 가하도록 규정하고 있다. 또한 세무상으로도 주금 가장납입액의 경우 상법에 의해 법인 설립이 무효화되기 전까지는 해당 법인의 정당한 자본금으로 보기 때문에 그 가장납입액만큼 법인이 주주에게 무상으로 빌려준 것으로 보아 법인세를 과세하고, 추가로 소득세까지 과세하게 된다.

과거 작전세력이나 자금 여력이 없는 브로커가 코스닥기업을 인수하면서 인수대금을 사채업자에게 빌려 기업을 인수한 후 회사자금을 빼돌려 갚는 과정에서 횡령을 하는 사고가 빈번하게 일어났었다.

② 분식결산

'분식결산'은 기업의 영업실적을 실제보다 좋게 보이게 하기 위해 장부를 조작하여 매출액이나 이익을 크게 부풀려서 결산하는 것을 말하는데, 주로 자산과 매출을 실제보다 더 많이 부풀리거나 비용과 부채를 실제보다 적게 나타내는 경우가 많다.

분식결산은 세금을 좀 더 내더라도 기업의 재무비율과 영업실적을 좋게 조작함으로써 기업의 자금조달을 원활하게 하거나 조건을 유리하게 하기 위한 목적 또는 지속적인 거래를 위해 거래상대방이 요구하는 재무비율 요건을 충족시키거나 경영 실패에 대한 책임회피를 위해 하는 경우가 많다. 상장기업의 경우 주가

국세청, '분식회계 논란' 정의연에 수정 공시 명령키로

국세청이 회계 부정 논란이 불거진 정의기억연대에 대해 공익법인 결산서류 수정 공시 명령을 내리기로 했다. 세무당국은 고의로 회계 장부를 조작한 혐의는 찾지 못했다.

국세청 관계자는 12일 "미공시나 부실공시 공익법인에 재공시 명령을 내리는 7월에 정의연도 포함될 것"이라며 "법인 스스로 문제를 인지하면 수정 공시를 언제든지 할 수 있고, 7월 재공시 결정 이후에도 1개월 등 통보한 기한 내 재공시를 할 경우 가산세는 부과되지 않는다"고 말했다.

약 1만개의 공익법인은 해마다 4월에 재무제표를 공시하고, 국세청은 결산 내역을 검토해 오류가 발견되면 7월부터 한달 간 재공시하도록 지시한다. 요구에 응하지 않으면 법인 총자산의 0.5%를 가산세로 물어야 한다. 이와 별도로 국세청은 출연 받은 재산을 사적으로 사용하거나 기준에 못 미친 공익법인에 대해서는 세무조사를 실시한다.

세무당국은 정의연 공시 서류를 확인한 결과 기부금 수익 이월 부분과 지원 사업 수혜자 등에서 오류를 확인했다. 2018년 공시에서 정의연은 기부금 수익 22억7300만원을 다음해로 이월한다고 기록했으나 2019년 서류에는 전년도에서 넘어온 수익금이 '0원'으로 표시됐다. 또 호프집에 3340만원을 지출한 내역, 피해자 지원사업 수혜자가 '99명' 또는 '999명' 등으로 기재한 것도 오류로 지적됐다. 하지만 당국은 고의적으로 회계 장부를 조작한 흔적은 아직 찾아내지 못했다고 전했다.

정의연의 회계 논란은 지난 7일 일본군 위안부 피해자 이용수 할머니(92)가 정의연의 기부금 사용처가 불분명하다고 주장하면서 불거졌다. 이씨가 모금 된 기부금을 받아본 적이 없다고 밝히면서 정의연의 회계처리와 관련한 논란이 부각됐다.

정의연은 2017~2019년 모금된 일반 기부금 22억2000만원 중 41%인 9억1000만원을 피해자 직접 지원에 썼다고 주장했다. 정의연은 "실무적으로 미진했다. 깔끔하게 처리되지 못한 부분이 있다"고 인정했다.

– 출처: 《파이낸셜뉴스》 기사 인용(2020.05.12)

를 올려서 높은 가격에 처분하기 위해 분식결산을 하기도 한다.

이와 같은 분식결산은 부실대출로 인한 금융기관의 부실채권을 증가시키고, 거래 상대방의 사업안정성을 저해할 수 있다. 상장기업의 경우에는 해당 기업이 공시한 재무상태 및 영업실적을 믿고 투자한 선량한 주주들에게 많은 투자손실을 불러올 수도 있다.

③ CEO의 사적경비 부담액

개인사업자는 사업에서 발생한 소득을 개인의 가사경비로 사용하더라도 사업소득에 대한 소득세만 납부하면 되지만, 법인의 경우 법인의 소득을 얻기 위해 지출한 비용에 한해 손비로 인정된다.

만일 CEO가 개인적으로 쓴 돈을 법인의 비용으로 변칙 처리할 경우, 법인이 기업주에게 부당하게 지원한 것으로 보아 법인의 비용을 부인하여 법인세가 과세(징벌적 가산세 40%)된다. 또한 CEO는 상여금 또는 배당금을 받은 것으로 보아 소득세를 추가로 부담하게 되어 변칙 처리 금액보다 많은 세금을 부담하게 됨은 물론, 횡령으로 처벌을 받을 수도 있다.

④ 세법해석 사전답변 제도

'세법해석 사전답변 제도'는 납세자가 자신의 사업과 관련된 '특정한 거래'의 과세 여부 등 세무 관련 의문사항에 대해 '실명'

빅데이터로 '고액 체납자' 덜미 잡았다

국세청은 2017년 고액·상습 체납자로 국세청 홈페이지에 명단이 공개된 A
씨가 고급 외제차를 몰면서 주소지가 아닌 다른 곳에 거주하고 있다는 신고
를 접수했다. 이에 3개월간의 잠복과 미행, 현장 탐문, 빅데이터 등을 활용
해 A씨가 살고 있는 타인 명의의 주택을 적발했고, 수색을 통해 미화 1만 달
러 등 외화와 고가품 시계 5점, 회화 5점 등 약 1억 원 상당을 압류했다. 이
후 13억 원을 추가로 징수했다.

서울 강남에서 변호사로 왕성하게 활동하면서도 고액의 세금을 체납한 B씨
는 고급 외제차를 몰며 주소지가 아닌 경기 성남시 분당의 88평짜리 주상복
합아파트에 월세로 거주했다.

이 같은 사실을 금융조회와 수차례 미행·탐문을 걸쳐 확인한 국세청 체납추
적팀은 B씨의 집 안 금고에 보관된 순금, 일본 골프회원권, 명의신탁 주식취
득계약서, 고가 시계·핸드백 등 약 2억원 상당을 압류해 공매를 진행 중이다.

체납자 C씨는 부동산 양도소득세를 내지 않고 재산을 배우자 명의로 빼돌리
려다 덜미를 잡혔다. 국세청의 금융조회에서 C씨는 양도 대금 4억 원을 41
회에 걸쳐 배우자에게 이체한 사실이 드러났다. C씨 일가는 지방의 고향 집
으로 주소지를 옮긴 상태였지만, 빅데이터 분석에서 서울의 고가 아파트에
월세로 거주하는 것으로 추정됐다.

국세청은 고의로 재산을 숨기고 호화생활을 즐긴 고액체납자 812명을 선정
해 추적조사를 벌여 올 들어 8월까지 총 1조5055억 원을 징수하거나 채권
을 확보했다고 5일 밝혔다. 또 관련 소송 449건을 제기하고, 체납처분 면탈
범으로 290명을 고발했다.

국세청은 체납자, 배우자 및 특수관계인의 재산내역, 사업내역, 소득·지출내

역 등에 대한 빅데이터 연계 분석을 통해 이들의 거주지 등을 파악했다고 설명했다. 통상 국세를 3회 이상 체납하거나 체납액이 총 2억 원이 넘어가면 고액·상습 체납자로 분류된다.

체납 유형별로는 체납자 재산의 편법이전이 597명으로 가장 많았다. 이어 타인 명의 위장사업 128명, 타인 명의 외환거래를 통한 재산은닉 87명 등이다. 정철우 국세청 징세법무국장은 "친·인척 금융조회, 수색 등 강도 높은 추적조사를 실시해 은닉 재산을 끝까지 환수하고, 체납처분 면탈행위에 대해서는 체납자와 조력자까지도 형사 고발하겠다"고 말했다.

– 출처: 《경향신문》 기사 인용(2020.01.06.)

으로 구체적 사실관계를 적시하여 법정신고기한 이전에 질의를 하면 명확하게 답변을 해주는 제도를 말한다.

지금까지 납세자가 세법 해석사항에 대하여 일반 서면질의를 하는 경우 사실관계를 누락·왜곡하거나 가·차명으로 질의하는 경우가 많아 명확한 답변이 곤란한 경우가 많았으며, 답변을 하더라도 실제 거래내용은 이와 다른 경우가 있어 신의성실의 원칙에 따른 보호를 받는 데 한계가 있었다.

세법해석 사전답변 제도를 활용하면 명확한 답변을 받을 수 있어 세법해석과 관련된 세무 문제를 미리 해결할 수 있게 된다.

이러한 제도를 통해 납세자가 답변의 내용을 정당하게 신뢰하고, 답변의 내용대로 특정한 거래를 한 경우 과세관청은 해당 거래에 대해 세무조사 등을 할 때에 사전 답변을 받은 납세자의 세무 처리를 인정해 주도록 함으로써 사전답변을 믿고 실행한 납세자의 이익을 보호해 주고 있다.

이 제도를 이용하고 싶은 경우는 국세청 홈페이지(www.nts. go.kr)에 들어가서 '국세 정보 또는 세금 정보 링크'를 찾아 '세법 해석 사전답변'을 클릭하면 신청요건에 대한 안내와 신청서식 등이 나와 있으므로 이를 참조하여 신청하면 된다.

⑤ 수정신고와 경정청구

세금을 신고납부하다 보면 잘못 신고하는 경우가 발생할 수 있다. 세금을 더 냈을 수도 있고, 덜 냈을 수도 있다. 이때는 수정신고와 경정청구를 통해 해결할 수 있다.

먼저 세법에서 정한 신고기한 내에 신고를 한 자가 신고해야 할 금액에 미달하여 신고했거나 정당하게 신고해야 할 결손금액과 환급세액을 초과해 신고를 한 경우 세무서에서 결정 또는 경정하여 통지를 하기 전에는 '수정신고'를 할 수 있다. 수정신고 제도는 납세자에게 자신의 신고내용을 바로잡을 수 있는 기회를 주는 것으로, 가산세 부담이나 조세범 처벌 등의 불이익을 줄이는 효과가 있다.

법정신고기한 경과 후 2년 이내에 수정신고를 한 후 납부세액을 자진납부하면 과소신고, 초과환급신고가산세, 영세율 과소신고가산세가 감면된다. 다만, 경정이 있을 것을 미리 알고 제출하는 경우는 제외다. 예를 들어 세무조사가 있을 것을 미리 알고 수정신고하면 인정되지 않는다.

구분	감면율
법정신고기한 경과 후 1개월 이내	90%
법정신고기한 경과 후 3개월 이내	75%
법정신고기한 경과 후 6개월 이내	50%
법정신고기한 경과 후 1년 이내	30%
법정신고기한 경과 후 1년 6개월 이내	20%
법정신고기한 경과 후 2년 이내	10%

만일 2년이 지난 후라도 세무서에서 결정 또는 경정해 통지

를 하기 전까지는 수정신고가 가능하나, 이때는 가산세 감면혜택이 없다.

경정청구란 수정신고와는 반대로 법정신고기한 내에 신고(수정신고 포함)를 한 사람이 정당하게 신고해야 하는 금액보다 세액을 많이 신고했거나 결손금액 및 환급금액을 적게 신고한 경우, 법정신고기한 경과 후 5년 이내에 관할세무서장에게 정상적으로 정정하여 결정 또는 경정해 줄 것을 청구할 수 있는 제도다. 다만, 다음과 같은 경우는 그 사유가 발생한 것을 안 날로부터 2개월 이내에 경정청구를 해야 한다.

- 최초의 신고 결정 또는 경정에서 과세표준 및 세액의 계산 근거가 된 거래나 행위 등이 그에 관한 소송에 대한 판결에 의해 다른 것으로 확정된 때
- 소득 그 밖의 과세물건의 귀속을 제3자에게 변경시키는 결정 및 경정이 있은 때
- 결정 또는 경정으로 인해 당해 결정 또는 경정의 대상이 되는 과세기간 외의 과세기간에 대해 최초에 신고한 국세의 과세표준 및 세액이 세법에 의해 신고해야 할 과세표준 및 세액을 초과할 때
- 조세조약의 규정에 의한 상호합의가 최초의 신고, 결정 또는 경정의 내용과 다르게 이루어진 때
- 위와 유사한 사유가 당해 국세 법정신고기한이 지난 후 발

생할 때

경정청구는 경정청구기한 내에 경정청구서를 제출하면 되는데, 경정청구를 받은 세무서장은 청구를 받은 날로부터 2개월이내에 처리 결과를 통지해야 한다.

⑥ 해외투자 및 해외계좌 신고

최근 국내자금의 해외투자가 지속적으로 증가하고 있는데, 주로 해외부동산과 해외주식, 채권 등이 그 대상이다. 기관투자가들뿐만 아니라 개인들도 투자 대상 및 지역을 점차 확대해 가고 있다.

해외투자에 대한 규제가 완화되어 특별한 경우를 제외하면 자유롭게 해외투자가 가능하다. 다만, 필요한 절차를 준수하고, 투자과정에서 발생하는 이익에 대해서 정당하게 세금을 내는 것이 필요하다.

해외부동산을 취득하는 경우 '외국환거래규정' 제9-39조 등에 따라 지정거래 외국환은행에 해외부동산 취득신고 등을 해야 한다. 만일 개인이 해외부동산 취득자금을 증여받은 경우라면 증여세가 과세된다.

취득한 해외부동산을 타인에게 임대했을 경우에는 해외부동산 임대소득에 대해 종합소득세를 신고·납부해야 한다. 그리고 해외부동산을 양도한 경우 양도차익에 대한 양도소득세는 실지

거래가액으로 계산하며, 6~45%의 누진세율이 적용된다.

최근 중국을 비롯하여 해외주식 직접투자가 크게 증가하고 있는데, 해외주식을 매매함에 따라 발생하는 양도차익에 대해서는 양도소득세를 신고·납부해야 한다. 해외주식 양도소득에 대해서는 보유기간에 관계없이 20%(250만 원 공제)의 세율이 적용된다.

정부에서는 불법으로 재산을 해외로 반출하거나 역외소득 탈루를 사전에 억제하고, 이미 해외에 나가 있는 재산들에 대해 과세권을 강화하기 위해 2011년부터 해외금융계좌 신고제도^{FBAR,} Report of Foreign Bank and Financial Accounts를 도입해 시행하고 있으며, 사후검증을 통해 시행을 강화해 가고 있다.

'해외금융계좌 신고제도'란 해외의 금융회사에 개설된 금융계좌를 보유한 거주자, 내국법인 중에서 해당 연도의 매월 말일 중 어느 하루의 보유계좌 잔액이 5억 원을 초과하는 자는 다음 연도 6월 1일~30일까지 납세지 관할세무서장에게 그 내용을 신고하는 것을 말한다.

⑦ 해외금융계좌 납세협력법

미국 정부는 기존에 '해외금융계좌 신고제도^{FBAR}'를 통해 해외금융계좌에 대한 내역을 신고하도록 하고 있었다. 이 제도의 실효성을 강화하기 위해 '해외금융계좌 납세협력법^{FATCA}'이라는 새로운 법을 적용한 것이다.

FATCA는 미국에서 활동하는 외국 금융회사는 고객 중 미국 납세의무자가 보유한 5만 달러 이상인 계좌를 미국 국세청[IRS]에 의무적으로 보고하도록 규정하고 있다. 미국인 납세자의 역외탈세 방지 및 해외금융 정보 수집을 위한 취지로 2010년 미국 정부에 의해 발표되었다.

이에 따르면 미국 현지 은행뿐 아니라 외국 금융사들은 고객 중 5만 달러 이상의 계좌를 보유한 미국 납세의무자에 대한 관련 금융 정보를 미국 국세청에 보고해야 한다. 이를 어기면 미국에서 얻는 금융수익의 40%를 벌금으로 강제 원천징수될 수 있다. 아울러 FATCA를 적용하기로 한 경우 해외 금융기관은 해당 금융기관의 관계회사가 보유한 미국인 등의 보유계좌도 신고해야 한다. 미국 납세자들이 거래하고 있는 전 세계의 금융회사에 미국 국세청으로 그 거래내역을 신고하도록 하는 의무를 부여하여 미국 납세자들의 거래내역을 확인할 수 있게 하는 강력한 제도다.

PART 4

CHAPTER 1   법인의 세무

CHAPTER 2   법인의 자산운용

CHAPTER 3   세무조사의
             이해 및 대응

바람직한
법인자금 운용방안

① 개인자금과 법인자금의 차이

일반적인 금융자산 운용 프로세스는 자금운용 목적 및 조건 설정 → 포트폴리오 전략 수립 → 자금 운용 실행 → 정기 모니터링 및 성과분석 → 리밸런싱^{Rebalancing}(투자조정)의 순서로 반복하여 진행한다. 법인도 개인과 기본적인 프로세스는 유사하나, 자금 운용 목적에서 크게 차이가 난다. 즉 관련 규정의 제한, 세금 등에 따라 실제 운용하는 운용 원칙, 자산배분전략, 적정한 상품 등이 달라질 수 있다.

개인 금융자산의 경우 소유주가 필요하면 시기, 목적, 상품의 제약 없이 마음대로 운용할 수 있다. 다만, 개인의 금융자산 운용에 가장 큰 영향을 주는 요인은 나이, 총 자산, 금융자산, 소득, 수지차(수입과 지출의 차이) 규모, 나이, 운용 목적, 기대수익과 위험 감내 수준, 과세 여부 등이 있다. 이를 고려하여 적합한 포트폴리오를 구성하여 운용하면 된다.

그러나 법인의 경우는 법인 운영 목적에 부합해야 하며, 적절한 절차와 기준을 준수해야 한다. 특히 회사와 무관한 개인의 이익과 목적을 위해서는 활용될 수 없다.

② 법인의 금융자산 운용 목적

개인의 금융자산 운용 목적은 위험을 고려한 수익률의 극대화가 우선이지만, 법인의 경우는 다르다. 법인의 금융자산 운용 목적은 다음과 같이 요약할 수 있다.

첫째, 법인은 회사의 운영과 성장에 필요한 유동성과 안정성을 확보하는 것이 가장 중요하다. 회사는 지속적으로 자금의 유출입^{Cash-flow}이 이루어진다. 그런데 그 자금 흐름이 매월 규칙적으로 이루어질 수도 있지만, 불규칙적이거나 갑자기 자금 흐름에 부족분이 발생할 수도 있다. 이때 회사를 정상적으로 운영하기 위해서는 필요한 자금을 안정적으로 확보하여 제공할 수 있어야 한다. 이와 같은 단기 운영자금에 적합한 상품으로는 수시로 입출금이 가능한 보통예금, 당좌예금, MMF 등이 있다.

둘째, 목적자금 마련을 위한 자금의 적립과 운용이다. 법인에서 필요한 부지나 사옥의 매입자금, 미래 성장을 위한 신규 투자자금, 기존 설비나 시설 교체를 위한 자금을 일정 기간에 걸쳐 마련하는 것이다. 주로 적금, 채권형 펀드, 대출(후 상환) 등을 활용한다.

셋째, 회사 여유자금의 운용이다. 회사의 이익잉여금이 많이 늘어나 여유자금이 많아진 가운데 구체적인 사용 목적이 없는 경우, 자산 운용의 효율성 측면에서 운용을 고려해야 한다. 이에 적합한 상품으로는 예금, 채권, 주식형 펀드, 주가연계증권^{ELS} 등의 금융자산뿐 아니라 안정적인 자산 및 소득을 확보하기 위한 임대부동산 등이 있다.

③ 법인의 자산 운용 기준

회사별로는 업종 특성, 회사의 규모 및 재무구조 등에 따라 자금의 운용 목적과 방법들이 달라질 수밖에 없는데, 이런 점들을 고려하여 회사의 자산 운용 기준을 사전에 마련해 놓는 것이 필요하다. 그 주요 내용은 담당자 지정, 자산 운용 기준 마련, 자산 운용 프로세스 구축, 정보 제공 및 검증을 위한 외부 네트워크 구축, 감시 시스템 운영 등이다.

이를 위해 먼저 재무담당임원과 실무자를 중심으로 자산운용위원회를 구성해야 하며, 회사의 자산 운용 기준과 원칙을 담은 자산운용지침을 마련해야 한다. 자산운용위원회를 통해 운용지침의 준수 여부와 변경을 정기적으로 모니터링해야 한다.

이 같은 기본적인 장치가 마련되어 있어야 금융사고 및 횡령, 배임 등의 방지가 가능하며, 손익관리 등 효율적인 자산 운용이 이루어질 수 있다.

④ 법인의 금융자산 운용 프로세스

법인의 금융자산을 운용할 경우 세부 프로세스는 보유하고 있는 자산 현황의 분석에서부터 시작한다. 그리고 운용지침의 작성, 지침에 근거한 자산 운용, 정기적인 성과분석 및 조정의 순서로 진행한다. 물론 처음부터 원칙과 프로세스를 만들어놓으면 더욱 좋다. 각 단계별 주요 내용을 살펴보면 다음과 같다. 법

1단계 보유 포트폴리오 진단 및 분석	·금융자산 운용 기준(목표수익률 및 허용 가능 리스크 수준 등) 현황 파악 ·보유 중인 포트폴리오 분석을 통해 부문별 이슈 도출	·각 금융기관별 종합거래 현황 목록
2단계 금융자산운용 지침 작성 및 조정	·운용 가능 자산군 및 벤치마크 선정 ·금융자산 운용지침 작성 및 표준안 조정 ·자산운용위원회 구성원 확정	·금융자산 운용지침서
3단계 운용지침에 근거한 기존 포트폴리오 분석	·자산운용지침에 근거한 기존 포트폴리오 현황 분석 ·지침에 근거한 목표수익률 및 허용 가능 리스크 수준 산출 ·보유 포트폴리오에 대한 부문별 이슈 해결방안 마련	·기존 포트폴리오 현황 분석 ·부문별 주요 이슈 해결방안
4단계 추천 포트폴리오 제시	·자산운용위원회 미팅 ·새로운 지침에 근거한 추천 포트폴리오/상품 마련 ·기존 포트폴리오 순차별 조정 계획 마련	·자산운용위원회 미팅 회의록 ·자산군별 운용 가능 상품 조사 ·추천 포트폴리오 ·순차별 포트폴리오 조정보고서
5단계 순차별 실행 및 사후관리	·정기 자산운용위원회 미팅 ·운용 포트폴리오에 대한 점검 및 추가 개선사항 검토 ·주요 경제 이슈 및 향후 시장 흐름에 대한 대응방안 점검	·자산운용위원회 미팅 회의록 ·추천 포트폴리오 계획 대비 현황 점검 보고서

인의 운용자산의 규모가 많지 않을 경우에도 최소한의 수준으로 마련하여 실행해야 하며, 회사가 성장할수록 미리 만들어놓는 것이 바람직하다.

⑤ 법인의 금융자산 운용 시 고려할 리스크는?

법인의 금융자산 운용 시 리스크는 크게 유동성, 투자, 환율, 세무조사 리스크 등이 있으며, 이러한 리스크를 사전에 점검한 후 적절한 대응방안을 마련해 놓는 것이 필요하다.

최우선적으로 고려해야 할 리스크는 유동성 자금의 확보 여부이며, 이는 법인의 생존과 직결된 문제이므로 어떤 상황에서도 운영자금을 확보 및 조달할 수 있어야 한다. 이에 대한 대비가 미흡할 경우 단기 유동성 부족으로 인해 흑자회사가 도산하는 경우가 발생할 수도 있다.

또한 세무와 관련한 투명성이 빠르게 강화되고 있는 만큼 기업 내부의 경영투명성을 높여 세무조사 시의 문제 등을 사전에 차단하는 것이 바람직하다. 세금탈루 등으로 문제가 드러날 경우 기업 이미지에도 큰 타격을 받을 수 있다.

법인의 사업 내용에 따라 환율 리스크가 큰 위험인 경우도 있다. 특히 기업들이 글로벌화되면서 환율 리스크가 커지는 만큼 환율을 이해하고 대응할 수 있는 담당 전문가를 회사 내부에 양성하는 것도 중요한 과제다.

유동성 리스크 관리	· 보유 지분, 부동산, 현금성 자산 등의 자산 구성 분석에 따른 향후 필요 유동성 자금 산출 · 회사 운영자금, 투자자금, 상속세 납부재원 활용자금 등의 방안 마련
투자 리스크 관리	· 보유 포트폴리오의 자산 구성에 따른 시장 대비 투자 리스크를 측정하여 향후 시장 변동에 따른 리스크를 헷지할 수 있는 대안 마련 · 전체 포트폴리오의 투자 성향 대비 개별 투자상품과의 적합성 분석
세무 리스크 관리	· 개인 또는 법인의 세무조사 관련 이슈들을 사전 진단하고, 이에 대한 대응방안 검토 · 개인소득세 또는 법인세 관련 최근 세무 이슈들에 대한 주기적인 정보 공유
환율 리스크 관리	· 수출입에 따른 환위험 노출에 대해 최소 비용으로 일정 수준 이하로 리스크를 감소시킬 수 있는 대안 제시 · 개인소득세 또는 법인세 관련 최근 세무 이슈들에 대한 주기적인 정보 공유

⑥ 운용 목적에 따른 포트폴리오

법인의 금융자산 운용 목적에 따라 전체 자산배분전략뿐만 아니라 선택하는 상품도 달라진다. 유동성 자금의 경우 필요할 때 언제라도 사용할 수 있어야 하기 때문에 수시입출금, 원금보존이 가능한 단기 상품들로 운용할 수밖에 없다.

목적자금 마련은 여유자금을 모아서 필요한 자금을 목표한 시기까지 확보해야 하기 때문에 기간이 보다 길어지게 되며, 상품 구성도 투자상품을 포함하여 구성할 수 있다. 상당 기간 사용할 가능성이 낮은 여유자금을 운용할 때는 다양한 기간, 기대수익률과 위험을 가진 상품들로 구성할 수 있다. 최근에는 저금리의 영향으로 ELS, ELF, 인덱스펀드 등의 투자상품을 포함하는 경우가 늘어나는 추세다.

사례 1

중장기적인 자금 마련을 목적으로 법인의 여유자금을 운용하는 계획을 수립하던 중 고객이 저축성 보험상품을 선택했다. 그래서 "몇 년 후에 사용이 예정되어 있는 자금인데, 보험상품은 그 시점에서 원금 수준밖에 되지 않습니다. 다른 상품을 선택하는 것이 어떻겠습니까?"라고 조언했다. 그러자 고객은 "여유자금이 있으면 자꾸 사용하게 되는데, 보험에 넣어두면 중간에 빼서 쓸 경우 손해가 난다는 생각을 하기 때문에 가급적 안 쓰게 되더라고요. 그동안 보험으로 큰 목돈을 모아서 사용해 왔습니

다"라고 답변했다. 모든 일이 합리적인 판단만 가지고 되는 것은
아니며, 경험과 심리적인 요인도 함께 고려한 현명한 결정이었
다는 생각이 든다.

사례 2

설립된 지 10년이 넘은 법인으로, 업계 최고의 자체 기술력을
확보하여 대규모 시설투자도 마무리되었다. 향후 몇 년간 매출
과 이익이 증가하여 연 30% 이상의 높은 성장이 예상되고 있다.
당분간은 큰 자금 수요 계획도 없다. 법인의 금융자산은 대부분
보통예금으로 운영되고 있으며, 현재 빠르게 늘어나는 여유자금
의 운용을 고민하고 있다.

고객 현황

· 인적사항 : − 나이 : 본인 55세, 배우자 53세
  　　　　　 − 자녀 2명(1남 1녀로 대학교 4학년, 3학년 재학)
  　　　　　 − 은퇴 예상 시기 : 70세
· 개인자산 : 자택(아파트 30억 원), 임대아파트(시세 20억 원, 전세
  12억 원), 금융자산 10억 원(예금, 주식, 보험), 연소득 3억 원(급여)
· 회사 재무 현황 : 자본금 10억 원, 총 자산 100억 원, 부채
  30억 원, 금융자산 20억 원(예금), 부동산 30억 원(사옥), 종
  업원 50명, 연매출 200억 원, 당기순이익 20억 원

▶▶▶ 법인의 현황 및 향후 계획을 고려하여 자산운용 방향 및 상품구성 방안을 수립했다. 보유예금과 매월 Cash-flow 에서 발생하는 월 수지차의 운용방안을 구분하여 고려했다. 먼저 보유 예금은 상당 기간 큰 자금의 수요가 없는 점을 고려하여 일부를 원금 손실 위험이 낮은 투자상품 중심으로 운용하도록 하고, 매월 발생하는 수지차는 적금, 주식형 펀드, 보험상품(피보험자는 CEO)으로 나누어 운용하도록 했다.

구분	자산 유형	고객 보유 현황			추천(변경) 현황		
		보유금액	비중	주요 상품	보유금액	비중	주요 상품
유동성	유동성	10억 원	50%	보통예금	5억 원	25%	보통예금, MMF, RP
원금 보존형	예금	10억 원	50%	정기예금 (3개월)	5억 원	25%	정기예금, RP(1/3월)
	채권 (펀드)				5억 원	25%	국내·이머징 채권형 펀드
투자형	국내 주식형				2억 원	10%	KOSPI 인덱스 펀드, 주식형 펀드
	원금 보존 추구				2억 원		ELS, ELF
	해외주식				1억 원	5%	선진국·이머징 주식형 펀드
	대체투자					10%	부동산 펀드
계		20억 원	100%		20억 원	100%	

법인 운영에 필요한
자금 확보방안

회사를 운영하다 보면 여러 가지 이유로 회사 자금을 확충할 필요가 생긴다. 단기적인 Cash-flow 문제를 해결하기 위해 필요한 경우도 있고, 장기적인 투자를 통해 성장을 추진하기 위한 자금도 필요하다. 이때는 주로 대출, 증자, 가수금 등을 활용한다.

회사의 자금조달 방법별로 어떤 장·단점이 있는지 살펴보자.

첫째, 대출을 활용하는 방법이다. 대출을 받을 경우 부채비율이 높아지게 되며, 이자를 부담해야 한다. 그리고 대출에 필요한 담보나 보증서 등을 제공해야 한다. 또한 회사의 규모나 재무구조에 따라 대출이율 등 조건이 크게 달라질 수 있다. 다만, 대출에 따른 이자는 비용 처리가 가능하다.

대출을 받아 대출이율 이상의 순익을 얻게 되면 재무레버리지Leverage를 높이는 효과를 얻을 수 있다. 반면 법인의 현금 흐름이 악화될 경우 대출이자와 원금상환에 대한 부담이 가중될 수도 있음에 유의해야 한다.

둘째, 증자를 통해 자본금을 늘리는 방법이다. 증자의 경우 일정 발행 비용만 부담하면 이자의 비용 부담 없이 회사의 재무 안정성을 높일 수 있다는 장점이 있다. 그런데 증자를 위해서는 증자에 참여할 자금을 마련하는 것이 필요한데, 기존 주주들의 개인 부담으로 돌아온다. 비상장 중소기업의 경우 투자자를 찾는 것이 쉬운 일이 아니며, 급한 마음에 아무 자금이나 투자를 받으면 예상치 못한 어려운 경우를 당할 수도 있기 때문에 타인의 투자 참여를 받는 것은 신중하게 고려해야 한다. 또한 증자를 통해 자본금이 증가하면 자산 규모가 커져서 향후 사업을 승계할 때 승계 비용이 증가할 수도 있다.

셋째, 가수금을 활용하는 방법이다. 가수금은 개인이 법인에 자금을 빌려주는 형식을 취하기 때문에 이로 인해 법인의 자산가치가 증가하지는 않으며, 따라서 향후 가업승계 비용을 증가시키는 요인이 되지도 않는다. 법인에 빌려준 가수금은 향후 법인에 여유자금이 생겼을 때 간단하게 회수할 수 있다. 하지만 법인 입장에서 보면 가수금에 대한 이자를 부담할 수도 있고, 가수금에 해당하는 금액은 부채로 계상되므로 부채비율이 높아질 수도 있다. 그러나 자금 차입도 쉽고, 자금 상환도 수월하기 때문에 CEO 개인에게 여유자금이 있을 경우 보다 쉽게 활용할 수 있다.

넷째, CEO가 개인자금을 법인에게 증여하는 방법이다. 이 경우 법인은 개인처럼 증여세를 납부하는 것이 아니라 법인세를 납부하기 때문에 증여세에 비해 세 부담이 적다는 장점이 있다. 즉 증여세율은 최고 50%, 법인세율은 22%인 점을 고려하면 증여하는 금액에 따라 법인세 납부가 더 유리할 수 있다는 것이다.

한편, 법인의 주주 및 출자자와 특수관계에 있는 사람이 결손금이 있거나 휴·폐업 중인 법인에 증여하고, 그 해당 법인의 주주 및 출자자가 이익을 얻은 경우에는 증여로 간주되어 특수관계인에게 증여세가 부과될 수 있다.

가수금을 활용하여 법인자금을 조달했을 때의 세금 문제에 대해 자세히 알아보자. CEO가 법인에 가수금을 납입했을 때 법인에서 이자를 받아도 되고, 안 받아도 세법상 문제가 되지 않는다. 왜냐하면 가수금의 경우 법인세법 시행령 제88조 부당행위계산부인 규정에 의거한 특수관계자에 대한 인정이자 문제가 발생하지 않기 때문이다.

그렇다면 CEO가 법인으로부터 가수금에 대한 이자를 받을 경우 그 이자소득에 대한 세금은 어떻게 처리해야 할까? 먼저 법인은 CEO에게 이자를 지급할 때 해당 이자의 25%(지방소득세 소득분 포함 시 27.5%)를 원천징수한 후 지급해야 한다. 이때 적용 이자율은 회사와 CEO 간에 작성한 차입약정서에 따른 이자지급 규정이 우선이다. 다만, 차입약정서에 따른 이자율이 당좌대출 이자율(2016년 3월 현재 기획재정부 고시 당좌대출이자율은 연 4.6%)을 초과하는 경우 그 초과율에 대한 이자지급금액은 손금불산입된다는 점에 유의해야 한다. 즉 당좌대출이자율보다 낮게 지급되는 경우에만 손금산입을 적용받을 수 있다.

처리과정이 투명치 않을 경우 세무조사 시 매출누락 등으로 의심받을 수 있으며, 회사 자금사정이 어려울 경우에는 CEO 유고 시 상속인들의 권리를 주장하기 어려울 수도 있다.

그렇다면 CEO 입장에서 가수금에 대한 이자를 받는 것이 좋을까? 그 문제는 쉽게 대답할 수 없는데, 단순히 종합소득세 납부만 고려할 것이 아니라 상속·증여 등 여러 가지 상황을 고려하여 결정할 필요가 있다.

법인의
리스크 관리

회사를 운영하다 보면 크고 작은 여러 가지 문제들이 발생할 수 있다. 법과 제도의 변화에 따른 리스크, 시장 환경의 급변에 따른 리스크, 인명 사고에 따른 리스크, Cash-flow의 이상에 의한 재무적인 리스크 등 많은 변수가 있다.

그중 중요한 몇 가지의 리스크 원인과 대응방안을 살펴보자.

① CEO의 예상치 못한 사고

CEO가 갑작스러운 사고를 당할 경우 CEO의 가정뿐만 아니라 회사도 경영과 재무적 측면에서 큰 어려움에 처할 수 있다. 특히 중소기업의 경우 기업가치 중에서 CEO가치가 차지하는 비중이 절대적이므로 기업의 지속성 여부를 중심으로 리스크를 이해하고 준비할 필요가 있다.

쪽박

●
●사례

　전자부품 제조업체를 운영하는 A대표는 2년 전 남편의 사고를 떠올리면 안타까운 마음과 함께 불행 중 다행이라는 생각을 떨칠 수가 없다. 몇 년 전 A대표는 CEO들을 대상으로 하는 한 세미나에 참석했었다. 당시 CEO였던 남편을 대신해 회사 임원이었던 본인이 참석하게 된 것이다.

　세미나의 주제는 'CEO의 가업승계와 은퇴', 항상 걱정하면서도 구체적인 준비를 전혀 하지 못했던 A대표에게 딱 맞는 내용이었다. 세미나 후 A대표는 사업상 늘 바빴던 남편을 졸라 부부가 함께 전문가의 상담을 받았다. 그런 다음 전문가의 조언대로 가업상속공제 요건을 갖출 수 있도록 관리를 하는 한편, 은퇴 준비를 위해 급여 인상과 퇴직금 재원 준비를 시작했다. 또 상속세 재원 마련을 위해 남편과 본인을 피보험자로 하는 종신보험에도 가입했다.

그로부터 수년 후 지방출장을 다녀오던 A대표의 남편은 교통사고로 갑자기 세상을 떠나고 말았다. 남편의 장례 후 A대표 본인과 아들이 사업을 물려받아 현재까지 운영하고 있다. 당시 상담 내용에 따라 미리 적절히 대비한 덕분에 A대표의 지분은 가업상속공제를 받을 수 있었고, 나머지 재산에 대해 많은 상속세가 부과되었지만 사망보험금을 받아 무난히 해결할 수 있었다. 아찔한 상황이었지만 미리 준비해 둔 덕분에 최악의 사태는 막을 수 있었다.

② 법인의 유동성 리스크 대응방안

앞에서 살펴봤듯이 중소기업의 경우 CEO의 갑작스런 사고가 개인뿐만 아니라 법인에도 심각한 위험이 될 수 있으며, 특히 대비가 안 된 상태에서의 유동성 부족 문제는 법인의 존폐까지 좌우하는 치명적인 문제가 될 수 있다.

이러한 문제가 발생하면 대부분의 법인은 소유한 유형자산을 매각하는 방법을 활용한다. 그러나 부동산은 거래가 쉽지 않을 수도 있고, 급매로 내놓을 경우 자산가치가 크게 하락할 수도 있다. 더구나 매매조차 할 수 없는 상황이라면 알짜 회사를 접거나 다른 사람에게 넘겨야 하는 상황이 발생할 수도 있는 것이다.

이러한 위험을 대비하기 위해서는 금융상품 투자 등을 통해 적정한 유동성 자금을 확보해 놓는 것이 필요하다. 이때 단기성 상품에만 투자하면 수익률이 낮을 수밖에 없으므로 단기 운영자금과 특정 목적이 정해지지 않은 중장기 자금을 적절히 배분하여 운용하는 것이 바람직하다.

또 하나는 CEO를 대상으로 하는 보장성보험을 활용하는 방법이 있다. 즉 계약자와 수익자를 법인으로 하고, CEO를 피보험자로 하여 보장성보험에 가입하면 CEO가 사망에 준하는 사고를 당하더라도 보험금을 회사가 수령하여 법인의 유동성 자금을 확보할 수 있다.

동업자나 핵심기술을 보유한 주요 임원이 사고로 갑자기 사망하는 경우도 마찬가지다. 만일 공동으로 법인을 운영하던 동업자가 사망하게 될 경우 동업자의 유가족과 함께 경영을 해야 하는데, 이에 따른 여러 가지 문제가 발생할 수 있다. 또 만일 유가족이 해당 지분을 타인에게 양도하면 경영권을 보존하기 어려울 수도 있으므로, 가능하면 CEO나 법인이 유가족의 지분을 인수하는 것이 좋다.

한편, 핵심기술을 보유한 임원을 대체하기 위해서는 일시에 큰 자금을 필요로 할 수 있다.

위와 같은 경우도 보험료를 내는 계약자를 회사로 하고, 동업자나 임원을 피보험자로 하는 보장성보험을 활용하면 비교적 낮은 비용으로 위험을 대비할 수 있다.

③ 종업원 복지와 단체보장성 보험

산업 현장에서 일어나는 각종 사고들 중에서 매스컴을 통해 보도되는 것은 대부분 대기업에서 발생하거나 피해가 큰 사건인 경우가 많다. 하지만 실제로는 종업원 100명 미만의 소규모 사업체에서 이러한 안전사고가 많이 발생하고 있다.

고용노동부가 발표한 산업재해통계 자료에 따르면, 100명 미만인 업체의 재해율이 87% 이상으로 산업 현장 사고의 대부분을 차지하고 있다. 이는 우리 주변에 흔히 있는 중소사업장이 사고 위험에 더 많이 노출되어 있음을 의미한다.

기업에서 사고가 발생하면, 분야별 전문가와 자본력이 부족한 중소기업의 경우에는 이러한 사고가 심각한 경영위기로 이어질 수 있다. 따라서 중소사업장에서의 안전사고에 대한 사전 대비가 필요하지만, 자금 여력 등 여러 가지 이유로 뒷전으로 밀리는 것이 현실이다.

회사에서 발생하는 안전사고에 대비하는 방안으로 '단체보장성 보험'을 활용할 수 있다. 단체보장성 보험이란 종업원을 대상으로 산업 현장에서 발생 가능한 상해, 사망, 질병에 대한 보장을 준비하는 보험을 말한다. 보험 가입을 통해 '회사가 보유한 위험을 보험사로 이전'함으로써 리스크를 축소시키는 본연의 기능뿐만 아니라, 납입한 보험료에 대한 비용 처리를 통해 법인세 절감의 혜택도 함께 얻을 수 있다.

　단체보장성 보험은 만기 시 환급금이 없는 '단체 순수보장성 보험'과, 만기 시 납입보험료 전액(또는 일부)을 환급받는 '단체 환급부보장성 보험'으로 나뉜다. 둘 중 어떤 보험상품을 선택하더라도 단체보장성 보험에 가입하면서 피보험자와 수익자를 종업원으로 지정한 경우에는 납입한 보험료를 복리후생비로 비용 처리(종업원 1인당 연간 70만 원 한도)할 수 있고, 불입하는 보험료가 종업원 1인당 70만 원을 초과하는 경우 그 초과된 부분에 대해 급여로 비용 처리를 할 수 있다. 다만, '단체 환급부보장성 보험'에 가입할 경우, 만기 시 종업원에게 지급되는 환급금은 지급되는 시점에 당해 종업원의 근로소득으로 과세되는 점을 유의해야 한다.

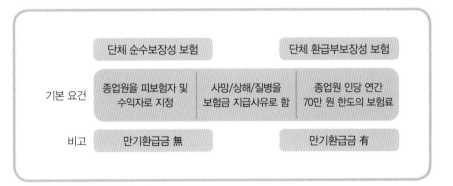

단체보장성 보험에 가입한다고 하더라도, 계약관계자 설정에 따라 비용 처리가 되는 범위가 달라질 수 있다. 보험금을 수령할

권리가 있는 자(수익자)를 종업원으로 지정할 경우, 법인의 입장에서는 납입한 보험료에 대해 전액 비용 처리가 가능하다.

반면, 수익자를 법인으로 지정할 경우에는 만기환급금 유무에 따라 비용 처리 가능 금액이 달라진다. 환급금이 없는 순수형은 전액 비용 처리가 가능하지만, 환급형의 경우 위험보험료와 부가보험료 합계액만 비용 처리 가능하고, 저축보험료는 법인의 자산으로 계산해야 한다. 법인이 수익자인 경우, 종업원에 대한 추가 과세 문제는 발생하지 않는다.

계약관계	회계 처리 내용	
·계약자 : 법인 ·피보험자 : 종업원 ·수익자 : 법인	순수형	전액 비용 처리 가능
	환급형	위험보험료 : 비용 처리 가능 부가보험료 : 비용 처리 가능 저축보험료 : 자산 항목 계정
·계약자 : 법인 ·피보험자 : 종업원 ·수익자 : 종업원	전액 비용 처리 가능 - 70만 원 이하 : 종업원급여 외의 항목(복리후생비)으로 비용 처리 - 70만 원 초과 : 종업원급여 항목으로 비용 처리	

※ 수익자가 종업원인 경우 연간 보험료 70만 원 초과분은 근로소득에 반영되어 근로소득세가 증가한다.

사례

산업용 호이스트를 제작하는 법인을 15년 동안 운영해 온 A 대표는 지난여름 공장에서 발생했던 사고만 생각하면 아찔한 마음을 금할 수 없다. 지난여름, 태풍으로 파손된 공장 건물을 보

우리는 어떻게 살라꼬 ....

고인의 명복을....

수하던 직원 중 2명이 사고를 당했는데, 그중 한 명이 그 사고로
세상을 떠난 것이다. 그 뒤 유가족과 보상금 문제로 어려움을 겪
기는 했지만, 다행히 5년 전부터 가입한 보험 덕분에 큰 잡음 없
이 사고를 일단락시킬 수 있었다. 직원들의 복지 향상 차원에서
A대표는 전 직원을 피보험자로 하는 보험에 가입하여 매월 직원
1인당 5만 원 정도의 보험료를 납부하고 있었다.

사고 후 A대표는 보험사로부터 받은 보험금 전액을 유가족에
게 보상금으로 지급하고, 회사자금을 일부 더 추가로 지급했다.
당시 태풍으로 인해 공장 건물과 기계장치 등이 파손되어 회사
의 피해도 컸었다. 심지어 매출 손실 등까지 겹쳐서 자칫 큰 어
려움을 겪을 수 있었는데, 무사히 넘어갈 수 있었다.

▶▶▶ 중소기업의 경우 회사 내에 유보된 현금성 자산이 적
은 것이 일반적이다. 만일 단체보험에 가입해 두지 않았다면
A대표는 보상금 지급을 위해 별도의 재원을 마련하느라 어려

움을 겪었을 수 있었다. 그런데 매월 적은 금액을 활용하여
단체보장성 보험에 가입함으로써 복리후생 제도를 통한 직원
사기를 진작시켰을 뿐 아니라 법인세 절세와 함께 유사시 필
요한 보상 재원을 확보할 수 있었다.

구분	단체보험 미가입 시	단체보험 가입 시	비고
법인세	1,650만 원 (1.5억 원×11%)	1,518만 원 (1.5억 원−0.12억 원)×11%	132만 원
사고 발생 시	법인자산 활용	1인당 5,000만 원 보험금 지급	5,000만 원

(주)OO/직전연도 과세표준액 1.5억 원/전체 직원 20명/월 보험료 1인당 5만 원(보
험금 5,000만 원 가입)

법인이 가입한
금융상품의 처리

법인 명의로 불입하는 금융상품은 그 금융상품의 성격에 따라서 적절하게 회계 처리해야 한다. 법인 명의로 해당 금융상품에 가입하여 법인에서 보유하고 있는 현금 등을 지출하지만, 이는 법인의 현금성 자산이 없어지는 것이 아니라 다른 형태의 금융자산으로 바뀌는 것이므로 법인의 손익에 직접적인 영향을 주는 것이 아니다. 따라서 특정 금융상품에 가입했다고 해서 그 불입 금액이 당해연도 회사의 이익에 영향을 미치는 것이 아닌 경우에는 법인의 손금(손실)으로 처리하지 못한다.

또한 가입한 금융상품이 단순히 적립의 성격인지, 투자의 성격인지 등에 따라서 해당 금융상품의 계정이 분류되고, 이 분류에 따라서 회계 처리 방법도 달라진다. 즉 가입한 금융상품이 자산을 불려나가는 적립 성격의 금융상품이라면 경비 처리가 되지 않는다. 하지만 특정한 위험의 보장을 위해 가입한 금융상품은 경비 처리가 가능하다.

① 금융상품의 성격에 따른 회계 처리 방법

법인이 가입한 금융상품은 다음과 같이 분류된다. 일반적으로 장기간 보유하는 금융상품은 '만기보유금융자산' 또는 '매도가능금융자산'으로 분류된다.

한국채택국제회계기준 제1039호에 따른 금융자산의 분류

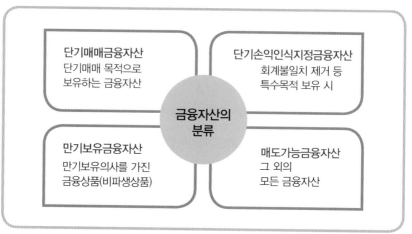

② 법인이 가입한 금융상품을 경비 처리할 수 있는 경우

법인이 가입한 금융상품이라고 해서 무조건 경비 처리(손금)가 인정되는 것은 아니다. 여기서 '손금'이라 함은 해당 법인의 순자산을 감소시키는 거래로 인해 발생하는 손실 또는 비용을 의미하는 것으로, 해당 손실 또는 비용이 법인의 사업과 관련되었을 경우에 한해 법인의 경비 처리(손금)가 가능하다.

③ 금융상품 중 보험상품에 대한 국세청 예규

금융상품 중 보험상품에 대한 세무 처리는 국세청 예규에서 계약 형태별로 방법을 제시하고 있다. 다만, 국세청 예규는 과세관청의 일반적인 견해를 제시한 것에 불과하고, 관련 세법에 대한 공식적인 견해가 아니기 때문에 변경될 가능성이 있음에 유념해야 한다.

④ 법인이 가입한 금융상품(보험상품)에 대한 손금 여부 정리

일반적으로 법인이 가입한 금융상품은 적립을 목적으로 가입한 경우에는 자산으로 분류되나, 법인이 중요 임원 또는 종업원이 재직기간 중 사망하거나 불의의 사고가 발생할 경우를 대비하여 법인을 그 수익자로 하여 지출하는 납입보험료 중 소멸되는 부분은 법인의 손금으로 처리가 가능하다.

• 법인이 계약자인 보험의 세무 처리

국세청 〈예규〉 서면 2팀-1631, 2006. 8. 28

제목 : 법인이 임원 및 종업원을 피보험자로 하여 보험계약을
체결하고 납입한 보험료의 계약 형태별 세무 처리 방법

질의 : 당사는 생명보험을 영위하는 보험회사로서 중소기업
을 대상으로 하는 보장성 보험(만기환급금이 없음)과 저축성 보
험을 판매하고 있음

– 보장성 보험 : 정기보험, 종신보험 및 변액유니버셜 종신
  보험
– 저축성 보험 : 변액연금보험, 양로보험 및 연금지급형 양
  로보험
상기 보험상품을 가입할 때의 계약 형태는 다음과 같으며, 이
중 Case 1(피보험자는 임원이고 계약자 및 수익자는 법인)이 주된
계약 형태임

구분	Case 1	Case 2	Case 3	Case 4
계약자	법인	법인	법인	법인
피보험자	임원	임원	종업원	종업원
수익자	법인	임원	법인	종업원

▶▶▶ Case 1/Case 3 : 보험계약자는 법인, 피보험자는 임원
또는 종업원, 수익자는 법인

– 보험상품이 만기환급금이 없는 보장성보험(정기보험, 종신보

험 및 변액유니버셜 종신보험)인 경우 납입하는 보험료에 대한 세무 처리

질의 : 피보험자는 임원(대표이사 포함) 또는 종업원이고 수익자는 법인인 경우에 있어서 보험계약자인 경우에 법인이 납입하는 보험료의 손금산입 가능 여부

답변 : 법인이 납입한 보험료 중 만기(해약)환급금에 상당하는 보험료 상당액은 자산으로 계상하고, 기타의 부분은 이를 보험기간의 경과에 따라 손금에 산입하는 것임

▶ ▶ ▶ Case 2/Case 4 : 보험계약자는 법인, 피보험자는 임원 또는 종업원, 수익자는 임원 또는 종업원
– 법인이 피보험자 및 수익자를 임원(대표이사 포함) 또는 종업원으로 하여 보장성 보험 및 저축성 보험에 가입하고 납입하는 보험료의 세무 처리

질의 : 피보험자 및 수익자가 임원 또는 종업원인 경우에 있어서 보험계약자인 법인이 납입하는 보험료의 손금산입 가능 여부

답변 : 법인이 납입한 보험료는 임원 또는 종업원의 급여로 보아 손금에 산입하는 것임. 단, 법인이 납입한 보험료 중 법인세법 시행령 제43조 규정에 따른 급여지급 기준을 초과하는 금액은 손금불산입함

⑤ 법인 종신보험 세무 처리에 대한 국세심판원 판례

● 법인이 가입한 종신보험에 대한 세무처리 방법

국심 2006서-3194, 2007. 4. 4.

(중략)..피보험자인 임원의 사망에 따른 보험금액의 수익자가 법인이고, 재해로 인한 피보험자의 상해에 따른 보험금액의 수익자가 피보험자인 임원인 점으로 보아, 보장성 보험의 보험료 중 일부는 법인을 위하여, 일부는 피보험자인 임원을 위하여 지급된 것으로 볼 수 있다. 법인도 중요임원 또는 종업원이 재직기간 중 사망하거나 불의의 사고가 발생할 경우를 대비하여 퇴직보험 이외의 보험에 가입할 수 있다고 판단된다.
(법인세법기본통칙 19-19-8 및 19-19-9 참조)

...납입한 보험료 중 만기환급금에 상당하는 보험료 상당액은 자산(예치보험금)으로 계상하고, 기타의 부분은 이를 보험기간의 경과에 따라 손금에 산입하는 것이 타당하며, 그 수익자가 임원 또는 종업원인 경우에는 납입한 보험료 중 '법인세법 시행령' 제43조의 규정에 따라 정관, 주주총회 또는 이사회의 결의에 의해 결정된 급여지급기준 범위 내에서 지급된 금액은 종업원의 급여로 보아 손금에 산입하고, 급여지급기준을 초과하는 금액은 손금불산입하여 상여처분하는 것이 타당하다고 판단된다.
(국세청 서면2팀-1662.2006.6.30. 참조)

법인이 대표이사를 피보험자로 한 보험에 가입하여 납입한 보험료 중 각 과세기간 종료일 현재 해약환급금에 상당하는 부분은 사실상 저축성 보험료로서 그 수익자가 청구법인이므로 손금불산입하여 자산(예치보험료)으로 계상하도록 하고 나머지 보장성 보험료 중 재해상해특약보험료는 임원에 대한 급여로 보아 손금산입하며(기준초과분은 손금불산입) 그 나머지 보장성 보험료는 청구법인의 업무와 관련된 지급액으로 보아 손금산입하는 것임.

※ 국세심판원(現 조세심판원)은 과세관청의 위법·부당한 조세처분에 대한 권리구제기관이나, 국세심판원(現 조세심판원)의 심판결정은 관련 세법에 대한 법원의 입장(판례)과는 다를 수 있음을 주의하기 바란다.

국세심판원 판결 내용(국심2006서-3194) 정리

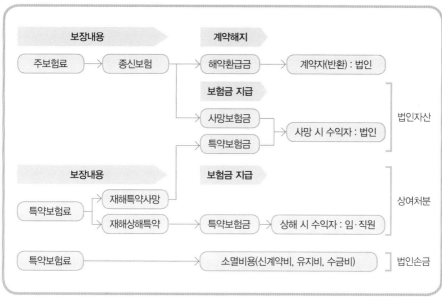

⑥ 법인이 가입한 금융상품에 대한 회계 처리가 적정한가?

법인이 가입한 금융상품의 성격에 따른 처리 방법을 알아보자. 만일 경비 처리(손금)가 불가능한 금융상품을 경비 처리(손금) 했다면 당해연도의 법인세를 부당하게 경감시킨 것으로 인정되어 세무조사 시 법인세가 추징될 수 있으므로 반드시 해당 금융상품의 성격을 정확하게 판단하여 회계 처리 및 세금신고를 해야 한다.

·사례

해외 직접구매를 대행하는 회사를 운영하는 A대표는 최근 시장이 급성장하면서 매출과 순이익이 급증했다. 보험업에 종사하고 있는 지인은 보험상품에 가입할 경우 납입금을 전액 법인 비용으로 처리할 수 있다고 조언했다. 그 얘기를 들은 A대표는 작년에 매월 2,000만 원씩 납입하는 보험상품에 가입했고, 올해 법인세를 신고하면서 이를 비용으로 처리했다. 그런데 마음 한편에서는 보험료 납부액 전액을 비용 처리한 것이 혹 문제되지 않을까, 하는 의문을 떨쳐버릴 수가 없었다.

▶▶▶ A대표가 지난해 가입한 보험상품의 내용을 살펴보니, 저축성 보험 성격을 띤 해당 상품은 계약자를 법인으로 하는 일종의 법인계약이었다. 즉 회사의 특정 자금운용 목적으로

가입한 저축성 보험상품이어서 해당 상품에 납입한 금액은 법인세 경비 처리가 불가능했다. 따라서 경비 처리하여 부당하게 줄어든 법인세에 대해서는 반드시 수정신고를 해야 하고, 해당 보험 불입액 전액을 금융자산으로 분류하여 회계 처리해야 한다.

세무조사의 종류

세무조사란 국세공무원이 국세에 관한 조사를 위해 당해 장부, 서류, 기타 물건을 조사하는 것으로 납세의무에 관하여 세법이 규정한 대로 과세표준과 세액을 정확히 계산하여 신고했는지 여부를 검증하는 절차를 말한다. 또한 세무관서가 세금을 부과하기 위해서 각 납세자의 실태를 직접 또는 간접으로 확인·판단하여 적정한 과세표준을 파악하고, 과세의 공평을 기하려는 모든 활동을 세무조사라고 한다.

흔히 세무조사라고 하면 법인세와 같은 직접세에 대한 조사뿐만 아니라 부가가치세와 같은 간접세의 검사까지 모두 포함된 말이다. 그리고 직간접적인 조사는 물론 추계조사, 준비조사, 과세자료 수집이 모두 세무조사에 포함된다.

세무조사에는 일반조사, 심층조사, 추적조사, 확인조사, 긴급조사, 서면조사 등이 있다. 통상적인 조사를 일반조사라고 하고, 탈세 등에 대한 정보를 바탕으로 별도 계획에 의해 진행하는 조사를 심층조사라고 한다. 이외에도 유통과정 추적조사나 현지 확인조사, 긴급조사 및 서면조사 등이 있다.

세무조사의 종류

일반조사	· 과세표준의 결정 또는 경정을 목적으로 하는 통상적 조사 · 부가가치세, 소득세, 법인세 조사가 이에 해당
심층조사	· 탈세 수법이나 규모를 고려할 때 통상의 조사로는 실효를 거두기 어려운 경우 실시 · 별도 계획에 의해 실시하는 조사
추적조사	· 재화 또는 세금계산서의 흐름을 추적하여 확인하는 조사 · 무자료거래, 변칙거래, 위장가공거래 혐의자 등을 대상으로 조사
확인조사	납세자관리(기본 사항조사, 등록 일제조사 등) 또는 과세관리상(기장확인, 과세자료확인, 거래처 확인조사, 국세환급조사 등) 필요로 하여 특정 사항이나 사실을 확인하기 위한 조사
긴급조사	수시부과 사유 발생, 회사정리 개시 신청 등 조세채권의 조기 확보가 필요하여 당해 사유 발생 즉시 실시하는 조사
서면조사	납세자가 신고하거나 제출한 서류에 의하여 신고 상황의 적정 여부를 검증하기 위해 실시하는 조사

세무조사 절차 및
대상자 선정기준

세무조사 대상자는 납세자의 신고성실도 등 객관적인 기준에 따라 선정하며, 사업 규모, 납세성실도, 업종 특성 및 각종 세무 정보 등이 조사 대상이다.

조사 계획은 조사효율성 및 납세자 편의를 고려하여 수립하며, 통합조사, 동시조사 등의 방식으로 실시된다. 세무조사를 위한 사전통지서는 중복조사 여부 확인 후 조사개시 10일 전까지 납세자가 수령할 수 있도록 등기우편으로 송달된다. '준비조사' 단계에서는 신고내용, 사업개황, 과세자료 등을 분석하며, '조사 착수' 단계에서는 조사원증 제시, 조사사유 등 상세 설명이 이루어진다. '조사진행' 단계에서는 준비조사 시 도출된 문제점을 중심으로 본 조사를 실시하게 되며, 필요시 금융거래 및 거래처 확인조사를 실시하게 된다. '조사종결' 단계에서는 과세사실의 확정 및 적출 내용의 적법성을 검토하고, 종결일로부터 7일 이내에 세무조사 결과를 통지한다. 납세자는 통지서를 받은 날로부터 30일 이내에 '과세 전 적부심사청구'를 할 수 있다.

세무조사 대상자는 신고내용의 적정성을 검증하기 위해 정기적으로 선정하거나, 신고내용에 탈루나 오류의 혐의가 있는 경우에 선정할 수 있다. 정기선정 사유에는 신고내용에 대한 정기적인 성실도 분석 결과 불성실 혐의가 있는 경우, 4과세기간 이상 동일 세목이 세무조사를 받지 아니하여 신고내용의 적정성 여부를 검증할 필요가 있는 경우, 무작위 추출방식에 의한 표본조사를 하는 경우 등이 있다. 성실도 분석은 전산분석 시스템을 활용하여 세금신고상황, 납세협력의무 이행상황 등을 객관적으로 종합하여 평가하게 된다.

수시선정 사유에는 무신고, (세금)계산서 및 지급명세서 작성·교부·제출 미이행, 무자료거래, 위장·가공거래 등 거래내용이 사실과 다른 혐의가 있는 경우, 납세자에 대한 구체적인 탈세 제보가 있는 경우, 신고내용에 탈루나 오류의 혐의를 인정할 만한 명백한 자료가 있는 경우 등이 있다.

세무조사 대상자 선정

정기선정	·신고내용 성실도 분석 ·무작위 추출방식(표본조사) ·지난 과세기간 세무조사 여부
수시선정	·무신고, 무자료거래, 위장·가공 등 혐의 ·신고내용에서 파악된 명백한 혐의자료 ·구체적 탈세 정보

세무조사 대상은 신고내역 등을 전산시스템[TIS]으로 분석하여 신고성실도 하위자 중심으로 규모가 큰 사업자, 장기 미조사자, 신고성실도 하위자 등을 고려하여 우선적으로 선정한다.

전산시스템에 누적관리되고 있는 과세 정보 자료와 탈세 제보 및 탈세 정보 등 수집·분석된 각종 세무 정보 자료를 최대한 활용하여 무기장 신고자를 포함해 고소득 자영업자, 자료상 등 거래질서 문란자, 신용카드 변칙거래자, 호화·사치생활자 등에 대해서도 불성실신고 혐의가 큰 사업자를 조사 대상으로 선정하게 된다.

국세통합시스템(TIS, Tax Intergrade System)

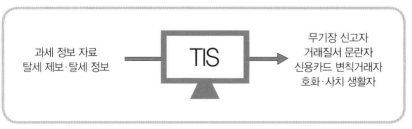

다만, 소규모 영세업자, 신용카드 매출전표 성실발행업소, 건강보험으로 과표가 양성화된 병·의원 등은 가급적 조사를 자제하며, 복식부기의무자임에도 불구하고 세금회피 목적으로 기장에 의한 신고를 아니한 사업자는 조사 대상으로 우선 선정하게 된다.

소득−지출(PCI) 분석시스템

'소득−지출 분석시스템'은 'PCI 분석시스템'이라고도 부르는데, 국세청에서 보유하고 있는 과세 정보 자료를 체계적으로 통합·관리하여 일정 기간 동안의 신고소득(Income)과 재산증가액(Property), 소득지출액(Consumption)을 비교·분석하는 시스템이다. 이 분석시스템은 세무조사 대상자를 선정하는 데 주로 활용되며, 그 효과가 높은 것으로 알려져 있다.

⇒ 일정 기간의 소득금액과 재산증가액 및 소비지출액을 비교 분석하여 탈루혐의금액을 산출

실지조사 시
검토사항

실제 조사에 착수하게 되면 사전 분석된 내용들을 근거로 사업과 관련하여 비치된 각종 장부를 확인하게 된다. 장부 관련 조직의 검토 및 작성, 보관책임부서의 확인, 각 부서별 비치장부와 해당 부서 원장과의 대조, 원재료·제품(상품)의 수불부(제품의 입출고 내역을 정리한 문서)와 창고에 비치된 수불부, 입출고일지, 생산일지, 작업일보 등 원시기록과 부합하는지 여부를 확인하게 된다.

일반적인 거래에 필요한 장부가 비치되지 않았을 때에는 그 원인을 규명하고, 장부상의 구입 수량과 사용한 장부상의 수량, 보관 수량 등을 대조하여 공식적인 장부 이외의 장부가 있는지 여부도 검토하게 된다. 외주가공비, 포장비, 운임 등의 제조경비 관련 장부와 생산, 출고제품과의 일자, 수량 등의 대조작업도 이루어진다.

증빙서류의 대조 확인 작업도 이루어지는데, 원시기록부터 전표작성까지의 처리과정을 확인하고, 전표작성자와 책임자의 실인과 결재누락 여부 확인 및 결재권의 위임한계를 파악하게 된다. 기장일자순과 서류편철순이 사후조작이 없는지 여부를 확인하고, 영수증부본, 청구서, 계약서, 송장, 출고지시서, 납품서, 주문서 등의 일련번호 및 연월일의 동일 여부를 확인한다.

기타 현황 확인 사항으로 기본적인 임직원 현황과 경영주와 특수관계에 있는 사원의 배치 부서를 확인한다. 조직도 등 회사의 내부통제조직을 확인하고, 대표이사의 가수금, 가지급금 등 미결산계정의 금액이 크거나 횟수가 빈번할 때는 비정상적인 회계 처리 유무를 확인한다.

그 외에도 월별·분기별 가결산 서류의 작성 확인과 대조, 매출 및 매입 시의 대금 결제 방법, 조사일 현재의 현금 시재액과 당좌예금, 주요 제품과 상품의 재고 등을 조사하고, 월별·분기별 재고조사표의 비치 여부와 이들을 원시기록과 대조·확인한다.

다음으로 주요 계정별 조사가 진행되는데, 먼저 자산 실태에 대한 조사가 이루어진다.

재무제표 등에 계상된 각종 자산의 계정과목별 적정 여부와 계정과목의 2~3년간 비교분석 및 이월액에 대한 정밀 확인이 이루어진다. 특히 현금·예금과 보유 유가증권 등이 많은 경우 시재액을 대조하고, 사업 관련 자금을 상당 기간 사업주가 별도로 운용하면서 신고누락했는지 여부를 조사한다.

주요 제품 및 상품의 재고실태를 파악하는데 전년도 이월과 당해연도 구매량, 매출(출고)량 등을 품목별·규격별·단가별 수불사항을 체크하여 누락 또는 가공계상 여부를 점검한다. 원부자재의 재고사항과 수불내용 및 구매단계의 규격별 수량, 단가 등을 종합 검토하여 수불 및 재고의 적정 여부를 확인하여 가공·위장매입 여부를 조사하게 된다. 기타 미착상품, 가지급금 등의 자산에 대해 거래 유형, 발생 사유 등을 확인하고 유형고정자산의 실존 여부를 감가상각자산에 비교하여 조사하고, 자산거래가 있는 경우 거래의 적정성을 검토하게 된다.

매출·매입과 관련한 주요 검토 사항을 살펴보면 먼저 매출처별 거래 유형을 분석하고 제품·상품별 매출단가의 적정성과 특수관계자 간 거래에 있어 저가매출로 소득분여 행위가 이루어지지는 않았는지 여부를 조사하게 된다. 매출처별 업종 등을 파악하고 실물과 세금계산서의 흐름을 파악하여 매출 누락 또는 위장 매출 여부도 조사하게 된다.

경비 처리 내역과 관련해서는 비상근자 등에 대한 가공 인건비 지급 여부, 사업주와 특수관계자의 담당업무 성격상 세무계산의 문제 소지 여부 또한 검토 대상이다. 외주비 또는 용역비의 지급에 있어 사업주가 자기 책임하에 채용한 직원과 용역 계약을 체결하고 외주비 또는 용역비로 과다지급하지는 않았는지 그 여부도 검토 대상이며, 기타 각종 경비는 발생 사유와 처리 내용을 증빙과 대조하여 적정성 여부를 검토한다.

평상시 장부 및 증빙 관리

비용으로 인증받기 위한 입증책임은 납세자에게 있다. 따라서 거래 시 세금계산서·계산서·기타 지출 영수증을 빠짐없이 챙겨서 정확하게 기장하고 비치해야 한다. 실제 정상적인 거래라 하더라도 객관적으로 입증되지 않는 경우에는 불이익을 받을 수 있기 때문이다.

혹시 세무조사 통지를 받게 되면 조사착수 전에 장부, 증빙, 각종 세금신고서를 대조 검토하여 보완하고, 불필요한 서류 등이 섞여 있는지 여부를 확인해야 한다. 필요시 일정 요건을 충족하는 경우에는 조사연기 신청을 할 필요가 있는지 여부도 검토해 볼 필요가 있다.

조사진행 및 종료 시
유의사항

조사공무원은 국가로부터 부여받은 세금부과권을 집행하는 사람으로, 현실적으로 조사 실적에 대한 부담감에서 자유로울 수가 없다. 따라서 정중하게 응대하고 회사의 어려운 상황을 설명하여 이해를 구하는 것이 현명하다. 조사를 기피하는 태도나 높은 사람을 들먹여서 무시하는 태도를 보이는 것은 결코 바람직하지 않다.

조사공무원이 질문하는 경우에는 정확하게 답변하는 것이 좋다. 조사기간 동안 조사공무원은 납세자의 말과 행동 모두를 조사와 관련시켜서 생각할 수밖에 없으므로 불필요한 말들은 자제하는 것이 좋다. 또 부정확한 답변은 오해를 낳을 수도 있다. 따라서 정확한 답변을 해야 하고, 정확하지 않은 때에는 확인을 거친 후에 답변한다든가 아니면 세무 대리인과 의논한 후에 답변을

해도 늦지 않다. 부당한 주장을 지루하게 하는 것도 금물이다.

조사과정에서 조사공무원과 회사 간에 세법의 해석이나 적용에 있어 견해 차이가 발생하는 경우가 종종 있다. 이견이 생길 때마다 따질 것이 아니라, 일단 뒤로 미루어서 조사공무원도 충분하게 검토하게 한 다음 조사종결 시에 회사의 주장을 명확하게 설명하여 다른 부분과 일괄하여 종결하도록 하는 것이 좋다. 만일 그렇게 해도 견해 차이가 좁혀지지 않는 경우에는 조세불복 절차를 고려해 봐야 한다.

조사가 종결되면 대부분 조사공무원이 확인서를 작성하고 서명할 것을 요구한다. 이때에는 확인내용을 면밀하게 검토하여 사실과 부합하는지 여부를 확인하고 나서 날인해야 한다.

납세자
권리구제 제도

국세청은 납세자의 권리구제를 위해 여러 가지 제도를 두고 있는데, 행정에 의한 권리구제 제도로서 고충민원신청 제도가 있고, 법에 의한 권리구제 제도로서 과세 전 적부심사청구, 이의신청, 심사·심판청구, 행정소송 등이 있다.

먼저 '과세 전 적부심사' 제도는 세무서나 지방국세청으로부터 세무조사 결과통지 또는 업무감사 및 세무조사 파생자료 등에 의한 과세예고 통지를 받았을 때 청구하는 제도다. 서면통지를 받은 날로부터 30일 이내에 해당 세무서, 지방국세청, 국세청에 억울하거나 부당하다고 생각하는 내용을 문서(적부심사청구서)로 제출하면 된다. 청구서가 접수되면 해당 세무서, 지방국세청, 국세청에서는 30일 이내에 국세심사위원회의 심의를 거쳐 결정하고, 그 결과를 통지한다.

조세불복 절차

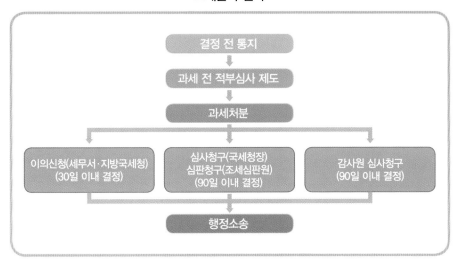

'이의신청'은 납세고지서를 받은 날로부터 90일 이내에 고지한 세무서 또는 소관 지방국세청에 이의신청을 할 수 있다. 세무서에 과세 전 적부심사를 청구한 경우에는 소관 지방국세청에 이의신청을 해야 한다. 이의신청서를 접수한 날로부터 30일 이내에 결정하고, 신청인에게 그 결과를 통지한다.

'심사·심판청구'는 납세고지서를 받은 날로부터 90일 이내에 심사 또는 심판청구를 할 수 있다. 이의신청을 한 경우에는 이의신청의 결정통지를 받은 날로부터 90일 이내에 심사 또는 심판청구를 할 수 있다. 심사·심판청구를 접수한 날로부터 90일 이내에 결정하고, 그 결과를 신청인에게 통지한다.

'행정소송'은 심사청구, 심판청구 또는 감사원 심사청구에 의해 권리구제를 받지 못한 경우에 결정통지를 받은 날로부터 90일 이내에 해당 세무관서를 관할하는 법원에 소송을 제기하면 된다.

사례

A세무 대리인은 세무조정과 결산을 담당하고 있는 회사의 대표로부터 다급한 전화 한 통을 받았다. 회사대표는 국세청으로부터 '세무조사 사전통지서'를 받았다면서, 이럴 때는 어떻게 해야 하느냐고 물었다. 그렇지 않아도 오랫동안 세무조사를 받지

않아서 회사 대표의 마음 한구석에 불안감이 도사리고 있었다.

▶▶▶ 먼저 '세무조사 사전통지서'를 살펴보면, 조사 대상자의 인적사항, 조사 대상 연도 및 조사 세목, 조사관 성명, 소속부서 등을 확인할 수 있다. 그 내용을 잘 살펴보면 향후 조사가 어떻게 진행될 것인지를 개략적으로 알 수 있다. 따라서 서두르지 말고 정확한 내용부터 파악한 후 대책을 세우는 것이 필요하다.

세무조사 사전통지서를 수령한 경우는 해당 조사가 일반 정기조사에 해당함을 의미한다. 보통 조사개시 10일 전까지 납세자가 수령할 수 있도록 등기우편으로 송달된다. 예치조사 등 긴급조사 등의 경우에는 세무조사 사전통지가 이루어지지 않고, 당일 바로 조사에 착수하게 되므로 더욱 긴장될 수밖에 없다.

최근 세무조사는 모든 세금에 대한 통합조사의 방식으로 이루어지고 있다. 즉 특정 세목에만 국한해서 조사하는 것이 아니라 검토 후 문제되는 세목을 전부 추징할 수 있음을 의미한다. 따라서 세무대리인과 협조하여 세무조사에 철저히 대비해야 하는데, 법정 증빙서류 등을 차분히 검토하여 준비하면 된다. 이때 세무조사과정에서 억울한 상황이 생기지 않도록 관련 자료를 최대한 자세히 준비해 두는 것이 좋다.

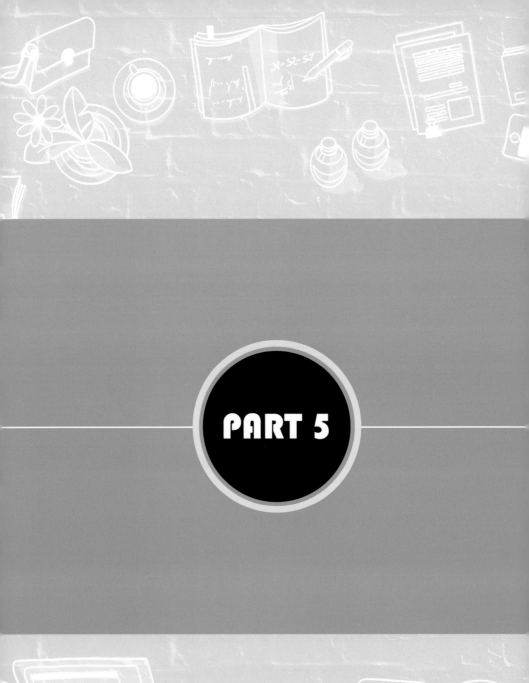

PART 5

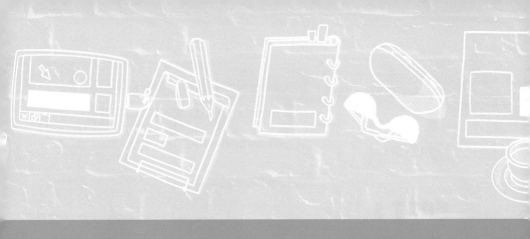

사례로 알려주는
실전 노하우

세무조사 대응 사례

CEO를 위한 종합재무컨설팅

행복한 CEO를 위한 제안

PART 5

CHAPTER 1 세무조사 대응 사례

CHAPTER 2 CEO를 위한 종합재무컨설팅

CHAPTER 3 행복한 CEO를 위한 제안

법인의 세무조사
가공원가는 무조건 걸린다

건설업체를 운영하는 A대표, 과거 주먹구구식 세무 처리로 혹독한 대가를 치른 후 세무에 대한 마인드를 바꿨다. 세법에서 정한 규정대로 정확히 하려니 업계 특성상 아직도 실무적으로는 어려운 상황이 많았다. 실제 이익은 없음에도 접대비를 많이 썼거나 적격 증빙을 받지 못해 장부상으로는 이익이 많이 난 것으로 보인 것이다. 별로 남은 것도 없는데 세금을 내는 게 억울하다는 생각에 A대표는 가공경비를 넣어서 세무신고를 했고, 세무조사를 받게 되어 거액의 세금을 추징당했다.

국세청은 '무증빙 전산분석 프로그램'을 개발·활용하고 있다. 이 프로그램은 실제로 매입하거나 사용하지 않은 원가를 증빙 없이 허위로 계상해 경비를 부풀리는 방법으로 소득금액을 축소한 사례를 적발하기 위한 목적으로 개발되었다.

예를 들어 외주가공비, 원재료 매입비, 인건비 등을 장부에 허위 계상하는 방법으로 소득을 축소한 경우, 부가가치세 신고 내역, 세금계산서 수취내역, 원천징수 신고내역 등을 전산으로 분석한다. 이를 실제 수취한 세금계산서 등과 비교해 허위로 원가를 계상한 혐의가 있는 사업자를 자동으로 세무조사 대상자에 선정하거나 사후관리 업무에 활용하고 있는 것이다.

과거에는 위와 같은 전산관리가 상대적으로 미흡하다 보니 가공경비를 부풀려 신고하더라도 그냥 넘어가는 경우가 있기도 했지만, 국세청의 전산망이 갈수록 촘촘해지면서 A대표와 같은 허위신고자에 대한 조사가 이루어진 것이다.

이처럼 요즘에는 사업자들의 신고내용이 대부분 전산으로 처리되어 허위 신고를 할 경우 적발될 가능성이 높다. 사업자의 연도별 신고 추세 및 같은 업종 다른 사업자와의 신고 상황 비교, 거래처의 신고내역 등이 전산으로 분석되고 있기 때문이다. 특히 가짜 세금계산서를 수취하는 등의 탈세 수법들은 더 이상 사용하지 않는 것이 상책이다. 탈세에 대한 대가는 생각보다 혹독하기 때문이다.

예를 들어 1억 원 정도의 가짜 세금계산서가 나중에 확인되었다면, 경우에 따라 세금을 1억 원보다 더 많이 납부할 수도 있다. 법인의 경우 매출누락이나 가공원가가 밝혀지고 그 자금이 어디로 갔는지 불분명하거나 확실히 임직원 등에게 귀속된 것이 확인된다면 법인세, 부가가치세, 근로소득세, 종합소득세, 배당소득세 등 여러 형태의 세금을 추징당하게 되어 오히려 당초 부풀린 원가보다 세금이 더 많은 경우도 있게 된다. 또한 실거래 없이 경비를 지출하고 세금계산서만을 받는 경우에는 세금의 추징뿐만 아니라 조세범처벌법 또는 특정범죄가중처벌 등에 관한 법률에 의거해 형사처벌을 받을 수도 있다.

"세금 조금 줄이려다 몇 배의 세금을 내게 될 수도 있다"는 사실을 꼭 명심하자. 그럴 확률은 상당히 높아졌다.

대재산가 세무조사
대재산가에 대한 세무조사는 항상 있다

국세청이 매년 발표하는 국세행정 운영방안을 보면 공정사회에 역행하는 지능적 탈세 및 체납 행위에 대해서 강력히 대응한다는 내용이 항상 포함되어 있다. 주요 내용으로는 대기업 및 대재산가의 불공정 탈세를 집중 조사, 부동산 거래와 관련하여 변칙적인 탈세행위를 엄단, 역외탈세 강화, 악의적 체납에 적극 대응 등을 담고 있다.

'대재산가의 변칙 상속·증여'에 대하여 강한 조사의지를 표명하고 있으며, 대재산가의 상속이 빠르게 진행되면서 앞으로도 계속해서 강화해 나갈 것으로 예상된다.

관련 국세청 주요 보도자료

· 2019년 3월 '숨은 대재산가' 세무조사 실시

· 2016년 8월 '차명주식 통합분석시스템' 구축

· 2014년 6월 '고액 전세입자 자금출처조사착수'

· 2013년 9월 '대재산가의 변칙적 탈세, 끝까지 추적·과세'

· 2013년 9월 '고액 전(월)세입자 자금출처조사 실시'

· 2013년 4월 '국내·역외탈세 대재산가 107명, 사채업자 117명 세무조사 착수'

· 2012년 6월 '고소득 전문직·부동산 임대업자 70명에 대한 세무조사 실시'

그럼, 국세청이 말하는 '대재산가'는 누구일까? 법령이나 국세청 내부 규정에는 '대재산가'에 대해 별도로 정의가 되어 있지 않다. '어느 정도' 재산이 많은 사람. 굳이 '어느 정도'를 수치화시킨다면 대략 '30억~50억 원' 이상일 듯싶다. 실무상 30억 원을 기준으로 세무행정이 구분되어 관리되고 있기 때문이다.

상속재산이 30억 원이 넘는 경우 의무적으로 피상속인, 상속인에 대한 금융재산 일괄조회를 실시해야 한다. 또 상속재산이 50억 원이 넘는 경우 세무조사를 일선 세무서에서 하지 않고, 상급기관인 지방국세청에서 실시하고 있다.

물론 30억 원 이하의 재산가라고 해서 과세관청의 검토대상이 아니거나, 조사를 받지 않는 것은 아니다. 단지 관심과 조사의 강도가 차이가 있을 뿐이다. 전통적으로 대재산가를 대상으로 행해지는 조사에는 자금출처조사, 상속세조사, 증여세조사, 주식변동조사 등이 있다. 이 같은 기조를 유지하면서 세부적으로 조사기법이나 조사대상을 확대해 나가고 있다. 대표적으로 과거 관심 사항이 적었던 전세보증금에 대한 자금출처를 최근 별도로 기획하여 조사하는 사례를 들 수 있다.

이외에도 양도소득세 실지조사, 고액양도자 사후관리, 고액상속인 사후관리 등도 관심을 둬야 할 사항이다.

자금출처조사
신고소득이 없으면 재산도 없어야 한다

내가 취득한 재산이 '100'인데, 국세청에 신고된 소득이 '10'이라면 나머지 '90'은 어디서 나왔을까? 내가 부채 '100'을 상환했는데 국세청에 신고된 소득이 '10'이라면 나머지 '90'은 어디서 나왔을까? 국세청은 당연히 궁금해할 것이다. 그래서 그 '90'에 대한 자금출처에 대해 소명을 요구하고, 소명되지 않으면 조사해서 과세하는 것이 자금출처조사의 기본 개념이다.

자금출처 소명이 부족하다고 해서 무조건 조사를 나오는 것은 아니다. 직업, 연령, 소득 및 재산 상태별로 구분하여 자금출처 소명이 많이 부족하다고 판단되는 사람 위주로 나온다. 최근의 자금출처조사는 그 범위가 확대되고 세밀화되고 있음에 주의해야 한다.

과거 국세청이 수집하던 자료는 거의 부동산 위주였다. 따라

숨 구멍은 내 거야지~

서 큰 부동산을 취득하지 않으면 자금출처조사 대상에서 제외되는 경우도 많았었다. 그러나 최근 국세청은 여러 경로로 과세자료를 수집하고 있다. 특히 금융재산에 대한 자료 접근성이 편리해져, 자금출처조사 대상이 확대되고 있는 상황이다.

전세보증금 자료, 보험금수령 자료, 은행이자 자료, 폐쇄주주명부 자료, 신용카드 사용내역 자료, 해외송금 자료, 금융정보분석원의 고액현금거래보고 자료 등은 과거에는 접근성이 매우 낮았으나, 최근에는 이에 대한 재산 취득자금까지 확대하여 조사하고 있다.

따라서 과거에 어물쩍 넘어갔던 사례가 현재는 적용되지 않는다는 것을 기억하고, 소명에 필요한 정확한 자금출처 자료를 준비해야 할 것이다. 그리고 준비하는 과정에서도 주의할 것이 있는데, 특히 다음 사항을 정확히 알고 챙기는 것이 필요하다.

① 가족 간 금전대부는 명확한 근거를 남겨야 한다

자녀가 부모로부터 받은 돈으로 부동산을 산다고 가정해 보자. 부모로부터 받은 돈의 성격은 무엇일까? 부모로부터 증여받은 자금일 수도 있고, 일시적으로 빌린 자금일 수도 있다. 과세 관청 입장에서는 아무래도 보수적으로 생각할 수밖에 없기 때문에 이를 증여로 보고 싶을 것이다.

실제 부모로부터 자금을 일시적으로 차용하는 경우라면, 내가 증여받은 것이 아니고 일시 차용한 것임을 주장해야 한다. 이때 차용증, 이자 지급내역, 원금 반환내역 등 주장에 근거가 되는 자료들을 미리 마련해 두는 것이 좋은데, 반드시 투명하고 객관적인 방법으로 제시해야 한다.

② 이자를 줘도 세금, 안 줘도 세금을 내야 한다

부모로부터 빌린 돈이라는 주장이 받아들여지더라도 이자에 대한 세금 문제가 남는다. 세법은 부모로부터 빌린 돈에 대한 적정 이자를 현재 4.6%로 보고 있다. 만일 자녀가 부모에게 이자를 안 주거나 4.6%보다 낮게 주면, 안 주거나 덜 준 금액만큼의 금액을 매년 증여받았다고 본다. 이익이 1,000만 원 이상일 경우에 한하여 적용된다.

한편, 자녀로부터 이자를 받은 부모는 비영업대금의 이익(사채이자)으로 인정되어, 받은 이자금액에 대해 25%의 이자소득세를 내야 한다. 따라서 자녀가 거액의 자금을 빌린다면 빠른 시일 내에 부모에게 상환해야 하며, 상환기한이 장시간 예상된다면 자금 차용보다는 증여를 검토하는 것이 나을 수도 있다.

③ 자녀 대신 담보를 제공해도 세금을 내야 한다

부모에게 돈을 빌리면 세법에서 4.6%를 적정한 이자로 줘야 한다고 하니, 자녀가 직접 금융기관에서 대출을 받는 경우가 있다. 이때 만일 부모 재산을 담보로 대출한다면 어떤 일이 생길까? 실제로 증여세 과세 여부에 대한 다툼이 있었는데, 최근 세법 개정으로 증여세가 과세됨을 명문화했다. 즉 부모 재산을 담보로 대출받은 경우 적정이자율 4.6%와 실제 부담이자율과의 차이에 해당하는 금액을 증여로 본다는 것이다.

④ 소득이 많다고 무조건 자금출처를 인정하지는 않는다

국세청에 신고된 소득이 많다고 자금출처에 대해 문제가 없는 것은 아니다. 물론 국세청에서 서면으로 검토할 경우 자금 흐름 하나하나를 파악할 수는 없으므로 소득이 없는 사람보다 위험성은 적을 수 있다. 그러나 어떠한 경로든 직접적인 세무조사를 받게 된다면 과세관청은 재산을 취득하기 위해 들어간 자금

흐름 하나하나를 추적하고 소명을 요구한다. 자금출처는 많지만, 실제 재산을 취득하면서 '본인의 신고된 자금'이 아닌 '다른 자금'이 유입되었다면 당연히 증여세, 소득세 등 과세 문제가 발생한다.

⑤ 자금출처로 인정받은 대출금, 보증금 전산 사후관리한다

부동산을 취득하면서 본인 자금이 부족할 경우, 임대보증금을 승계하거나 은행대출을 새로 받아서 충당하기도 한다. 당연히 취득 당시에는 이러한 자금이 자금출처로 인정될 수 있다. 그 이후에는 이러한 채무(대출금, 보증금 등)가 상환될 때 어떤 자금으로 상환되었는지 소명해야 한다. 취득하고 나서 1~2년이 지난 시점에 국세청에서 아무런 조사가 없었다고 덜컥 부모 자금 등으로 상환한다면 문제가 되는 건 당연하다. 국세청은 대략 5년 정도의 기간을 정해 놓고, 그 기간 동안 상환한 부채에 대한 자금출처 소명 부족 여부를 검토한다는 것을 잊지 말아야 한다.

양도소득세 실지조사
너무 비싸게 팔아도 조사받는다

중소기업을 운영하는 A대표, 일본 기업과 전략적 제휴를 위해 본인이 보유하고 있는 주식 일부를 일본 회사에 양도했다. 회사의 미래 성장가치를 인정받아 비교적 높은 가격에 매도했다. 나름대로는 본인의 사업을 인정받았고, 외화 획득도 했다고 자부하고 있다.

그런 A대표에게 세무서에서 양도소득세 조사가 나왔다. 과세관청에서 생각하는 금액보다 너무 비싸게 팔았다는 게 이유였다. A대표는 당황스러웠다. 싸게 판 것으로 신고했다면 본인이 양도소득세를 안 내기 위해 이중계약을 했다는 혐의를 받을 수 있겠지만, 비싸게 판 후 그만큼 양도소득세도 더 많이 냈는데 조사가 나오다니, 정말 어이가 없었다.

세법의 잣대로 보면 충분히 가능한 이야기다. 과거에는 양도

소득세 조사라고 하면, 세금을 줄이기 위해 거래 당사자끼리 다운계약서를 작성했다고 의심되는 거래 또는 자녀가 부모에게 적정한 가액보다 비싸게 팔아 부모의 재산을 증여세에 비해 낮은 세금으로 이전한다고 의심되는 경우가 대부분을 차지했다.

그러나 부모자식 등 특수관계자 간 거래가 아니더라도 너무 비싸게 팔면 증여세를 매긴다는 법이 생긴 뒤로는 A대표와 같은 사례가 많이 생기고 있다. 즉 ① 정당한 사유 없이, ② 세법에서 정한 기준과 비교하여, ③ 3억 원 이상, ④ 비싸게 팔면 판 사람에게 증여세를 물린다는 법이 있는 것이다.

세법에게 정한 기준이라는 게 매번 현실과 부합되지 않아 종종 A대표와 같은 사례가 발생하는 것이다. 세법에서 정한 기준과 실제 거래가액 사이에 30% 이상 차이가 발생한다고 판단된다면 정당한 사유가 있음을 입증하면 된다. 부동산의 경우 주변

시세 또는 주변 거래된 가액을 근거로 준비하면 될 것이고, A대표처럼 비상장주식을 매매하는 경우라면 가격 협상과정에서 제시되었던 여러 가격결정요인(인지도, 미래수익 창출능력, 영업력 등)을 서류화하여 준비하면 된다. 그런 법이 어디 있냐고 화만 내지 말고, 그 법을 알고 내 권리를 정당하게 주장할 수 있게 준비를 하면 되는 것이다.

또 다른 사례를 살펴보자. B는 얼마 전 관할세무서로부터 세금고지서를 받았다. 10년 전에 팔았던 부동산이 문제였다. 당시 양도소득세를 덜 냈다면서 10년간의 가산세까지 포함된 고지서가 B 앞에 도착한 것이다. 담당공무원으로부터 세금이 나온 경위를 들은 B는 스스로에게 부끄러워 더 이상 아무 말도 할 수 없

었다.

　B는 10년 전에 부동산을 처분하면서 양도소득세를 줄일 의도로 당시 매수인(C)과 합의해 다운계약서를 작성했다. 당시 매수인도 취득세를 덜 낼 수 있었고, 거래가액도 싸게 해주는 조건이었으므로 서로의 이해관계가 잘 맞았다.

　그랬던 C가 그 부동산을 처분하면서 이번에는 본인의 양도소득세를 줄일 목적으로 낮게 쓴 다운계약서가 아닌 그 당시 실제 거래계약서를 제출한 것이다. 과세관청 입장에서는 10년 전 거래 당시 계약서를 전산관리하고 있었는데 다른 금액의 계약서가 제출되니 당연히 확인하게 되었고, 결과적으로 다운계약서임이 확인되어 B에게 세금을 추징하게 된 것이다.

　일반적 실수로 신고를 적게 한 경우 5년이 지나면 과세할 수 없지만, 이중계약서를 작성해 부당한 방법으로 세금을 내지 않는 경우에는 10년 전 세금까지, 그것도 일반적인 가산세보다 두 배에서 네 배 이상 높은 가산세를 더해 과세된다. 성실하게 신고해야 두 다리를 뻗고 편히 잘 수 있다는 당연한 진리를 잊지 말자.

고액양도자 사후관리
돈 있는 곳에 세금 있다

5년 전 보유하던 토지가 수도권 택지개발지구로 지정되면서 수용되어 거액의 보상금을 받은 H. 현재 그 많던 보상금은 흔적도 없이 사라졌고, 그의 수중에 남아 있는 재산이라고는 살고 있는 작은 아파트 한 채뿐이다. 그것도 세무서에 압류되어 있다. 가끔 로또 당첨자가 갑자기 손에 쥔 큰돈을 주체하지 못해 패가망신 했다는 기사를 보며 실소를 금치 못했었는데, 본인이 그 꼴이 되리라고는 상상도 못 했었다. 본인이 세무조사를 받고, 세금폭탄을 맞기 전까지는 말이다.

도대체 H에게 무슨 일이 일어난 것일까? 왜 세금폭탄을 맞게 된 걸까? 종손인 H는 선대로부터 토지를 물려받았고, 그 토지가 수용되면서 거액의 보상금을 받은 것이다. 돈보다 가족, 형제간의 우애를 더 중요하게 생각했던 H는 보상금을 자신의 형제들과

자녀들, 그리고 일가친척들에게 나누어 주었다.

한편, 국세청은 고액보상금을 받은 H를 계속 주시하고 있다가 세무조사에 나섰다. H의 재산이 늘어나지 않는 반면, 그 자녀들의 사업 규모가 커지는 것을 보고 조사에 착수하게 된 것이다. 그 과정에서 국세청은 H의 보상금 중 많은 금액이 형제, 자녀뿐만 아니라 여러 친척에게 이체된 사실을 확인했다. 즉 증여한 사실이 확인된 것이다.

증여세는 원래 증여받은 사람이 신고 및 납부할 의무가 있다. 그런데 증여받은 H의 형제, 자녀들은 이러한 세무신고를 하지 않은 것이다. 만일 지금이라도 증여를 받은 사람이 증여세를 납부하면 문제는 일단락되었을 텐데, 불행히도 일이 잘 풀리지 않았다. H의 형제, 자녀 등이 H로부터 증여받은 돈을 은행 빚이나 사업부도 등으로 다 날려버려 증여세를 낼 형편이 안 되었던 것이다. 이에 국세청은 증여세 연대납세의무 규정을 적용해 증여자인 H에게 증여세를 연대책임으로 물렸다. 돈을 받은 형제, 자녀들이 내야 할 증여세를 H가 대신 내야 하는 상황까지 발생하자, H의 사정은 더욱더 어려워졌다.

형제간의 우애를 생각해서 증여한 자금, 그 증여한 자금에 대한 세금과 성실하게 신고하지 않은 가산세까지 모두 H의 몫이 되었다. H는 고액의 재산을 처분한 사람은 국세청에서 재산변동을 예의주시하고 있다는 사실을 조사를 받고 나서야 알게 되었다.

과세관청에서는 고령자로서 일정 금액 이상의 부동산 등을 양도한 사람과 그 가족의 재산변동 상황을 지속적으로 파악·관리하고 있다. 고액양도자 본인을 포함한 세대원 전원의 부동산 및 주식, 골프회원권 등 모든 재산 취득, 양도 사항과 해외 송수금 현황, 제세금 신고 사항 및 소득발생처 등을 관리·분석하고 있다. H는 자산 양도 후 자녀의 재산 취득 상황, 사업체의 신규 개업 여부 및 관련 기업의 재무제표 확인(자녀 명의의 가수금 발생 여부 등) 등을 통해 양도대금을 증여한 혐의를 받고 세무조사를 받게 된 것이다.

주식변동조사
주식, 알고 거래해야 세금폭탄을 피한다

주식변동이란 출자, 증자, 감자, 매매, 상속, 증여, 신탁, 주식배당, 합병 등과 같이 주주가 회사에서 가지는 법적 지위의 변동 또는 소유 지분율 및 소유 주식수의 변동을 말한다. 이러한 주식변동 중 일정 요건을 충족한 경우에는 상속세, 증여세 및 양도소득세 등의 과세대상이 된다.

과세관청은 여러 재산 중 주식의 변동만을 별도로 관리하고, 증자·감자 등 일반적인 자본거래를 통한 변칙적인 상속·증여뿐만 아니라 자녀가 대주주인 비상장회사에 일감몰아주기 등 내부거래를 통한 변칙 증여거래에 대하여 과세 의지를 높여가고 있다.

국세청에서는 세법상 과세대상 주식변동에 대한 과세를 원활히 수행하기 위해 납세자로부터 주식 양도소득세 등 신고서를,

법인으로부터 주식 등 변동상황명세서를, 한국예탁결제원 등으로부터 실질주주명부 등을 수집하여 데이터베이스를 구축하고 있다. 또한 이를 토대로 주식변동에 대한 신고의 적정성 검토, 서면검토, 서면확인 및 세무조사 등을 수행하는 주식변동 과세 시스템을 구축하고 있다.

따라서 법인을 운영하거나 투자하는 과정에서 주식을 소유 및 변동하는 경우, 세법적인 기준을 먼저 확인한 후 실행해야 할 것이다. 다음의 사례는 그러한 검토 없이 주식변동을 하여 여러 세무 문제가 발생한 경우다.

사례

지방에서 중소기업을 운영하고 있는 A. 과거 IMF 경제위기에 회사가 휘청거렸던 적이 있었다. 평생을 바쳐 일궈낸 기업이기에 어려운 상황에서도 회사를 포기할 수 없었고, 이를 잘 알고 있던 아들은 잘나가던 대기업 직장생활을 그만두고 고향으로 내려와 아버지를 도왔다. 부자가 함께 노력한 결과 이제는 제법 알아주는 알찬 기업으로 성장했다. 평소 그런 아들에 대한 미안함과 고마움을 갖고 있던 A는 큰아들에게 주식 1만 주(액면가액 5,000원)를 5,000만 원을 받고 넘겨주었다. 그냥 주면 증여세를 내야 한다는 주변 사람들의 조언을 듣고 나름대로 생각해 낸 방법이었다.

그러나 6개월 뒤 관할세무서의 주식변동조사를 받은 A와 아들은 엄청난 세금을 추징당했고, 뒤늦게 자신들의 무지에 땅을 치고 후회할 수밖에 없었다. 그 이유는 무엇일까?

① 5,000원짜리가 아닌 10만 원짜리 주식이다

조사를 나온 세무공무원은 A가 운영하는 기업의 주당 가치가 10만 원이라고 제시했다. 액면가액보다 무려 20배나 높은 가격이었다.

세법에서는 통상 거래가 되지 않는 비상장주식의 가치는 최근 3년간의 순손익액과 법인의 순자산가액으로 계산하는데, A의 기업은 큰아들이 개발한 신기술 영향 등으로 최근 3년간 법인의 매출이 급증하면서 그만큼 이익도 많이 발생하고 자산 규모도 커진 상태였다. 이 때문에 주식가치가 높게 평가될 수밖에 없었다.

② 아버지는 양도소득세를 내야 한다

세법에서는 특수관계에 있는 자녀 등에게 시가보다 낮은 가격으로 자산을 양도한 때에는 실제로 판 가격과 관계없이(설령 자신의 꿈을 포기한 아들이 실질적으로 그 기업을 키웠다 하더라도 그 주식은 A의 소유이므로) 시가를 기준으로 해서 양도소득세를 계산한다. 즉 A의 경우 주당 5,000원에 취득한 주식을 큰아들에게 5,000원에 팔았기에 실제 취득한 이익이 없다. 따라서 양도소득세가 부과되지 않는다고 생각했지만, 세법에서는 주당 5,000원에 취득한 주식을 큰아들에게 주당 10만 원에 판 것으로 보아 이익의 20%인 양도소득세를 포함하여 수억 원이 넘는 세금을 부과한 것이다. 아들이 아니라면 그렇게 싸게 팔 수 없다고 본 것이다.

③ 아들도 증여세를 내야 한다

세법에서는 특수관계에 있는 부모 등으로부터 시가보다 낮은 가격으로 자산을 양수한 경우에는 그 차액이 시가의 30% 이상이거나 3억 원 이상인 경우에는 이를 차감한 금액을 증여받은 것으로 본다. 민법상 증여를 회피하기 위해 양도 형식을 취하면서 재산을 무상으로 이전하는 것에 대해 증여세를 과세할 목적으로 만든 규정이다.

따라서 아들의 입장에서 볼 때, 총 10억 원인 주식을 아버지로부터 낮은 가액인 5,000만 원을 주고 산 것으로 보아, 10억 원에서 실지 지급한 대가 5,000만 원과 시가의 30%인 3억 원을 뺀 6억 5,000만 원을 증여받은 것으로 보아 30%의 증여세에 가산세를 포함하여 1억 5,000만 원이 넘는 세금을 부과한 것이다.

동일한 주식거래에 대해 아버지에게 양도소득세를 부과했음에도 불구하고 또다시 아들에게 증여세를 물리는 것은 이중과세가 아니냐고 주장을 해봤지만, 양도소득세와 증여세는 세금을 내는 사람과 세금을 매기는 요건이 다르고, 별도로 과세하지 않는다는 규정이 없으므로 이중과세에 해당하지 않는다는 답변만 들었다. 대법원 판결도 이와 같은 입장이다.

④ 무엇이 잘못인가?

주식의 가치가 낮을 때 미리 증여했어야 했고, 세무전문가와 상의했어야 했다. 증여세는 증여 당시의 재산가액으로 계산한다. A의 경우 당장 위기에 처한 회사를 살리는 일도 중요했지만, 어느 정도 회사가 안정을 찾고 적자에서 흑자로 회사경영 상태가 양호해질 전망이 보였다면 주식의 가치가 더 높아지기 전에 아들에게 증여를 했어야 했다.

자신의 꿈을 포기하면서까지 가업승계를 하려 한 아들이라면 더욱 그래야 했다. 만일 그때 주식을 증여했다면 주식의 가치는 그 당시 가액으로 평가되어 소액의 증여세만 납부하고 주식을 넘겨줄 수 있었을 것이다. 자산가치가 올라가기 전에 자녀에게 증여한 후 납부하는 증여세는 일종의 '투자'라는 의식전환이 필요했었다.

세법은 다양하고 급변하는 경제 현상을 담고 있다. 이에 세무전문가들도 부단히 노력하지 않으면 따라잡을 수 없을 정도로 매년 상당히 많은 세법 규정이 개정되거나 신설되고 있다. 사전에 정확한 법규정을 검토하지 않고 행한 작은 실수가 나중에 엄청난 세금폭탄을 몰고 올 수 있음을 명심하자.

상속세조사
우리 가족 10년치 금융거래를 다 들여다본다

상속세는 죽음과 관련된 세금이다. 누군가의 사망으로 인해 그 사람의 재산을 무상으로 받게 될 때 내는 세금이다. 따라서 그 재산 규모에 따라 세금의 크기도 달라지므로 무엇보다 재산의 파악이 중요하다.

사망 이후 대략 6개월 안에 상속세 신고를 해야 한다. 일반인들이 생각하는 상속재산과 세법적인 기준의 재산은 차이가 많이 날 수 있다. 이 기간 동안 세법상 재산을 파악하고 분석해서 올바른 신고를 해야 한다. 적정한 신고는 신고한 세액의 3%를 공제해 주는 혜택을 누리는 반면, 잘못된 신고는 3% 세액공제를 못 받을 뿐만 아니라 10~40%에 해당하는 신고불성실가산세와 납부불성실가산세를 추가로 내야 한다.

세법상 상속재산이 무엇인지, 상속세를 조사할 때 쟁점이 되는 사항이 무엇인지 살펴보자.

① 사망 당시 망자의 재산 : 본래의 상속재산

망자의 사망 당시 재산은 당연히 상속재산에 포함된다. 상속세조사 쟁점은 재산누락 및 재산평가에 대한 사항이다. 피상속인이 다른 사람의 명의로 재산을 남겨놓지 않았는가? 피상속인이 가지고 있던 토지를 얼마로 평가해야 하는가?

상속세 신고는 사망일이 속하는 달의 말일부터 6개월 이내다. 그동안 재산의 평가에 영향을 미치는 감정가액, 매매가액을 주의해서 살펴야 한다. 피상속인의 자금 흐름을 확인하여 상속인이 모르는 재산이 있는지도 살펴봐야 한다.

② 과거 10년 이내 망자가 증여한 재산 : 사전증여재산

사망 당시의 재산은 아니지만, 사망 전에 가족 등에게 미리 증여한 재산도 세법상 상속재산에 들어간다. 증여 당시에 증여세를 신고·납부했을지라도 이를 상속재산으로 보고 합산하여 세금을 다시 계산한다. 다만, 증여 당시의 평가액으로 합산하고, 납부한 증여세는 차감하는 형식을 취한다. 상속인(일반적으로 배우자, 자녀)에게 증여한 재산은 사망 전 10년치, 상속인 이외의 자(일반적으로 며느리, 사위, 손주, 형제자매 등)에게 증여한 재산은 사망 전 5년치만 이 규정을 적용받는다.

이러한 재산에 대한 상속세조사 쟁점은 신고하지 않은 증여

재산이 있는지 여부다. 피상속인이 살아생전에 배우자 명의로 집을 사주고 증여세 신고를 하지 않았는가? 피상속인이 살아생전에 자녀에게 사업자금을 대주고 증여세 신고를 하지 않았는가? 만일 여러 이유로 기한 내에 증여세를 신고·납부하지 못했을지라도 상속세 신고단계에서 이러한 누락사실을 미리 확인해서 상속세에 합산하여 신고한다면 상속세 누락신고에 대한 가산세 등은 피할 수 있다. 증여세 신고누락에 대한 세금은 자진해서 납부하면 된다.

이러한 세법규정(10년치 증여재산 합산) 때문에 상속세조사는 사망 전 10년에 대한 피상속인, 상속인의 모든 금융거래가 대상이 되는 것이다.

③ 과거 2년 이내 망자의 없어진 재산 : 추정상속재산

의사로부터 사망선고를 받은 A, 얼마 남지 않는 삶을 정리하다 보니 남아 있는 가족이 부담해야 할 상속세가 걱정스럽다. 본인 통장에 있는 자금을 모두 현금으로 인출해서 숨겨놓는다면 세금을 피할 수 있을까, 하는 생각까지 든다. 이러한 경우를 막기 위해 사망 당시에는 없는 재산이지만, 사망하기 2년 전부터 사망 시점 사이에 없어진 망자의 재산도 상속재산으로 보고 세금을 과세할 수 있다. 상속세조사 쟁점은 망인의 없어진 재산의 사용처를 남아 있는 상속인이 소명할 수 있는가 하는 것이다.

"피상속인의 통장에서 인출된 돈은 어디에, 어떤 용도로 사용되었나요?"

"피상속인이 2년 내에 대출받은 자금은 어디에, 어떤 용도로 사용되었나요?"

먼저 위와 같이 상속인에게 묻는다. 상속인이 망인의 없어진 재산의 사용처를 소명할 수 있으면 다행이지만, 그렇지 못하면 상속인이 받은 것으로 추정하여 상속세를 매긴다. 무조건 매기는 것은 아니고 일정 기간, 일정 금액 기준이 있다. 무엇보다 잘못된 상식으로 불필요한 일을 만들지 않는 것이 좋으며, 고액의 자금사용은 가족 모두가 알 수 있도록 흔적을 남겨놓는 것이 바람직하다.

④ 사망 이후 사망보험금 등 : 간주상속재산

사망보험금은 민법상 망자의 재산이 아닌, 상속인의 고유 재산이다. 피상속인의 빚이 많아 상속포기를 하더라도 사망보험금은 상속인의 재산이므로 보험금을 수령할 수 있다. 세법에서는 이러한 사망보험금에 대하여도 상속재산으로 보고 상속세를 매기고 있다. 다만, 당초 보험금을 불입한 사람(계약자)이 망자인 보험금에 대하여만 상속재산으로 본다.

상속세조사 쟁점은 계약자가 망자가 아닌 보험이 있는 경우, 그 보험료 납입주체가 누구인지 확인하는 것이다. 상속인이 계약자로 된 보험의 보험료는 실제로 누가 불입하였는가? 상속세 신고 준비단계에서 보험료의 납입주체, 자금원천을 같이 살펴보아야 할 이유다.

고액상속인 사후관리,
부채 사후관리
조사 끝났다고 방심은 금물이다

상속인이 몰랐던 수십억 원대의 금괴가 발견되었다는 언론보도가 연일 화제가 된 적이 있었다. 치매에 걸린 망자가 미처 상속인에게 알려주지 못한 금괴를 사망 이후 몇 년이 지난 시점에서 공사 중 우연히 인부들이 발견해 은닉했다는 사건이었다. 다행히 사건의 전말이 밝혀져 금괴를 은닉한 인부들은 처벌을 받았고, 남은 금괴는 상속인에게 되돌아갔다는 내용이었다. 또한 국세청이 이에 대한 세금 추징을 하겠다는 후속 기사도 나왔다.

국세청에서는 이런 기사의 존재 여부를 떠나서 일정 금액 이상의 고액 상속건에 대해 상속개시일 후 5년이 되는 시점에 상속인의 재산변동 사항을 한 번 더 살펴보는 사후관리를 한다. 또한 상속세, 증여세 조사과정에서 상속채무 또는 자금출처로 인정받았던 은행대출금, 임대보증금의 상환자금이 정당한 자금인

지도 확인하는 사후관리를 한다. 조사가 끝났다고 방심하다가는 큰 코 다칠 수가 있는 것이다.

따라서 세법상 잣대에 맞지 않은 자금 흐름, 특히 가족 간 돈 거래 등은 각별히 주의해야 한다. 편의를 위해 가족 사이에서 '네 돈 내 돈' 명확한 구분 없이 돈을 사용하다가는 억울한 세금을 낼 수 있음을 기억해야 한다.

종합 재무컨설팅

개인재무설계^{Personal Financial Planning}란 개인의 수지차(소득−지출)를 적정한 관리를 통해 재무목표를 달성할 수 있도록 계획하고, 실행하는 일련의 과정을 말한다. 즉 개인의 재무목표, 자산, 부채, 수입, 지출 등 재무적 및 비재무적 자료를 수집·분석한 후 개인이 원하는 재무목표나 라이프 플랜을 달성할 수 있도록 분석, 계획, 실행, 점검해 주는 모든 과정을 말한다.

개별 재무설계는 특정 분야의 재무목표를 계획하고 실행하는 것을 말하며, 종합재무설계는 개인의 모든 관심사를 종합적으로 실행하는 것을 말한다. 종합재무설계에서는 라이프 플랜, 은퇴 플랜, 보장(위험관리) 플랜, 투자 플랜, 상속·증여 플랜, 세금 플랜, 가업승계 등의 분야가 있다. 고객의 자산 규모나 직업, 자산 형성과정 등에 따라 관심 분야 및 분석 범위에서 차이가 크게 나타난다.

자산관리는 유럽을 중심으로 발전해 왔으며, 1980년대부터 미국을 중심으로 더욱 활발하게 발전하고 있다. 이 같은 자산관리가 현대에 와서 보다 체계화되고 표준화된 형태로 발전한 것이 바로 '재무설계Financial Planning'다.

유럽의 자산관리 모델은 18세기 중반부터 스위스와 영국을 중심으로 본격적으로 발전해 왔으며, 주요 대상은 혈연과 지연으로 연결된 초부유층으로 보통 수대에 걸쳐 자산관리가 진행된다. 비밀 유지와 자산 보전을 가장 중요시하며, 거래 금융기관도 소형 부티크(소규모 투자자문회사)와 상업은행을 중심으로 발전하고 있다.

미국형 자산관리 모델은 1970년대 이후 금융자유화와 함께 본격적으로 발전해 왔다. 주요 대상은 거액 자산가이며, 지금은 신흥 부유층에서 일반 고객층으로까지 확산되어 가고 있다. 주로 적극적인 투자를 통한 자산증식을 중요시하며, 증권사와 대형 투자은행을 중심으로 발전해 가고 있다. 재무설계만을 전문으로 하는 회사도 많이 등장했다.

미국의 재무설계 발전과정을 살펴보면 1970~80년대는 '프라이빗 뱅킹Private Banking'이라는 용어를 주로 사용했으며, 서비스 내용도 전통적인 자산관리와 큰 차이가 없었다. 즉 자산운용, 대출, 세금, 결제 등이 주 서비스 내용이었다. 1990년대에 들어서는 '웰스 매니지먼트Wealth Management', 즉 자산관리 개념으로 발전했고, 서비스의 범위도 확대되었다. 적극적인 해외투자와 가족 전체에 대한 서비스 제공까지 포함된 것이다. 2000년대 들어 금융

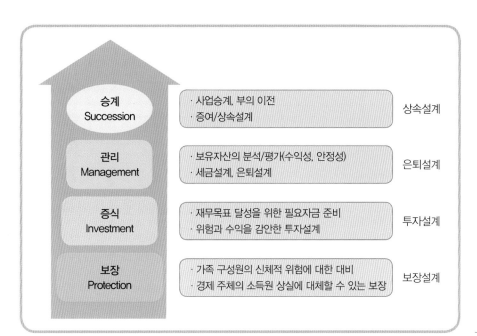

승계 Succession	· 사업승계, 부의 이전 · 증여/상속설계	상속설계
관리 Management	· 보유자산의 분석/평가(수익성, 안정성) · 세금설계, 은퇴설계	은퇴설계
증식 Investment	· 재무목표 달성을 위한 필요자금 준비 · 위험과 수익을 감안한 투자설계	투자설계
보장 Protection	· 가족 구성원의 신체적 위험에 대한 대비 · 경제 주체의 소득원 상실에 대체할 수 있는 보장	보장설계

업종 간 장벽이 없어지면서 '원스톱One-Stop 서비스' 형태로 발전했
다. 또한 보험사를 중심으로 출생부터 사망까지의 인생 전 과정
을 서비스하는 단계로 발전했다. 고객의 삶의 질 향상을 위한 건
강, 여가, 자녀교육, 은퇴 등을 포함하는 '라이프 케어Life Care 서비
스'로 발전했다.

　우리나라는 금융기관을 중심으로 발전하고 있는데, 재무설계
전문회사도 등장했으나 아직은 미미한 수준에 불과하다. 현재는
일반 고객을 대상으로 삼아 상품판매가 목적인 개별 재무설계
중심으로 빠르게 발전해 가고 있으며, 대형보험사에서는 재무설
계FP센터를 통해 부유층을 대상으로 전문적인 종합재무설계 서

비스를 제공하고 있다. 또 일부 회사에서는 '패밀리 오피스Family Office'를 도입하여 가업승계를 중심으로 하는 가문관리 서비스를 제공하고 있다. 은행이나 증권사들의 경우 PB센터, 은퇴설계센터 등을 통해 금융자산 운용, 세무 상담, 경영컨설팅 등의 서비스를 제공하기도 한다.

여기서는 CEO 고객의 입장에서 고민해야 하는 가업승계, 상속·증여를 둘러싼 종합적인 상담 사례들을 소개하겠다. 이를 통해 각자 지금 무엇을 어떻게 준비해야 하는지를 살펴보는 계기가 되었으면 좋겠다.

사례로 알려주는 실전 노하우

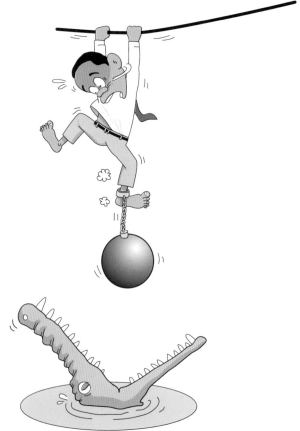

세 명의 주요 주주 중 한 명이 갑자기 사망했어요

A회장은 해외에서 기계를 수입하여 국내에 파는 유통 사업을 하고 있다. 30년 전에 친구 두 명과 함께 세 사람이 회사를 설립했는데, 지분은 세 명이 똑같이 3분의 1씩 나누어 가졌다. 그사이 회사는 안정적인 수입 루트와 국내 판매처를 확보했고, 특별한 문제만 없다면 안정적으로 운영될 것으로 생각된다.

창업자 세 명은 2년 전부터 사업에서의 역할을 줄이고 모두 공동회장으로 물러났으며, 오랫동안 함께해 온 직원들 중에서 능력을 인정받은 임원들 중 한 명을 대표이사 사장으로 선정해 모든 경영을 맡겼다. 창업자 세 명 모두 자녀들이 잘 성장하여 자신들이 속한 분야에서 두각을 나타내고 있었으며, 부모의 사업에 특별히 관심을 보이는 자녀는 없었다.

그런데 최근 동업자 중 한 명(C)이 갑자기 건강이 나빠져 사망했다. C의 유가족이 상속세를 신고·납부하는 과정에서 어려움을 겪자, A회장은 자신도 한번 점검해 볼 필요성이 있음을 느끼게 되었다.

고객 현황

· 가족사항 : 본인 67세, 배우자 65세, 자녀 2남 2녀(2명은 결혼, 2명은 미혼, 2명은 해외 거주 중)
· 재무 현황 : 총 자산 400억 원, 부채 50억 원, 연소득 1.5억원, 연지출 3억 원
  − 자산 구성 : 회사 지분 100억 원(33.3%), 부동산 170억 원(주택 이외의 대부분 토지), 금융자산 130억 원(예금, 주식, 펀드, 채권, 보험 등)

고객 니즈 / 현황

· 모든 자산관리를 본인이 맡고 있으며, 자녀들은 각자 자신의 일을 하고 있음
· 회사는 3명이 공동으로 창업하여 30년을 운영해 왔으며, 현재 전문경영인이 맡고 있음
  − 최근 공동창업자 중 한 명이 사망하여 상속이 진행되는 과정에서 본인도 상속문제에 대해 관심이 높아짐
  − 공동창업자의 자녀들 중에는 사업을 승계할 만한 자녀가 없어 구체적인 대안을 마련하지 못하고 있음

· 금융자산 규모가 크기 때문에 유동성 위험은 낮으나, 금융 소득종합과세를 고려하면 세후수익률이 낮아지고 지속적 으로 만기가 돌아와 효율적인 자산관리에 어려움이 있음
 – 주식형 펀드의 손실, 다양하고 많은 금융상품 보유, 세 후수익률 저조

상담 내용

A회장에게 재무설계에 필요한 자료를 요청하여 받았다. 먼저 회사와 관련해서는 회사의 세무조정계산서 3년치와 주주들 간의 관계, 가업승계와 관련하여 창업자 간의 협의사항에 대해 얘기를 나누었다. 개인과 관련해서는 가족사항, 자산, 부채, 소득, 지출, 증여 현황 등의 자료를 요청했고, 자녀들과 관련해서는 자녀들의 성향과 가업승계 가능성 등에 대해 얘기를 나누고 손자녀의 숫자까지 파악했다. 자산에 대해서는 금융자산과 부동산의 상세내역을 받아서 분석한 후 각 상품 및 물건별로 세부내용과 수익률 처리 시 비용 및 효과 등을 고려하여 보유, 처분, 증여, 상속, 추가 투자 등의 의견을 제시했다.

먼저 현재 시점에서 A회장이 갑작스럽게 사망하게 될 경우 예상 상속세와 향후 10년 단위의 예상 상속세를 추정해 봤다. 매년 발생하는 소득에서 소득세(최고세율 45%)를 내고 남은 재산이 계속 증가하게 되는데, 그렇게 늘어난 재산의 50%를 증여나 상속으로 이전하는 과정에서 또 세금으로 내야 한다(최고세율 50%).

새로 발생하는 소득 중 실제 다음 세대로 이전되는 몫은 3분의 1도 안 되는 것이다. 따라서 재산을 늘리는 것도 중요하지만, 세금을 줄이는 것 또한 무엇보다도 중요한 일이다. 다시 말해 적절한 증여를 통해 재산과 함께 소득을 분산시키는 것이 가장 중요한 과제이다.

예를 들어 A회장의 현재 시점 상속세 과세대상 재산(자산 −부채)은 350억 원이다. 만일 회사 지분이 가업상속공제를 받지 못하고, 다른 특별한 공제요건 자산이 없다면 예상 상속세는 150억 원 정도 된다. 다행히 금융자산을 많이 보유하고 있어서 유가족이 상속세를 내는 데는 어려움이 없지만, 대부분의 금융자산을 사용하고도 일부 부족한 상황이 발생할 수도 있다. 따라서 그동안 증여가 전혀 진행되지 않았고, A회장의 나이(67세)와 건강이 좋은 상황인 점을 고려하여 적극적인 증여를 실행하는 것이 필요하다는 판단이 들었다. 그리고 세금을 고려할 때 자녀 1인당 30억 원(증여세율 40% 구간) 이내에서 적극적으로 증여를 하는 것이 바람직했다. 이때 자녀 한 명에게 증여할 수도 있지만 자녀의 배우자와 손자녀를 포함하여 증여를 할 경우 세금을 크게 줄일 수 있기 때문에 자녀 부부의 상황과 손자녀의 숫자를 감안하여 결정하도록 했다. 특히 보유하고 있는 여러 부동산 물건 중에서 대도시 주변에 위치하고, 개발 가능성이 큰 물건을 우선 증여 대상으로 하고, 마땅치 않을 경우 현금을 증여하여 수익성 부동산을 매입토록 했다.

보유하고 있는 금융자산은 나이가 들어갈수록 관리가 어려워지기 때문에 수익성보다는 안정성을 우선하고, 너무 많은 상품으로 나뉘어 있는 것도 상품의 종류를 줄이고, 단기간 내에 특별히 사용할 목적이 없기 때문에 비과세와 저율과세 상품을 중심으로 조정했다.

한편, 유가족 입장에서는 여러 가지 숙제가 남는다. 이 숙제들을 원만하게 해결하지 못하면 남겨준 재산으로 인해 재산분쟁이 생겨 가족관계가 최악으로 치달을 수도 있다.

유가족이 물려받을 자산은 크게 회사 지분(100억 원)과 여러 건의 부동산으로 나뉜다. 이 자산을 A회장의 부인과 자녀 4명, 즉 총 5명의 유가족이 나누어 가져야 한다. 그런데 물려받은 자산들 가운데 활용이 용이한 자산이 없다는 것이 문제였다. 자산을 물려받으면 좋기는 하겠지만, 재산세를 포함한 세금이 골칫거리였다. 당장 세금을 내야 하는데 수입이 없으니, 처분하기 전까지는 부담스러운 자산이 된다. 가장 좋은 것은 자녀들의 숫자만큼 건물과 같은 수익성 부동산을 보유하고 있는 경우다.

그리고 회사 지분의 처리와 관련해서도 문제의 소지가 있었다. 지분이 50%가 넘지 않은 데다가 비상장주식이어서 배당을 받지 않으면 큰 의미를 갖지 못했고, 주식을 처분하려고 해도 매수자를 찾기가 쉽지 않았다. 동업자나 회사가 사주는 것이 가장 좋은데, 100억 원 이상의 자금을 마련하는 것이 부담스러울 수밖에 없다. 그리고 부동산의 경우 그 가치가 천차만별이어서 누구에게 어떤 물건을 줄 것인지 결정하기도 쉽지 않았다.

현재 회사는 창업자 중 누구 한 사람도 50% 이상의 지분을 확보하고 있지 못한 상황이어서 급여 조정, 배당 실시, 지분 이전 등을 쉽게 실행하기 어려웠다. 따라서 창업주가 서로 비슷한 고민을 할 수밖에 없는 점을 고려하여, 서로 간의 신뢰를 바탕으로 허심탄회하게 구체적인 얘기를 나누고 대책을 마련하는 것이 필요했다.

먼저 회사의 후계자 문제를 매듭지을 필요가 있었다. 이미 창업자 중 한 명이 사망했기 때문에 서로 입장이 달라질 수 있다. 이제는 구체적인 계획을 검토하고, 진행하는 것이 필요했다. 이 경우 창업주 가족들 중에 후계자를 찾아서 양성하고 준비하는 방법과 전문경영인을 통해 회사를 운영해 나가는 방법, 그리고 회사를 처분하거나 창업자 중 한 명에게 지분을 넘기는 방법 등을 검토할 수 있다.

각각의 방법에 따라 준비해야 하는 내용들이 달라지기 때문에 내용을 구체화하여 우선순위를 판단한 후 결정, 실행하는 것이 필요했다. 먼저 급한 것이 남아 있는 2명의 창업자에게 또다시 갑작스런 사고가 생길 경우 대처하기가 더욱 쉽지 않을 수 있다. 따라서 회사의 지분 평가방법과 지분을 처분할 때 기존의 주주들이 우선 매입할 수 있는 권리 등을 명기한 협약서를 만들어 놓는 작업이 필요했다.

가업상속공제를 받기 위해서는 사업을 물려받을 상속인이

회사에 들어와서 일을 해야 하며, 피상속인과 그 특수관계인이 지분을 50% 이상 보유하고 있어야 하기 때문에 사업을 승계할 창업주나 그 가족이 필요한 지분을 추가로 인수하는 것이 필요했다. 물론 그 인수대금을 미리 준비해야 한다는 선결과제가 있었다.

급한 대로 두 창업주를 피보험자로 하고, 보험료를 납부하는 계약자를 회사로 하는 종신보험에 크게 가입하게 했다. 창업주의 사망으로 인해 상속이 발생했을 경우 지급받은 보험금을 통해 주식 매입자금을 확보하도록 한 것이다.

LG그룹 분리

고 구인회 회장님이 1930년도에 설립한 구인회상점이란 포목점이 LG의 모태가 됩니다.

구인회상점은 홍수로 물에 잠기게 되고 그 후 6촌 간인 허만정 씨와 돈을 모아 동업 형태로 새로운 사업을 시작하게 됩니다. 이것이 구씨 집안과 허씨 집안의 첫 접촉입니다.

그 후 꾸준히 기업을 일으켜 재계 2, 3위에 이르는 대기업이 되었고, 이제 다시 구씨 집안과 허씨 집안이 자본을 나누게 된 것이지요.

LG란 이름은 1995년에 만든 것으로 그 당시 LG의 계열사인 럭키화학과 금성전자의 첫 글자를 따서 Lucky Goldstar에서 따온 것입니다. 2003년 11월 구자경 회장님의 동생인 구자홍 회장님(구본무 회장님과는 삼촌뻘 되시죠)이 LG가에서 분가를 했는데요. 그것이 LG전선그룹입니다. 이 LG전선그룹이 2005년이 되어 CI(기업이미지통합)를 LS로 바꾸고 그룹을 새롭게 변모시키려 하고 있습니다. LS의 의미는 Leading Solution입니다.

GS그룹은 올해 4월 공식출범했는데요. GS그룹은 위에서 말했다시피 허씨 집안이 지분정리를 하며 자기 자본을 끌어내서 독립한 것이라 할 수 있겠는데요. 처음 구인회 회장님과 허만정 씨의 자본 비율이 약 3:1 정도 되었다 하는데요. 지금의 LG그룹과 GS그룹의 총 자산 비율과 딱 맞아떨어집니다.

GS의 의미는 너무 허무하게도 Gold Star의 첫글자를 따서 만들었다고 하네요.

요약을 하자면 LG의 창업주 되시는 구인회 회장님과 허만정 씨가 6촌간이니 구인회 회장님의 손자되시는 구본무 회장님과 허만정 씨의 손자 되시는 허창수 회장님은 10촌 간이 되고요. 그것도 외가 쪽이겠네요. 성이 다르니…. LS그룹의 구자홍 회장님과 LG그룹의 명예회장님이신 구자경 회장님은 형동생이 되겠네요.

한 가지 보태자면 LG그룹이 GS로 이름을 바꾸었다 생각하시는 분들이 가끔 계시는데요. 구 LG건설과 LG유통(LG25, LG마트), LG홈쇼핑, LG정유가 GS그룹으로 편입되었고, LG전자나 LG전자 관련 부문, LG화학 관련 부문 LG통신(데이콤), 텔레콤 관련 부문은 그대로 LG그룹 계열사입니다. LS그룹에는 LG산전, LG-Nikko 동제련, LG전선, E1 등이 계열사로 있습니다.

– 출처: 네이버 블로그 〈kiss10102〉 중에서(2005. 5. 10)

사업 시작한 지 3년째인데,
회사가 급성장하고 있어요

A대표는 10년간 다닌 대기업을 그만두고 3년 전에 회사를 설립해 운영하고 있는 CEO다. 회사는 휴대전화 관련 액세서리를 제조 및 납품하고 있으며, 인터넷을 통해 직접 판매까지 하고 있었다. 지난 2년간 회사 매출액은 연 30%씩 증가해 왔으며, 당분간은 성장세가 지속될 것으로 예상된다. 또한 1년 전 회사 명의로 3억 원에 취득한 경기도 소재의 공장부지 주변이 최근 개발될 거라는 얘기가 있다. 부동산 업자로부터 부지를 팔라는 전화가 수시로 걸려오는 실정이다.

고객 현황

· 가족사항 : 본인 43세, 배우자 40세(자금관리 담당), 자녀 1남
　1녀(초등 2학년 / 6세)

· 재무 현황 : 거주 주택 7억 원, 예금 1억 원, 주식형 펀드 1억 원, 보험 1억 원

　－ 연소득 1억 원(본인 급여 7,000만 원, 배우자 3,000만 원), 연지출 5,000만 원(생활비 및 교육비)

· 회사 현황 : 자본금 1억 원, 이익잉여금 5억 원(부동산 3억 원)

　－ 회사 지분 현황 : 본인 50%, 부친 20%, 친구 10%, 직원 2명 각 10%(실제로는 100% 본인 투자 회사이며, 주식은 명의신탁한 것임)

　－ 전년도 매출 20억 원, 순이익 3억 원이며, 올해는 매출 30억 원, 순이익 4억 원 예상

　－ 향후 수년간은 성장이 지속될 것으로 예상하고 있음

　－ 세무사는 부친의 후배(60대 초반)임

최근 사업장이 근처여서 자주 만나 사업 관련 얘기를 나누던

친구가 사고로 갑작스럽게 세상을 떠났다. 자동차회사에서 연구원으로 일하다가 전 재산을 투자해 사업을 시작한 지 1년밖에 안 되는 친구였다. 전업주부였던 부인과 이제 초등학교 1학년인 딸만 남겨두고 세상을 떠난 것이다. 막 시작한 사업은 흔적 없이 사라질 게 뻔했고, 남은 유가족은 생계를 걱정해야 하는 상황에 놓였다. 이런 상황을 가까이서 지켜보면서 남의 일처럼 여겨지지 않았다. A대표 본인에게도 얼마든지 일어날 수 있는 일이었기 때문이다. "혹시 나한테 무슨 일이 생긴다면 가족은 어떻게 될까?" A대표는 가족을 위해 자신이 무엇을 준비해야 할지 고민하게 되었다.

현재 회사는 사업화에 성공하여 기대 이상으로 빠르게 성장하고 있지만, 아직 CEO 개인자산은 전혀 확보되지 않은 상황이다. 따라서 사업 확대에 따른 회사와 개인의 자산관리 계획을 세워볼 필요가 있었다. 또 명의신탁된 주식 지분도 해결해야 하고, 부인과 자녀에게 주식을 증여하거나 새로 시작하는 아이템은 별도의 회사를 만들어서 진행하는 방법 등도 고민할 필요가 있었다. A대표는 회사의 이익금이 늘어나면 현재 임대로 사용하고 있는 사무실 겸 사업장을 회사 명의로 구입하는 방안도 고려하고 있다(아파트형 공장 시세 7억 원 예상).

상담 내용

먼저 회사 지분 관련 문제부터 검토할 필요가 있었다. 불필요하게 지분을 명의신탁함으로써 회사가 성장할 경우 지분 회수를 해야 하는 문제를 만들어놓았다. 일단 A대표는 명의신탁임을 입증한 후 명의신탁해지를 통해 지분을 찾아오는 게 급선무다. 그 뒤 지분의 일부를 부인과 자녀에게 증여하는 방안을 고려할 수 있다.

명의신탁임을 입증하여 지분을 찾아올 경우 명의신탁 당시의 행위를 증여로 추정하여 과징금 성격의 증여세를 과세하게 되는데, 최초 법인 설립 당시에 총 5,000만 원의 주식을 증여했기 때문에 증여세는 크게 발생하지 않는다. 현 시점은 창업한 지 3년째 되는 해로, 만으로 3년이 경과하지 않았다. 명의신탁 해지가 어려울 경우 아직 회사가 3년이 안 된 만큼 순자산가치로 평가하여 증여할 수 있는 점을 활용할 수 있다. 현재 회사의 가치는 자산가치보다 수익가치가 너무 높게 평가되기 때문에 올해를 넘길 경우 급증하고 있는 수익가치로 인해 상속세 및 증여세법상 회사의 가치는 크게 증가할 것으로 예상된다.

이렇게 지분을 가족들 명의로 분산해 놓으면 일부 자녀들에게 증여하는 부분에 대해 증여세가 발생하겠지만 증여세는 배당금을 받아서 납부할 수 있기 때문에 큰 문제가 아니다. 오히려 장기적으로 자산뿐만 아니라 소득의 이전 효과도 크게 나타날 수 있다. 또한 배당에 따른 소득세도 절감하는 효과가 있다. 특히 배당은 배당금액과 배당 시기를 적절히 조절할 수 있기 때문에 장점이 많다. 배당의 경우 비상장기업은 연 2회까지 가능하고, 상장기업은 최대 연 4회까지 가능하다. 그리고 이렇게 중간배당을 위해서는 회사 정관에 중간배당이 가능하도록 관련 근거를 마련해 놓는 것이 필요하다.

다음은 급여의 적정성인데, 회사의 가치가 성장하는 속도에 맞춰 개인자산도 함께 성장할 수 있도록 균형 있는 관리를 할 필요가 있다. 회사의 가치는 3년 사이에 순자산가치가 6배로 늘어났으며, 수익가치를 감안할 경우 그 배 이상으로 증가했다. 그런데 회사의 가치를 제외한 개인자산은 크게 늘지 않았다. 따라서 부부의 급여를 충분히 높여 개인 명의의 금융자산을 확보할 필요가 있다.

이렇게 확보된 자금출처를 통해 사무실로 사용하기 위해 구입하려는 아파트형 공장은 개인 명의로 구입하여 회사에 임대하는 방법으로 진행하는 것이 바람직해 보인다. 특히 소유주를 A대표로 하기보다는 부인이나 부인과 자녀들 소유로 하는 것이 더 유리해 보인다. 임대사업자는 나이와 상관없기 때문에 자녀들도 참여할 수 있다. 만일 개인사업자로 임대사업을 하는 것이 부담스럽다면 가족들이 지분을 보유한 임대법인을 별도로 만들어서 활용하는 것도 한 방법이다.

또한 급여 인상을 통해 확보된 소득으로 A대표 부부를 피보험자로 하는 종신보험에 가입하여, 혹시라도 발생할 수 있는 사고를 사전에 대비할 수 있도록 최소한의 장치를 마련하는 것이 좋다.

03

CEO Financial Management

남편이 사고로
사망했어요

상속이 진행될 때 가장 힘든 상황은 가장이 갑작스런 사고나 건강 악화로 사망하는 경우다. 대부분의 가정이 가장인 남편을 중심으로 자산을 형성하여 성장시키고, 관리해 왔기 때문에 가장이 갑자기 자리를 비우게 될 경우 안타깝고 혼란스러운 심리적 어려움 못지않게 재정적인 문제에 있어서도 힘든 상황을 겪게 되는 경우가 많다. 아래의 사례를 통해 자세히 살펴보자.

남편의 갑작스런 사망으로 회사와 모든 자산관리를 맡게 된 A대표. 그전까지는 남편이 모든 사업을 하고 있었고, 본인은 평범한 전업주부로 살고 있었다. 50대 중반의 남편은 서비스업과 부동산 임대업을 하던 중 갑작스런 병으로 사망했다. 이 경우 남은 가족들에게 어떤 일들이 벌어졌을까? 부인 A대표의 입장에

서 살펴보자. A대표의 가족 및 재무 상황을 간단하게 정리하면
다음과 같다.

고객 현황

· 남편 : 50대 중반, 부인(A대표) : 50대 초반
· 자녀 : 1남 1녀로 아들은 대학원생, 딸은 대학 4학년
· 자산 현황 : 총 200억 원(남편 150억 원, 부인 50억 원), 부채
  50억 원(남편:부인 = 2:1)
  − 임대부동산 150억 원(부부 공동 소유, 일부는 사업에 활용)
  − 사업자산 40억 원, 금융자산 10억 원(부부 각 5억 원)
· 소득 : 남편 월 3,000만 원(임대소득 및 근로소득), 부인 월
  1,000만 원(임대소득)

· 종신보험 사망보장 20억 원 가입 : 피보험자(남편), 계약자
(부인)

남편의 장례를 치르자마자 은행에서 연락이 왔다. 사망자 명의로 대출이 되어 있기 때문에 은행 입장에서는 한시가 급했을 것이다. 일단 은행은 대출금액의 승계 및 담보물건을 확보하기 위해 남은 가족이 부채를 승계하고, 담보 명의를 유가족 명의로 바꿔줄 것을 요구했다. 유가족들은 다른 생각을 할 마음의 여유가 없었기 때문에 일반적으로 많이 하는 공동상속인 간 법정지분 비율대로 공동상속을 하기로 하고, 등기가 필요한 자산들을 법정비율대로 공동 소유로 변경했다.

그리고 개인사업자로 남편이 운영하던 서비스업을 정리하는 한편, 사업에 사용하던 사무실을 임대로 전환했다. 또 상속세와 관련해서는 담당 세무사와 함께 신고준비를 시작했다. 그런 다음 상속 문제와 함께 조만간 받게 될 남편의 사망보험금을 어떻게 활용하는 것이 좋을지에 대해 전문가를 찾아 상담을 받았다.

상담 내용

고객의 관련 정보를 받아서 분석해 본 결과 여러 가지 문제점이 나타났다. 먼저 예상 상속세를 계산해 보니 20억 원 정도가 되었으나, 현재 금융자산이 10억 원 정도에 불과해 상속세 재원 마련에 어려움이 예상되었다. 다행히 남편을 피보험자로 하

여 20억 원 상당의 종신보험에 가입해 두어서 큰 어려움은 피해 갈 수 있었다. 보험금을 받으면 세금 납부에 아무 문제가 없었 다. 더욱이 종신보험의 계약자가 A대표 본인이어서 사망보험금 에 대해서는 상속세를 내지 않아도 되었다.

상속이 발생하면 6개월 이내에 상속재산을 신고하고, 세금을 납부해야 한다. 이 경우 이번에 낼 세금도 중요하지만, 차후 본 인이 사망할 경우를 생각해 봐야 한다. A대표 본인이 사망할 경 우 다시 한 번 자녀들이 상속세를 내야 하기 때문이다. 특히 그 때는 배우자상속공제를 받을 수 없으므로 상속세 부담이 가중된 다. 따라서 상속재산을 신고할 때는 유가족 중 누가 어떤 자산을 소유할 것인지, 상속세는 누가 어떤 방법으로 낼 것인지를 잘 판 단하고 결정해서 2차 상속세를 줄일 수 있도록 고려해야 한다.

그런데 모든 부동산을 각 물건별로 유가족 공동명의로 이전 등기를 하여 여러 가지 문제가 발생했다. 특히 보유하고 있던 시 가 10억 원 상당의 여러 주택을 공동으로 등기함으로써 모든 가 족이 다주택자가 되어 1세대 1주택 비과세(비과세 요건 충족 시) 규 정을 활용할 수 있는 기회를 놓쳤다. 임대건물과 토지를 공동으 로 보유함으로써 지분관계가 복잡해져 대출의 승계, 소득과 비 용의 관리, 대출이자 및 원금의 상환 문제 등이 복잡하게 얽혔 다. 또한 1년 전 10억 원에 양도한 부동산 매각대금의 행방을 찾 지 못했는데, 만일 자금 사용처를 입증하지 못한다면 증여로 추 정되어 상속자산이 증가할 가능성이 높아 보였다.

분석 결과를 토대로 다음과 같은 해결방안을 제시했다.

먼저 상속세 신고를 준비하되, 자금의 사용처를 최대한 밝혀 증여추정의 위험을 줄이는 것이 필요했다. 그리고 상속세 신고 후 진행될 세무조사에 대비해 소득 신고, 지출관리, 대출 이자 및 원금의 상환 등 유가족의 자산관리를 철저히 하고, 사업과 관련한 모든 수입과 지출관리를 사업용 계좌를 이용하여 투명성을 확보하도록 했다.

상속재산을 단기간 내에 처분할 경우 시세 노출에 따른 상속세를 추가로 부담할 수 있으므로 자산의 매각 및 이동을 자제하도록 했다. 그리고 임대사업에는 적절하게 부채를 활용하여 임대소득의 세후수익률을 높일 수 있도록 했다. 임대계약이 만기가 되는 건은 적정임대료를 다시 판단하여 임대차 계약을 변경하거나 임차인을 변경하는 방안을 적극 검토하게 했다.

상속세는 수령한 보험금을 활용하고, 특히 자녀가 납부해야 할 상속세는 A대표 본인이 납부함으로써 자녀에게 더 많은 자산이 넘어가도록 했다. 왜냐하면 상속세는 공동상속인이 연대하여 납부할 책임이 있으므로 자녀의 상속세를 어머니가 대신 납부했다고 하여 대신 납부한 상속세 금액을 증여로 보지는 않기 때문이다. 만일 상속세를 납부할 금융자산이 부족할 경우는 연부연납 제도를 활용하여 상속세의 6분의 1만 내고, 나머지는 1년에 한 번씩 5년 동안 나누어서 낼 수도 있다. 이때 미납한 세금은 낮은 금리의 이자를 함께 납부해야 한다.

남편이 없는 상황에서 이번에 상속을 통해 본인 명의의 자산이 크게 증가한 만큼 본인 유고 시 상속세 부담이 그만큼 늘어날 수밖에 없다. 이번에 경험한 것처럼 언제 발생할지 모르는 상속세를 대비하기 위해 자녀의 임대소득을 활용하여 본인을 피보험자로 하고, 자녀를 계약자로 하는 종신보험을 추가로 가입했다. 또한 앞으로 여유자금이 생기면 본인을 계약자와 피보험자로 하는 연금과 자녀를 피보험자, 본인을 계약자로 하는 연금을 늘려나가도록 조언했다. 나이가 들수록 금융자산, 특히 연금이 가장 효자이기 때문이다.

그리고 그동안은 남편이 모든 사업과 재산을 운영 및 관리함으로써 아직 본인과 자녀들이 이를 책임질 수 있는 준비가 되지 않은 만큼 상당 기간 동안은 현재의 재산 상태를 유지하면서 자산을 관리할 수 있는 능력을 갖추도록 안내했다.

간혹 부동산을 보유하고 있는 경우 상속세를 적게 내기 위해 시세보다 가능한 낮게 평가하여 신고하는 유가족이 있는데, 잘못하면 상속받은 부동산을 매각할 때 상속세 대신 더 많은 양도세를 낼 수도 있다. 따라서 지금 상속세를 적게 내는 것이 무조건 좋은 것은 아니다. 최소한 10년 이상을 내다보고 가장 좋은 방안이 무엇인지를 찾는 노하우가 필요하다.

상속 관련 상담에서는 무엇보다도 유가족의 심리적 안정을 고려하는 것이 중요하다. 그러나 상속세 신고 및 상속세 납부도 피해 갈 수 없는 현실적인 문제인 만큼 서로가 문제의 인식 및 해결에 대해 공감대를 형성하는 것이 중요하다. 또한 상속세를 줄이기 위해서는 상속 문제를 많이 다루어본 전문가를 찾아서 조언을 구하는 것이 필요하다. 일반적으로 세무사나 회계사들이 상속세를 산출하고 세금 신고를 하는 등의 실무를 처리하기는 하지만, 자주 다루는 경우는 많지 않다. 따라서 업무는 알지만 세금을 줄이기 위한 노하우가 많다고 할 수는 없다. 따라서 상속·증여 문제를 전문적으로 처리하는 세무 대리인이나 전문가를 통한 상담이 꼭 필요하다.

결국 남편이 하던 사업은 본인 이외에는 가족들도, 직원들도 자세히 모르기 때문에 정리 절차를 밟을 수밖에 없었다. 그 과정에서 타인에게 대여해 준 자금들이 상당 부분 있다고 추정되었지만, 관련 내용을 정확히 파악할 수 없는 데다가 재무 담당자가 횡령하는 등의 일이 겹치면서 승계를 할 수 있는 상황이 아니었다.

사업과 관련한 내용은 투명하게 처리하고 정기적으로 정리를 하는 한편, 각종 자료들을 업데이트하여 관리하는 것이 필요하다. 만일의 경우를 대비하여 가족 중 누군가는 필요할 때 관련 사실을 확인할 수 있도록 은행의 대여금고를 활용하든, 유서를 작성해 두든 최소한의 장치를 마련해 두는 것이 필요하다.

CEO가 알아야 할
노무관리의 핵심

– 노무법인 행복 / 대표 한상욱 노무사

경영자의 첫 번째 고민은 돈? 사람!

많은 경영자들에게 코로나19 사태라는 예기치 못했던 경영위기는 노무관리의 관행을 근원적으로 변화시켜야 하는 계기가 되기도 하였고, 노사 간 분쟁을 더욱 민감하게 촉발시키는 상황을 초래하기도 하였다. 2021년 최저임금 1.5% 인상률이라는 역대 최저의 유래 없던 상황을 보더라도 노사 모두에게 얼마나 심각한 위기인지 체감할 수 있는 상황이다.

크건 작건 간에 사업체의 경영자에게 있어 돈 이상으로 항상 신경을 쓰고 고민을 가져오는 사안은 사람, 즉 직원에 관련된 문제들이다. 이러한 사람 측면의 문제들, 즉 직원에 관한 관리영역은 보통 인사관리 또는 노무관리라는 관점으로 인식이 된다. 학문적으로 인사관리와 노무관리는 구분되어 정의되지만 중소기업이나 소규모 사업장의 경영자가 그 의미의 구분보다 더 주목해야 할 점은 점차 직원관리에 있어 노동법의 이해가 매우 중요해지는 추세라는 것이다.

경영자가 사업을 운영함에 있어 돈에 관한 전문적 자문은 세무사 또는 회계사를 통하여 받는 것이 이제는 매우 일반적이다. 마찬가지로 그동안 주먹구구식 관행적으로 관리되어 왔던 직원 문제들, 즉 노무관리는 노동법의 전문가인 노무사를 통하여 체계적으로 자문을 받으며 경영하는 것이 점차 보편화되고 있는 추세이다.

그렇다면 급변하는 추세에 따라 체계적인 노무관리를 해야만 하는 이유를 살펴보기로 하고, 또한 노동법에 대해 최소한의 이해는 어떤 것이 필요한지 짚어보도록 하겠다. 그리고 노무관리의 최근 주요이슈는 어떠한 것들이 있는지 정리해 보겠다.

체계적인 노무관리가 중요해지는 이유

경영자에게 있어 사람에 대한 고민은 어제오늘의 문제는 아니다. 오히려 여러 사람이 모인 조직에 있어서의 사람관리 문제는 인류의 역사와 함께 한다고 하여도 과언이 아닐 것이다. 하지만 최근 수년간에 걸쳐 급변하는 추세인 체계적인 노무관리의 필요성을 살펴보면 중소기업체 특히 소규모 사업장의 경영자들이 더 심각하게 느끼는 인식이라고 볼 수 있겠다. 이러한 이유들은 다음과 같이 살펴볼 수 있을 것이다.

첫째, 사회적 가치변화에 따른 근로자들의 권리의식 향상에서 바라볼 수 있다. 우리 사회는 빠르게 탈권위화되고 있으며 시민과 약자가 목소리를 낼 수 있는 실질적 자유가 확대되어 온 것을 부정할 수는 없을 것이다. 이에 따라 사업장에서도 노동조합에 의지하지 않고서도 개개인으로서 근로자들이 사용자에게 노동법상의 정당한 권리에 대해서 스스럼없이 의견과 문제제기를 하는 경향이 급증하고 있다. 이러한 현상은 노사간의 시시비비를 떠나서 경영자들에게 매우 당황스러운 상황으로 다가오고 있는 것이다.

둘째, 스마트폰과 인터넷으로 표현되는 정보시대의 도래로 인하여 근로자들도 노동법 관련 자료를 용이하게 수집할 수 있고, 노사간 분쟁에 대한 정보와 조력을 쉽게 구할 수 있게 되었기 때문이다. 특히 스마트폰의 급속한 대중화는 업무상 PC를 접하지 않는 수많은 업종, 직종의 취약 근로자들조차도 수시로 인터넷에 접속하여 노동법 관련 자료를 검색하고 지인들과 정보를 주고받으며 사용자에게 권리를 표출하는 것을 활성화시키고 있다.

셋째, 준법경영을 위반하는 것에 대한 위험비용이 점차 증가하고 있는 점이다. 사회가 점차 투명화되면서 기존에는 융통성이나 관행 정도로 여기던 문제들이 이제는 위법으로 다루어지고 책임을 져야만 하는 상황들을 여러 부문에서 접하게 되는데, 노무관리 측면에서도 마찬가지 현상이 두드러지게 나타나고 있다. 노동법상으로는 당연히 준수했어야 할 사안들을 간과하거나 외

면해 오다가 근로자들과의 대립이 발생하거나 고소를 당하게 되는 경우에 예상치 못했던 적잖은 분쟁비용을 치르고서야 해결하는 경우가 많다.

이렇듯 경영환경은 점점 더 체계적인 노무관리를 하지 않을 수 없도록 급변하고 있는데, 그렇다면 중소기업의 경영자들이 노동법에 대해서 최소한 알아두어야 할 점들의 포인트를 짚어보도록 하겠다.

경영자가 꼭 알아두어야 할 노동법의 포인트

우리나라 법령체계에 있어서 노동법이라는 명칭의 법이 있는 것은 아니며, 근로기준법을 비롯한 다양한 노사관계 관련법령을 통칭하여 노동법이라고 부르는 것이다. 노동조합이 있는 비교적 규모가 큰 기업체가 아닌 중소기업 혹은 소규모 사업체의 경영자들에게 가장 중요한 노동법은 근로기준법이라 하겠다. 이를 위주로 하여 특히 염두에 두어야 할 몇 가지 포인트를 짚어보겠다.

첫째, 근로기준법은 강행 법규적 성격을 갖고 있다는 점이다. 이는 노사간 갈등을 겪는 경영자들과 상담하면서 흔히 듣게 되는 다음과 같은 내용을 설명하기 위해 중요한 의미이다. "분명히 ○○○ 근로자를 채용할 때 어떠어떠한 방식으로 근로조건을 정했는데 퇴사할 때에서야 처음 약속했던 계약과 달리 주장을 하는 것에 대해서 추가적인 임금 등을 왜 지급해야만 하는 것입니까? 이것은 계약을 어긴 ○○○ 근로자가 잘못한 것이 아닙니까? 그렇다면 합의했던 계약조건이 무슨 소용이 있습니까?"라는 하소연을 자주 접하게 된다. 여기서 처음 합의했던 계약조건이 근로기준법에 저촉되는 내용이 아니라면 문제될 것이 없다. 하지만 근로기준법보다 낮거나 위반되는 내용이라면 사용자와 근로자 간의 합의는 그 부분에 한해서 무효가 된다는 점이 강행 법규적 성격의 중요한 점인 것이다. 한마디로 말해서 근로기준법에 맞지 않는 방식이라면 합의 계약이 소용없으므로 제대로 이해하고 적합한 방식으로 근로조건을 정하는 노무관리를 해야 한다는 것이다.

둘째, 근로계약서의 작성과 교부가 필수라는 점이다. 근로계약서는 특히 소규모 사업장의 노무관리에 있어서 가장 핵심을 차지하는 부분이라고 해도 과언이 아니다. 여전히 근로계약서도 없이 말로만 근로조건을 합의하여 직원을 채용하고 노무관리를 하는 경우가 많은데, 이제는 근로계약서를 2부 작성하여 근로자에게 1부를 교부하지 않으면 정규직인 경우 벌금형(근로기준법상 500만원 이하 벌금), 비정규직인 경우 과태료(기간제 및 단시간근로자 보호 등에 관한 법률상 500만원 이하 과태료)가 부과된다. 해당 과태료의 경우 위반 확인시 시정조치의 기회가 없이 즉시 부과되는데, 한마디로 말해서 계약직, 아르바이트 등 소위 비정규직 근로자들과도 근로계약서를 쓰지 않으면 경영자가 500만원 이하의 과태료를 각오해야 한다는 것이다.

셋째, 임금항목을 제대로 반영한 임금대장의 체계적 관리가 중요하다. 이는 연봉, 월급, 일당 등 임금을 좀 더 많이 지급하면 되겠지 라는 식으로 적당히 노무관리를 해서는 문제가 될 수 있다는 의미이다. 소위 포괄임금 방식으로 임금 지급을 하는 경영자가 상당히 많은데, 이런 경우에도 기본급과 수당항목들이 명확히 구분되어야 하고 근로계약서 및 임금대장에 해당 내용을 제대로 명시하여야만 한다. 한편으로 임금항목을 과도하게 세분화하여 관리하는 경영자들도 오히려 통상임금 문제가 발생할 소지가 있다는 점에서 제대로 진단하여 노무관리를 하는 것이 중요하다. 즉 임금대장이 있는 것이 능사가 아니라 근로기준법에 부합되도록 제대로 작성하여 관리하는 것이 필요하겠다.

넷째, 상시근로자 10인 이상 사업장인 경우는 취업규칙을 작성하고 신고를 해두어야 한다. 취업규칙이란 그 명칭에 관계없이 사업장 내 근로자의 복무규율과 근로조건에 관한 구체적인 사항을 사용자가 작성한 규범을 의미한다. 취업규칙도 미비하였을 경우 과태료가 마련되어 있으나 오히려 이러한 제재를 우려하기보다는 근로자와의 규율이 명확히 설정되지 않았을 경우에 발생되는 불안정성이 더욱 문제라는 점을 경영자가 인식하는 것이 중요하다.

물론 앞서 언급하였듯이 노동법은 근로기준법 이외에도 다양한 법령들을 포함하고 있으며 근로기준법 안에서도 여러 가지 준수해야 할 사항들이 많지만, 우선은 핵심 포인트라도 관심을 갖고 지키면서 점차 노무관리를 체계화해나가야 할 것이다. 이에 최근의 추세를 보여주는 주요 이슈들을 살펴보는 것이 이해에 도움이 되리라 생각한다.

노무관리 분야 최근 주요이슈 : 52시간 제한, 공휴일 휴무, 특고근로자 등

최근 수년간 노동법령은 ILO 등 국제 규범 준수를 지향하고 근로자 보호를 더욱 강화하는 방향으로 매우 빠르게 변화하고 있다. 이러한 추세 속에서 중소사업체 경영자들이 특히 주목해야 할 이슈들을 살펴보도록 한다.

첫째, 주당 근로시간이 52시간을 한도로 제한되어 2021년 7월 1일부터는 50인 미만 사업장까지 전면 확대 적용된다. 법정 근로시간은 기본적으로 주40시간을 기준으로 하지만 이를 초과하는 연장 및 휴일 근로는 총 12시간까지만 허용되는 것이다. 이미 많은 기업에서 이를 대비하여 근로시간 단축 및 근무형태 개선 등의 조치를 취하고 있으나 여전히 주6일 근무방식이 유지되거나 주야교대 등 근무형태로 인하여 해당 기준을 준수하는 것이 쉽지 않은 사업장들이 많다. 또한 근로시간 단축은 경영자에게는 단위 인건비의 상승으로 작용하고, 근로자에게는 급여 총액의 감소 효과를 초래하므로 노사 모두에게 어려운 측면도 극복해야 하는 과제이다.

둘째, 관공서 공휴일이 민간 기업에서도 유급휴일로 적용되어 2021년(30인 이상 300인 미만)과 2022년(30인 미만)에 걸쳐 단계적으로 모든 사업장에 전면 시행된다. 노동법 상으로는 근로자의 날(5월 1일)이 의무적인 유급휴일에 해당되었는데, 소위 달력상 '빨간 날'이라고 불리는 관공서 공휴일도 모두 유급휴일로 바뀐다는 의미이다. 아마도 공휴일과 연관된 업무방식이 사회적, 문화적으로 큰 변화를 맞을 것으로 예상된다. 따라서 기존에 공휴일을 연차휴가 대체로 운영하였던 사업장들이나 공휴일에도 영업이 이루어지는 요식업 및 판매업 또는 서비스업과 같은 사업장들은 상당한 변혁을 추진하고 대비해야 한다.

셋째, 특수형태근로종사자(기존 '특수고용형태근로자')라고 하는 소위 특고종사자 혹은 특고근로자에 대한 사회보험 적용이 확대되고 보호가 강화된다. 특고종사자 혹은 특고근로자는 표현과 달리 근로자가 아니라서 근로기준법의 보호대상에 해당되지 않고, 고용보험 및 산재보험의 사회보장제도 적용이 제한적이었던 대상들이다. 예를 들자면 보험 설계사, 방문 교사, 화물차주, 골프장 캐디, 방문 판매원, 가전제품 설치기사, 정수기 등 대여제품 방문 점검원, 택배기사, 대리운전기사 등의 업무종사자가 해당된다. 최근 급격히 늘고 있는 배달서비스 플랫폼을 통해 일하는 배달원들도 플랫폼 노동자라고 하여 이에 해당된다. 이러한 방식으로 노무를 제공하는 특고종사자들의 고용보험과 산재보험은 기존에 임의가입으로 원하는 경우 합의로 가입하는 선택적 방식이었으나, 이제는 당연가입의 의무적 방식으로 변경된다.

이로 인해 특고종사자들도 실업급여 및 출산전후급여 또는 산재보상의 혜택과 보호를 당연히 누릴 수 있게 되었으니, 해당 사업주가 이를 제대로 운영하지 않았을 경우 책임과 제재를 받게 되므로 근본적인 변화를 이해하고 관리해야만 한다. 나아가 프리랜서라는 방식으로 직원을 고용하여 4대보험도 적용하지 않고 운영하였던 많은 사업장에서는 기존 관행을 개선하지 않을 경우 지속적인 노무관리 리스크를 겪을 수 있으므로 인식을 전환하여야 한다.

그 외에도 임신·출산 근로자들에 관한 모성보호의 강화, 장애인 고용 및 인식개선과 직장 내 괴롭힘 방지 등의 취약 근로자 보호의 강화, 산업안전관리 및 산재보상 확대 강화 등 다양한 분야와 관점에서 노동법령은 변화되고 있으니 주요 이슈를 몇 가지로 한정짓는 것이 무색하다. 그만큼 경영자들은 노무관리에 대한 중요성을 더욱 제고해야만 하는 상황이다.

워라밸과 포스트 코로나의 노무관리

요즘 미디어의 광고들을 살펴보면 젊은 고객층을 타겟으로 하는 마케팅 메시지에 워라밸이 결부되는 것을 자주 접할 수 있다. 워라밸이란 'work & life balance'라는 용어의 줄임말 표현으로, 근로시간 단축, 연차휴가 확대, 일과 생활의 균형, 유연근로제도 등 다양한 관점에서 기존 근로형태와 방식의 변화를 상징하는 개념이다. 이제 워라밸은 크고 빠른 시대적 조류라고 해도 과언이 아니다. 경영자가 구시대적 노사관계와 근로방식의 굴레에서 벗어나지 못하는 관행 위주의 노무관리를 유지한다면 궁극적으로 사업경쟁력의 지속적인 퇴보 수렁으로 점점 빠져들 수밖에 없을 것이다. 따라서 중소 사업체라고 하더라도 이러한 시대적 흐름 속에서 지속가능한 경쟁력을 확보하려면 이제는 기본적인 노동법 준수는 물론이고, 워라밸 트렌드까지도 이해할 필요가 있다.

더구나 코로나19 사태를 겪는 과정에서 적법한 노무관리를 제대로 운영하지 못하는 사업장에서는 노사가 함께 위기를 극복하는 힘을 발휘하지 못하고 오히려 위기 앞에서 갈등과 분쟁으로 악화되는 여러 사례들을 볼 수 있었다. 결국 포스트 코로나에서 건강한 기업으로 살아남기 위하여 경영자가 추구해야 할 방향으로써 노동법을 이해하고 준수하는 노무관리가 더욱 필수적임을 인식해야 할 것이다.

전문가 네트워크를
적극 활용하라

중소기업 CEO 입장에서 보면 각종 정보에 대한 내용의 진위, 투자 시 성공 가능성 등을 확인하기가 쉽지 않다. 내부에서 보고가 올라온 것을 보고 최종 결정을 해야 하는데, 보고서의 내용이 맞는지를 확인할 방법이 마땅치 않다. 그리고 사업을 하다 보면 좋은 사업 아이템이나 투자처 등 여러 가지 제안을 많이 받게 된다. 그중에는 정말로 괜찮은 것이 있을 수도 있지만, 그 내용의 진위를 가리는 것이 쉽지 않다. 제안을 한 사람에게 물어봐야 당연히 좋은 얘기만 할 것이고, 그렇다고 모든 것을 직원들을 채용해서 해결할 수도 없는 노릇이다.

예를 들어 중소기업이 회사 관련 세무조정과 결산을 담당하는 세무 대리인에게 지급하는 수수료를 보면, 경쟁이 치열해지면서 규모에 따라 다르기는 하지만 작은 법인의 경우 한 달에

세무
전문가

급전

법률자문

?

20만 원 정도까지 내려왔다고 한다. 1년 기준으로 240만 원이다. 물론 연간 결산 및 세무조정 시에는 별도의 비용을 추가로 지불하는 것이 일반적이다. 월 20만 원의 수수료를 받고 기업으로부터 영수증과 관련 자료를 받아서 시스템에 입력하고 정리하는 세무 대리인에게 그 이외의 다른 서비스를 기대할 수 있을까? 그런데도 CEO들은 세무와 관련된 모든 서비스를 세무 대리인이 그 비용으로 해줘야 한다고 생각한다. 경쟁이 치열해지면서 세무 대리인 입장에서는 수수료를 올려달라고 할 엄두가 나지 않는다. 그렇게 되면 서로 불만이 생길 수밖에 없다.

　무슨 문제가 생겼을 때도 마찬가지다. 아는 변호사에게 전화로 물어보거나 식사 등을 하면서 자연스레 물어본다. 그중 실제 소송으로 진행하는 등 변호사를 통해 일을 처리하는 경우는 거의 없다. 변호사 입장에서는 혹시 질문한 것과 관련된 일을 자신에게 의뢰할 수도 있지 않을까 하는 기대 때문에 시간을 허비하면서 응대를 할 수밖에 없다.

실제 현업에 근무할 때 상속·증여나 세무조사 등과 관련하여 세무사나 변호사의 도움을 필요로 하는 경우, 가능하면 고객의 주변에 있는 전문가를 통해 처리하도록 안내했다. 그런데 나에게 신뢰하는 전문가를 소개해 달라고 요청해 오는 경우가 자주 있었다. 그중에서도 정말로 실행할 수밖에 없는 것으로 판단되는 경우만 선별해서 전문가와의 미팅을 주선해 주었다. 그렇게 해서 몇 차례 미팅을 진행하고도 실제로 일을 의뢰해서 진행하는 경우는 드물었다. 미팅을 통해 해결 노하우를 전해 들은 다음에는 다른 저렴한 곳에 맡기거나 지인을 통해 처리하는 경우가 대부분이었다.

전문가라고 주장하는 사람들이 너무 많다. 투자전문가, 부동산전문가, 가업승계전문가 등등. 그중에서 진짜 전문가를 구분해 내는 것이 쉬운 일은 아니다.

예를 들어 K대학교는 부동산 분야에서는 상당히 알려져 있다. 그래서 CEO과정도 단연 인기가 있다. 그런데 공부하러 온 사람들끼리 뭉쳐서 펀드를 만든 후 부동산투자를 하다가 낭패를 보는 일이 종종 발생한다고 한다. 사회생활을 하다 보면 새로운 인연을 만들 기회가 많다. 만나서 친해지고, 다시 헤어지는 일들이 반복된다. 그 많은 인연들 중에서 나에게 도움이 될 옥석을 구분하고, 숨어 있는 보석과 같은 인연을 찾는 것은 조금은 보수적으로 접근하는 것도 좋을 것 같다. 천천히 서로를 알아가고, 충분히 확인하는 것이 필요하다. 설령 서로가 좋은 뜻으로 만나 같이해도, 예상과 전혀 다른 결과를 가져오는 경우가 종종 있기 때문이다.

사업가들이 대학의 CEO과정이나 각종 모임에 참여하는 이유는 여러 가지가 있을 것이다. 그중에는 다양한 분야의 사람들과 교류하면서 정보를 공유하고 아이디어를 얻으려는 이유도 있겠지만, 가장 중요한 이유는 바로 인적 네트워크를 구성하고자 하는 데 있다. 사업을 하는 데 있어 매일은 아니지만 가끔은 필요한 분야의 전문가들과의 관계를 맺어 주기적으로 만나서 얘기를 나눌 필요가 있다. 해결할 과제가 생겼을 때 그들과의 대화를 통해 구체적인 의견을 들을 수 있을 테니 말이다.

회사의 중요한 과제와 관련한 전문가를 비상근 자문으로 일정기간 동안 계약을 하여 의견을 구하는 것도 한 방법이다. 일정규모가 있는 회사들의 경우 경영, 법률, 세무 문제 등과 관련하여 연간 단위 자문계약을 별도로 맺어 필요시 수시로 자문을 받는 경우가 많다. 그러나 중소기업 입장에서는 비용이 부담스러울 수밖에 없다. 그런데 비상근으로 할 경우 비용 부담이 크지 않을 수 있으며, 공식적인 관계를 통해 자문을 받음으로써 보다 책임감 있고 깊은 내용의 지원을 받을 수 있게 될 것이다.

특히 CEO들은 가업승계와 관련하여 자녀들에게 물려주어야 할 좋은 장치가 바로 전문가 네트워크다. 본인이 이미 확인하고 검증한 전문가 그룹을 물려주어 사업을 하는 과정에서 중요한 의사결정을 하기 전에 검증을 하도록 하는 장치를 만들어주는 효과를 거둘 수 있을 것이다. 미리부터 준비하여 자녀 스스로 전문가 네트워크를 만들어갈 수 있도록 유도하는 것도 좋은 방법이다.

현업에서 일할 때, 관계가 오래된 고객들 중에서 정기적으로 만나는 몇몇 고객이 있었다. 이들이 내게 기대하는 것은 바로 나의 전문지식이었다. 즉 내가 전문으로 하고 있는 분야의 새로운 정보들을 듣고 모니터링하는 것이 그들이 나를 만나는 주목적이었다. 그리고 내부적으로 검토하고 있는 과제들이 있으면 실행하기 전에 검토해서 의견을 달라고 요청을 했다. 나는 객관적인 입장에서 검토하고 솔직한 의견을 전달했다.

이 경우 최종 판단과 선택은 순전히 고객의 몫이다. 내가 모르는 부분들이 있을 수 있기 때문이다. 하지만 크로스 체크를 통해 내용의 진위를 확인하고, 실패의 리스크를 줄일 수 있을 것이다.

CEO,
당신도 달인이다

SBS의 교양프로그램 중에는 2005년부터 매주 방영해 온 〈생활의 달인〉이라는 프로그램이 있다. 전국 방방곡곡에 있는 각 분야의 달인을 소개하는 프로그램이다. 벌써 10여 년을 방송하고 있으니, 그 인기는 충분히 알 만하다.

소개되는 사람들을 보면 화려하고 고급스러운 기술을 가진 사람도 있지만, 우리 주변에서 흔히 볼 수 있는 직업을 가진 사람들이 대부분이다. 그냥 지나칠 수도 있지만 잘 살펴보면, 우리 주변에는 한 분야에 오랫동안 종사하며 묵묵히 맡은 일을 해내는 사람들이 많다. 남들이 인정하든, 안 하든 상관하지 않고 그저 자신에게 주어진 일에 최선을 다해 노력하는 사람들, 그들이 우리 주변에 숨어 있는 수많은 '달인'이었다.

세상에는 김밥의 달인, 떡의 달인, 칼국수의 달인, 포장의 달

인, 타이어 정리의 달인, 봉투접기의 달인, 위조지폐 식별의 달인, 디저트를 잘 만드는 달인, 미용의 달인, 불량 캔 선별의 달인, 츄러스 만들기의 달인, 낚시의 달인, 줄넘기의 달인 등 수많은 달인들이 있다.

달인의 연령대도 제각각이어서 나이 어린 학생에서부터 나이가 많은 사람들까지 다양했는데, 그중에는 어린 꼬마가 벌써 달인의 경지에 이른 경우도 있었다. 또 그중에는 달인의 기술과 노하우를 활용하여 직접 사업을 해서 성공을 거둔 경우도 있었다. 하지만 대부분의 달인들은 보통 사람으로서 평범하게 우리 주변에서 살아가고 있었다.

그런데 누구나 인정하는 달인들의 공통점이 있었다. 바로 자신이 하는 일을 즐겁게 하고 있다는 것이다. 남들보다 더 열심히 일하고, 힘든 도전도 마다하지 않으며, 최선을 다한 결과 한 분야의 최고가 된 것이다. 즉 자신에게 주어진 일을 더 잘하기 위해 연습하고, 연구하고, 노력하고, 결과를 개선하기 위해 끊임없이 도전한 결과 성공 경험이 쌓여 달인의 경지까지 가게 된 것이다. 이렇게 한 분야의 최고가 된 사람들은 어떤 일을 하더라도 성공할 수 있다는 자신감과 성공 노하우를 갖게 된다.

사실, 많은 사람들은 주어진 일을 처리하기에도 늘 빠듯한 시간을 보낸다. 출근시간과 퇴근시간을 채우는 데 급급할 뿐이다. 그 어려운 취업의 문을 통과하고서도 얼마 안 가서 매너리즘에 빠지고, 퇴근시간과 주말을 기다리면서 일상을 채운다. 만일 회사에 많은 달인이 있고, 모든 직원들이 그 달인을 부러워하면서 달인처럼 되기를 꿈꾼다면 그 회사는 성공할 수밖에 없지 않을까?

회사에 숨어 있는 달인을 찾아보자. 의외로 많은 달인들이 CEO 가까운 곳에 있음을 알게 될 것이다. 그들 스스로가 자신이 특정 분야의 달인이라는 점을 알게 된다면, 또는 달인을 꿈꾸고 도전하며 보이지 않는 곳에서 노력한다면 그 회사는 더 빨리, 더 크게 성장하게 될 것이다. 그런데 그 직원들은 누구에게 달인으로 인정받고 싶을까? 바로 가장 가까운 곳에 있는 회사의 동료들과 CEO일 것이다.

많은 직원들이 대한민국에서 최고는 아닐지는 몰라도, 다른 직원들보다 뛰어난 점들을 몇 가지씩은 갖고 있을 것이다.

매일 가장 일찍 출근하는 직원, 가장 늦게까지 일하는 직원, 책상이 항상 깨끗한 직원, 인사를 잘하는 직원, 얼굴만 봐도 즐거워지는 예쁜 미소를 가진 직원, 옷을 잘 입는 직원, 회식 때 모두를 즐겁게 하는 직원, 전화를 잘 받는 직원, 목소리가 고운 직원, 컴퓨터를 잘 다루는 직원, 휴대전화를 잘 활용하는 직원, 엑셀프로그램을 잘 다루는 직원 등등. 그 많은 달인들 중에서도 가장 훌륭한, 숨은 달인은 바로 CEO다. 회사의 사업과 관련하여 CEO보다 더 잘 알고, 더 치열하게 고민하고 노력하는 사람들이 과연 몇이나 있을까?

CEO는 회사가 추진하는 '사업의 달인'이고, 여러 부서들과 많은 직원들을 균형 있게 움직여 최선의 노력을 기울일 수 있도록 돕는 '조직관리와 성과관리의 달인'이며, 거래처의 파트너들을 내 편으로 만드는 '인간관계의 달인'이기도 하다. 또한 CEO, 부모, 자식, 남편(또는 부인)으로서 혼자 몸이 아닌 전 직원들의 가족을 책임지는 '책임의 달인'이기도 하다.

물론 세부적인 실무 분야에서는 더 많은 고민과 노력을 하는 실무의 달인들이 있다. 담당자는 오로지 맡은 업무에서 최고의 성과를 내기 위해 끊임없이 노력한다. 이렇게 회사 안에는 많은 달인들과 달인을 꿈꾸는 이들이 모여 있다.

CEO가 직원들을 좀 더 가깝게 공감하고, 사업 초기의 초심을 유지하기 위한 방법으로 매달 하루 정도는 대중교통으로 출퇴근

할 것을 권하고 싶다. 직원들이 어떤 마음으로 출근하고 있는지를 이해하는 등 작은 것부터 소통하는 것이 필요해 보인다.

지난 20여 년 동안 영업 현장에서 뛰어난 성과를 내는 '영업의 달인'들을 많이 보았다. 좋은 학교를 나온 것도 아니고, 인물이 좋은 것도 아니고, 전문 자격증을 가진 것도 아닌데…, 아무리 살펴봐도 특별한 점이라고는 별로 없어 보였는데 꾸준히 좋은 영업성과를 거두는 사람들이 많았다. 그들과 함께 고객들을 만나보니 그 비결을 알 수 있었다.

일단 영업의 달인들은 고객들로부터 무한 신뢰를 받았고, 그들만의 노하우와 매력이 숨겨져 있었다. 그들은 항상 고객을 위해 무엇을 할 것인가를 고민하고 있었다. 그것이 영업의 달인이 된 출발이 아니었을까 하는 생각이 든다.

되돌아보니, 나도 여러 분야의 달인이었던 것 같다. 직장생활 20여 년 동안 어느 부서에서 근무하든 항상 가장 일찍 사무실에 도착하는 '일찍 출근의 달인'이었고, 수년에 걸쳐 한 달에 최대 100여 회 가까운 세미나를 직접 운영하거나 지원을 한 '세미나의 달인'이었다. 또 많은 FC^{Financial Consultant}(보험설계사)들과 함께 일하면서 그들을 속속들이 알고 있는 'FC 알기의 달인'이었고, 우리나라 최고의 부자들을 수백 명이나 만난 '부자의 달인'이기도 했다. 더욱이 그 많은 부자들 중 가장 많은 고객이 사업가여서 수백 명의 CEO들을 상담하면서 함께 고민을 나누고 해결한 'CEO의 고민을 해결하는 달인'이기도 했다.

주식은 함부로
나누어 주지 마라

처음에는 하나의 법인으로 시작했지만, 필요에 따라 여러 개의 법인을 운영하게 되는 경우가 있다. 예를 들어 A, B, C, D 법인 이 있다고 생각해 보자. CEO 입장에서는 사업을 하면서 10억 원의 이익을 더 얻을 수 있는 아이템이 있을 경우 A에서 사업을 하나, B에서 하나 이익의 합은 동일하다(A+B+C+D=T).

그런데 직원들 입장은 다르다. A회사에서 10억 원의 이익이 발생하면 A회사의 직원들이 성과급을 더 받을 수 있다. 그런데 A가 아닌 B회사에서 사업을 해서 이익을 얻게 되면 B회사의 직원들이 성과급을 받게 될 것이다. 만일 직원들이 회사의 주식을 보유하고 있을 경우는 주식가치의 상승과 배당금까지 기대할 수 있다. 따라서 직원들의 입장은 CEO의 입장과는 상당히 다를 수 있다.

　실제로 회사의 주식을 직원들에게 나누어 준 경우를 가끔 볼수 있다. 그런데 직원이 퇴사하면서 보유하고 있던 주식을 처리할 때 문제가 생긴다. 조그만 중소기업의 비상장주식, 그것도 소수 지분을 누가 사려고 하겠는가? CEO 아니면 회사밖에는 살사람이 없는 게 현실이다. 이때 회사의 가치를 어떻게 평가할 것인가 하는 문제가 갈등을 낳는다. 주식 소유자인 직원 입장에서는 조금이라도 비싸게 팔고 싶을 것이고, CEO나 회사는 자금 부담 때문에 싸게 사고 싶을 것이다. 특히 회사 사정이 좋지 않을때 이런 일이 발생하면 더욱 부담스러울 수밖에 없다.

　실제 코스닥 열풍이 불었을 당시에 많은 벤처기업들이 상장을 꿈꾸며 직원들에게 주식을 나누어 주었고, 코스닥에 상장한기업들도 증자를 하면서 직원들에게 주식을 특별히 배분하는 일이 많았다. 그런데 거품이 꺼지면서 문제가 불거졌다. 비싸게 받은 우리사주를 '록업^{Lock-up}(의무보호예수)' 규정에 묶여 팔지 못하는 사이에 주가가 크게 하락하여 손실을 입게 되었다. 결국 수년이 지나도 직원들은 적게는 수천만 원에서 많게는 수억 원의 평가 손실 때문에 이러지도 저러지도 못했는데, 이 중 상당수는 이자 부담까지 떠안게 되었다.

일부 자금 여력이 되는 우량 중소기업에서는 직원들이 매수한 가격으로 주식을 되사 주느라 수십억 원의 손해를 보기도 했다. 또 일부 회사는 문을 닫으면서 주식이 휴지조각이 되는 경우도 있었는데, 이 경우 많은 직원들이 일자리를 잃음과 동시에 주식투자 손실을 경험해야 했다.

직원들의 눈치를
보지 마라

회사에서 CEO(오너)는 모든 직원들에 대해 관심을 갖고, 성공할 수 있도록 하기 위해 노력한다. 부서 간 시너지를 최대화할 수 있도록 적절한 경쟁과 협조관계를 유지하도록 한다. 또한 각 개인이 최선을 다할 수 있도록 하기 위한 동기도 부여한다.

부서장은 최우선적으로 본인이 담당하고 있는 부서의 직원들이 맡은 바 소임을 다하여 좋은 성과를 내고, 더 성장할 수 있도록 하기 위해 노력한다. 이를 위해 관련 부서와의 협조를 끌어내기도 하고, 부서원들의 역량을 강화할 수 있도록 육성하기도 한다.

각 업무를 맡고 있는 담당자는 일단 자신이 담당한 업무를 통해 좋은 성과를 내고, 기회가 되면 발전할 수 있는 기회를 찾고자 노력한다. 이를 위해 선후배와 관련 부서와의 협조를 끌어내

CEO의
삶의 무게

고, 자신의 역량을 향상시키기 위한 노력도 기울인다. 전문자격
증 취득이나 외국어 능력을 향상시키기 위해 끊임없이 노력하며
자기계발에 매진한다.

　이렇게 회사 내에서 CEO, 임원, 부서장, 사원이 감당해야 할
몫은 따로 있다. 이들 각자는 사업의 성공과 실패에 대한 보상과
책임의 내용도 다르고, 그 범위와 무게감도 다르다. 특히 직원은
회사가 정년을 보장하도록 법에서 정하고 있지만, 임원은 정년
이 따로 없다. 그래선지 요즘은 임원 승진을 거부하는 경우도 실
제로 있다고 한다. 왜냐하면 임원 승진 후 몇 년 있다가 회사를
그만두게 될지도 모르기 때문인데, 이 경우 임원 승진을 안 하고

정년까지 근무하는 게 오히려 나을 수도 있기 때문이다. 임원 승진이 꼭 좋아할 만한 일은 아닌가 보다.

그런데 CEO는 그에 비해 책임이 더 크다. 회사가 손실을 기록하더라도 매달 정해진 날짜에 직원들의 급여를 지급해야 한다. 또 부득이한 일로 회사가 큰 손실을 볼 경우 직원은 성과 보상이 좀 줄어드는 것에 그치지만, CEO는 그 손실액이 그대로 회사의 가치에 반영되어 CEO의 재산이 그만큼 줄어들게 된다. 뿐만 아니라 직원들 중 누군가가 사회적으로 비난받을 만한 일을 하여 사회적 책임을 져야 하는 일이 생긴다면, 그 책임의 마지막에 CEO가 있어 함께 책임을 져야 한다. 그만큼 CEO의 책임 범위는 광범위하고 무한하다.

따라서 그 보상이 단순히 급여의 차이만으로 해결되지는 않는다. 급여는 극히 작은 부분만을 보상할 뿐이다. 이런 금전적인 보상 이외에도 여러 가지가 있어야 하며, 가장 큰 보장이 회사의 성장이며, 회사가 지속적으로 유지되는 것이다.

실제로 얘기를 나누다 보면 우리나라의 CEO들 대부분은 너무 착한 것 같다. 숱한 역경을 이겨내고 회사가 안정권에 들어도 끊임없이 생존을 걱정하고, 새로운 수익원을 찾기 위해 노력한다. 또한 직원들의 복지를 챙기고, 회사의 성장이익을 함께 나누고자 고민하는 CEO들도 많아지고 있다.

CEO들과의 미팅 때문에 회사를 방문하는 경우, 점심시간에 맞추어 도착하면 회사 식당에서 식사를 하자고 요청한다. 식당

회장 그리고 아버지란 이름으로…
조양호의 반성

대한항공 회장으로, 한 여식의 아버지로 조양호 회장은 국민을 향해 고개를 숙였다. 조현아 전 부사장의 '땅콩회항'으로 국민들의 공분을 샀을 때, 조 회장은 자식을 웃자라게 만든 책임을 통감했다.

그는 지난 12일 서울 강서구 공항동 대한항공 본사에서 대국민 사과를 통해 "대한항공 회장으로서 또 조현아의 애비로서 국민 여러분의 너그러운 용서를 다시 한번 바랍니다"고 읍참마속의 심정을 전했다.

– 출처: 《미디어펜》 기사 인용(2014. 12. 16)

에 가보면 직원들의 분위기뿐만 아니라 직원들을 대하는 CEO의 태도가 어떤지, 직원들을 위해 어떤 노력을 하는지 쉽게 알 수 있기 때문이다. 함께 식사를 하다 보면 회사 식당을 운영하기 위해 고민한 얘기들이 자연스럽게 나온다. 건강에도 좋고 입맛에도 맞는 메뉴 개발부터 손맛이 좋은 주방장 찾기, 외국인 근로자들을 위한 배려 등 다양한 노력의 결과를 듣게 된다.

그런데도 정작 CEO 개인을 위한 일에는 너무나 소극적이다. 가끔은 CEO가 직원들의 눈치를 너무 보는 게 아닐까, 생각될 정도다. 특히 CEO의 급여를 적절한 수준까지 인상하거나 배당하는 문제처럼 아주 지극히 정상적인 내용인데도 불구하고 그동안 CEO 본인의 몫을 챙긴 경험들이 많지 않은 것으로 봐서는 CEO들이 이 문제를 너무도 어렵게 느끼는 것 같다.

가끔 직원들이 자신을 CEO와 비교하면서 "CEO의 급여는 왜 그렇게 많고, 또 직원과 액수 차이가 왜 그렇게 크냐?"고 묻는 경우를 접한다. 심지어 회사 일은 안 하고 밖으로 놀러만 다니고, 골프 치러 다니고, 해외 가고, 대학교 CEO과정 다니는 CEO가 불만이라는 직원들까지 보게 된다. 그런데 이것은 직원들의 오해라고 생각한다.

일단 직원과 CEO는 하는 일이 다르고, 기여하는 내용이 다를 뿐 아니라 몸값도 다르다. CEO는 자본금을 투자한 뒤에도 회사 자금이 부족하면 언제든 개인재산을 담보로 제공하여 사업에 필요한 자금을 지원한다. 회사가 잘못되면 투자금과 담보로 제공한 개인재산을 모두 잃을 수 있는 위험을 감수하면서 회사를 경영하고 있는 것이다. 반면 직원은 어떤가? 만일 회사가 잘못되면 직원은 단기적인 어려움은 있겠지만, 다른 회사를 찾아가 또다시 월급을 받으면서 일할 수 있다. 그런데 어떻게 회사를 운영하는 CEO와 언제든지 그만둘 수 있는 직원이 같을 수 있겠는가?

만일 직원들이 정말로 CEO처럼 성공할 자신이 있다면 왜 전재산을 투자해서 사업을 하지 않고, 월급을 받으면서 일하고 있을까? 성공의 가능성보다는 실패했을 때의 리스크가 더 크게 느껴지기 때문에 사업을 하지 않는 것이다. 나 자신도 마찬가지다.

그리고 직원들의 입장에서도 상사와 CEO의 급여가 많고, 직급 간의 차이가 크게 나는 것이 좋을지, 아니면 작은 것이 좋을지 한번 잘 생각해 보자. 아무래도 상사들의 급여가 높을수록 자신들의 꿈과 기대도 더 커지지 않을까 싶다. 내 상사가 나보다 연봉이 1,000만 원 많은 것보다 1억 원이나 그 이상 많은 것이 내게도 더 도움이 되지 않을까? 직원들은 어떤 회사에 근무하고 싶을까?

CEO 입장에서도 생각해 보자. 임직원들에게 어떤 회사의 모습을 보여주고, 꿈과 희망을 제시할 것인가? 직원들이 CEO의 급여가 더 높아지기를 바라는 회사가 좋은 회사가 아닐까? 어느 CEO가 임직원의 급여를 줄여서 자신이 가져가겠는가? 반면 CEO가 급여를 많이 가져가면 임직원들을 위해 무엇을 더 해줘야 할지를 고민하지 않을까 싶다.

말 한마디도
신중하게 하라

사람들은 나이가 들어갈수록 다양한 경험과 기회를 갖게 되고, 자연스레 생각이나 가치관도 달라지게 마련이다. CEO들은 사업이 성장하여 규모가 커지게 되면서 많이 달라지고, 60대 중반이 넘어서면 좀처럼 잘 바뀌지 않는다. 크게 성공할수록 그 성공 경험이 성공을 위한 원리, 원칙이 되어버리는데, 그 때문에 작은 생각, 행동, 습관 하나마저도 바꾸기가 점점 더 힘들어진다.

요즘 젊은이들은 집안 형편이 그리 넉넉하지 않더라도 크게 고생해 본 경험이 많지는 않다. 자신은 힘들게 살더라도 자식만은 편하게 살기를 바라는 부모들 마음은 다 같아서일 것이다. 더구나 부모가 사업으로 성공했을 경우 그 자식들이 성장하면서 힘든 일을 경험할 기회는 거의 없었다고 봐도 무방할 것이다. 그래서 대부분의 젊은이들은 대학 졸업 후 취업을 해도 생활방식

등 많은 부분이 잘 바뀌지 않는다.

그런데 결혼과 동시에 크게 바뀌기 시작한다. 배우자와 자녀가 생기면서 나 자신만 생각하던 모습에서 가족을 생각하게 되고, 책임감을 갖게 된다. 고생을 많이 할수록 또 실패를 많이 할수록 더 많이 배우고, 느끼고, 달라진다. 부모에 대한 태도도 달라지기 시작한다.

CEO가 누구에게도 얘기하기 힘든 고민 중 하나는 자녀들이 가업승계나 상속·증여에 전혀 관심이 없을 경우다. 자녀가 "저는 부모님의 자산에 관심이 없습니다. 그냥 평범하게 지내면서 편하게 살고 싶습니다"라고 말한다면 마냥 기뻐할 수만은 없는 것이 현실이다. 자식이 대놓고 부모에게 사업이나 자산을 내놓으라고 한다면 그것은 더 큰 문제가 될 수 있기는 하다.

이때는 자녀들의 결혼을 서두르는 한편, 고생을 무지하게 시키면 된다. 부모의 도움 없이 산다는 것이 얼마나 힘든 일인지 스스로 깨닫게 하는 것이다. 월급 받아서 생활비, 자녀교육비로 다 쓰면 통장은 제로, 마이너스가 아닌 게 다행이다. 그러다 보면 언제 돈 모아서 집 사고 노후준비 할 수 있을지 막막해질 때가 온다. 부모는 자식이 어려움을 느낄 때까지 기다리면 된다. 그동안 부모가 베풀어준 것이 얼마나 고마운지 느끼게 해야 한다. 그러면 자연히 가업승계나 상속·증여에 관심을 갖게 될 것이다. 조금만 기다리면 되는데, 그 시기를 앞당기려고 자녀들과 불협화음을 만들 필요는 없어 보인다.

그런데 CEO들이 전혀 다른 고려 없이 위험한 발언을 할 때가 있다. 상속세를 고민해야 할 정도의 자산가들도 마찬가지다. 부모가 큰 사업을 하거나 재산이 많은데, 자녀들에게 항상 다음과 같이 얘기한다고 생각해 보자.

"나는 재산을 너희들에게 물려줄 생각이 없다. 대학 졸업할 때까지는 도와주지만, 그 이후는 각자 알아서 해라. 회사와 내가 모은 모든 재산은 사회에 환원하겠다."

자녀들이 부모에게 의존하지 않고, 독립적으로 자신들의 인생을 잘 살아갔으면 하는 바람 때문일 것이다. 그런데 이런 얘기를 듣는 자녀들, 즉 아들과 며느리, 딸과 사위는 밤마다 뭐라고 기도하게 될까? 혹시 아버지가 재산을 사회에 환원하기 전에 세상을 떠나기를 기도하게 되지는 않을까 하는 우려가 된다.

물론 자녀들이 가업승계나 상속·증여에 전혀 관심이 없다면 큰 문제가 되지 않을 수도 있다. 그런데 과연 물려받는 데 관심이 없는 그런 자녀들이 얼마나 되겠는가? 물론 사업이나 재산을 지킬 능력이 없는 자녀들에게 물려주는 것은 피하는 것이 바람직할 수도 있다. 자칫 잘못하면 좋은 의도를 가진 말 한마디가 상처를 주고, 전혀 엉뚱한 결과를 가져올 수도 있다는 점을 한 번쯤은 생각해 봐야 한다.

얼마 전 텔레비전 드라마에서 다음과 같은 장면이 나왔다. 한 집에 사는 시어머니 선물만 잔뜩 사오고, 아내 선물은 단 하나도 사오지 않은 남편에게 아내가 "어떻게 그럴 수 있냐"고 잔소리하자 남편이 다음과 같이 얘기했다. "어머니 돌아가시면 다 당신 거잖아. 어머니가 사시면 얼마나 사시겠어!" 그렇다면 그날 밤부터 며느리는 잠들기 전에 어떤 내용의 기도를 해야 할까? "어머니 오래 사세요"라고 해야 하나, 아니면 "어머니 빨리 세상 떠나세요"라고 해야 하나. 그런데 이런 상황은 누가 만들었나? 아들의 어리석은 말과 행동이 자신의 어머니가 빨리 세상을 떠나시도록 기도하는 가족을 만든 것이다.

자녀들이 밤마다 어떤 내용으로 기도하게 할지는 전적으로 부모에게 달려 있다. 특히 회사를 운영하는 CEO는 가업승계라고 하는 큰 과제가 남아 있다. 숨기거나 피하기만 할 것이 아니라 사업을 승계할 능력이 있는지를 검증하고, 실력을 보일 수 있도록 기회를 주면서 서두르지 않고 준비할 수 있게 하는 것이 필요하다. 그리고 정말로 능력이 안 되면 그때 가서 다른 대안을 선택해도 된다.

자녀들의 기도 내용은 CEO에게 달려 있다는 점을 잊어서는 안 된다.

가업승계를
고려하라

가업승계란 기업의 영속성을 목적으로 경영권과 재산권을 포함하여 경영에 필요한 모든 것을 후계자에게 포괄적으로 승계하는 일련의 과정을 말한다. 여기에는 자산 이전 그 이상의 의미가 담겨 있다. 기업이란 일자리를 통해서 국가경제 발전에 기여할 뿐만 아니라 세금을 통해 국가 재정을 뒷받침한다. 특히 중소기업이 탄탄한 국가일수록 국가경제도 건강하다. 그래서 기업의 지속적인 유지와 발전을 위해 기업의 승계가 필수인 것이다.

독일과 일본은 200년 넘게 장수한 기업이 4,500개로 전 세계 7,200개 기업 중 63%를 차지하고 있다. 우리나라의 경우 2013년 말 기준으로 전체 기업 중 20년 이상 된 기업은 12.9%다. 벤처기업의 10년 생존율은 채 10%도 되지 않으며, 100년 이상 된 장수기업은 신한은행, 우리은행, 동화약품, 두산, 몽고식품, 광장 등

6개 기업에 불과하다. 그만큼 우리나라에서는 기업이 장기적으로 생존하는 것이 어려운 일이다.

우리나라도 이제 창업 1세대와 2세대를 거쳐 다음 세대로 넘어가야 할 기업들이 지속적으로 늘어날 것이다. 그런데 가업승계가 원활하게 이루어지지 않으면 그 기업은 표류하다가 사라져 버릴 가능성이 높다. 허범도 부산대학교 석좌교수는 가업승계가 지속되어야 할 필요성을 다음과 같이 강조하고 있다(http://www. kceobsa.org/ 2014. 01. 16).

첫째, 기술의 승계다. 기술은 단기간에 형성되는 것이 아니며, 수십 년에 걸쳐 유지해 온 기술이 계승되어야 한다.

둘째, 고용의 유지다. 지역 사회의 젊은이들과 기존의 근로자들과 그 가족들에게 건전한 일터는 필수적이다.

셋째, 바이어와의 관계유지다. 그들을 한번 놓치면 타국의 경쟁사들이 바로 빼앗아 가버린다.

넷째, 팀워크의 계승이다. 기업 경영에서 내부의 탄탄한 팀워크야말로 글로벌 환경을 헤쳐 나가는 에너지다.

다섯째, 사회의 안전망으로서의 기능을 다하고 있다는 것이다. 기업이 지속되어야 지역 사회가 안정되고 주민도 안정을 유지할 수 있다.

가업승계를 하려는 것은 CEO 입장에서는 자신이 살아온 인생의 결과, 즉 경영철학, 비전, 리더십을 회사라는 형식을 통해 가장 가까운 사람들에게 남겨주려는 것이다. 이를 통해 회사가 세대를 물려 지속되기를 바라기 때문이다. 회사를 물려받은 후손들이 자신의 뜻을 잘 이해하고 유지하며, 행복하게 잘살고, 그 다음 세대로 잘 전달해 주기를 바라는 마음일 것이다.

혹시라도 회사를 물려받은 후대가 회사를 물려받은 것으로 인하여 행복하지 않다면 굳이 회사를 승계할 필요가 없을 뿐 아니라 물려주지 않는 것이 오히려 나을 것이다. 이런 경우에는 자산의 가치, 즉 지분만 이전하고 사업은 전문경영인과 이사회를 중심으로 운영되도록 하면 된다. 그래야 기업이 영속해서 존재할 수 있기 때문이다. 그리고 그것이 회사를 물려주는 쪽이나 승계받는 쪽 모두가 행복할 수 있는 길이 될 것이다. 만일 지분을 받은 쪽에서 받은 지분을 유지하는 것이 아니라 처분한다면 그

것은 주는 쪽이 바라는 바도 아닐 것이며, 전혀 다른 문제로 이어지게 된다.

정해진 법과 제도하에서 진행되는 정상적인 자산승계를 부정적으로 봐서는 안 된다. 사업을 성공시키고, 부자가 된다는 것이 어디 쉬운 일인가? 과거 사례에서 알 수 있듯이, 그동안 재산을 물려주는 과정에서 일어난 불법적인 행위들 때문에 자녀에게 가업을 승계하는 것에 대해 사회적으로 부정적인 분위기가 강하게 형성되어 있다.

그런데 많은 어려움을 이겨내면서 사업을 성장시키고, 성공을 거두려는 CEO의 마음을 들여다볼 필요가 있다. 후손들에게 회사를 물려줄 수 없다고 전제할 때 성공하려는 의지에 많은 영향을 미치게 될 것이다. 경우에 따라서는 회사를 사회에 환원할 수도 있다. 그것은 오로지 CEO가 선택할 문제지, 사회가 강요할 수 있는 문제는 아니다. 그리고 회사를 사회에 환원한다고 해도 결국은 누군가에 의해 경영을 해야만 한다.

또한 사업을 승계하는 과정에서 많은 세금이 따르며, 이를 통해 다시 한 번 자연스럽게 사회에 환원을 하게 된다. 국민들 입장에서도 많은 세금을 내고 가업을 승계해 가는 회사들과 CEO를 축하하고 존경하는 것이 이 사회를 위해 더 바람직하지 않을까 생각한다. 그리고 그 노고와 사회에 대한 기여에 감사하고 격려하는 마음을 갖는 것이 옳다는 생각이다.

이 같은 사회적 분위기가 만들어지기 위해서는 CEO들도 후계자의 선정 및 육성에 지금보다 더 많은 관심과 노력을 기울이는 것이 필요해 보인다. 최근에 벌어진 '땅콩회항' 사건에서 보았듯이 CEO의 2세, 3세라고 하는 이유로 높은 지위를 차지하거나 사업을 승계하려다가는 '갑질 논란'으로부터 벗어나기 어려울 것이다. 따라서 후계자는 주위로부터 인정받을 수 있는 과정과 결과를 통해 검증하면서 직원들과의 공감대를 형성할 수 있도록 높은 투명성과 철저한 준비가 필요해 보인다.

사업을 승계하기 위하여 10년에 걸쳐 직접 승계 매뉴얼을 작성하고, 이를 책으로 만들어서 실제 진행하는 고객을 만난 적이 있다. 여러 차례 만났는데, 그 고객은 계획대로 MBA과정을 마친 자녀를 회사로 불러들인 후 2년간 각 부서를 경험하게 하면서 경영 OJT를 진행하는 것을 확인할 수 있었다. 한편으로는 회사 지분을 포함한 경영과 상속·증여 문제도 일찍부터 철저한 계획 하에 준비하여 아직 결혼도 하지 않은 아들의 자녀, 즉 태어나지 않은 손자까지도 고려하여 진행하는 것을 보고 많이 놀라기도 했는데, 여러 가지를 되돌아보고 생각해 보는 기회가 되었다. 가업승계와 상속·증여의 준비는 빠를수록 좋다는 것을 새삼 확인할 수 있는 좋은 경험이었다.

자녀들과의 커뮤니케이션을 위해 모든 가족이 한 달에 한두 번 정도 모여서 식사를 하는 CEO들이 많다. 사업으로 바쁘더라도 시간을 내어 가족들이 함께 대화하고, 공감하는 기회를 만들어 소통하는 것이 모든 문제 해결의 출발점이 될 것이다.

급여든, 대우든
누릴 것은 누려라

선진국에 비해 우리나라의 CEO들은 급여도 적고 대우도 낮은 편이다. IMF 외환위기 이후 외국 기업과 자금들이 빠르게 들어오면서 그 영향으로 특히 대기업과 일부 금융기관의 CEO들은 전문경영인들임에도 불구하고 급여가 많이 올랐지만, 선진국에 비하면 아직도 한참 미흡한 수준이다. 앞으로 더 개선될 여지가 많이 남아 있다.

중소기업 CEO들의 경우는 더욱 미흡하다. 아직도 연봉 1억 원이 되지 않는 CEO들이 많다. 그리고 자신들의 급여를 적정 수준까지 올리도록 권하면 가장 먼저 직원들을 떠올린다. 직원들에게 급여를 충분히 만족할 만큼 주지 못하는 상황에서 자신만 급여를 올리는 것이 왠지 부담스럽다는 것이다. 그렇지만 그것은 한쪽 측면만 생각하는 것이다. 임직원들도 CEO와 임직원의 급여 차이가 큰 회사와 크지 않은 회사 중에서 차이가 큰 회사를 더 원할 것이다. 그래야 직원들도 회사를 다니면서 더 큰 목표와 기대를 하게 되지 않겠는가.

그래서 CEO들에게 제안한다. CEO들의 급여를 많이 올리자. 필요한 만큼, 조금은 과하다고 생각될 정도로 올리자. 급여를 올려도 실제 지급받아서 사용할 수 있는 돈은 소득세와 4대 보험료 등을 내고 나면 그 절반 정도밖에 되지 않는다. 그리고 임직원들의 급여도 기회가 되는 대로 많이 올려주고, 복지도 좋은 회사가 되도록 하자. 다 같이 잘되고, 행복해지자.

실제로 직원들 급여를 S그룹보다 많이 주겠다는 목표를 가진 중소기업이 있었다. 정말 신입사원 초봉이 웬만한 그룹사들보다 높았다. 회사 규모는 작았지만 업무 특성상 전문성이 강하게 요구되는 분야가 많았다. 미래 시장 예측, 환율 등에 따라 회사의 손익이 엄청나게 크게 달라지는 회사의 특성이 있었다. 그래서 좋은 인력을 확보하기 위해 특히 신입사원들의 연봉을 높게 주고 있었고, 그 결과 우수한 젊은 인재들이 대거 입사했다.

보통의 중소기업은 연봉으로 대기업을 따라가기는 어렵다. 대신 나름대로의 복지도 있고, 일정 수준 이상의 이익이 나면 전직원이 함께 해외여행을 가는 등 오래 근무하고 싶은 회사를 만들기 위한 시도를 하는 회사도 많이 있다.

외국계 회사가 모두 연봉이 높은 것은 아니다. 다만, 근무시간이 정확히 지켜지고, 휴가가 자유롭다는 장점 때문에 인기가

많다. 기업문화가 그렇기 때문에 회사 눈치를 볼 필요가 없다는 것이다. 그래서 특히 여성들이 선호하는데, 회사 입장에서는 여성 인력의 비중이 너무 높다는 문제가 발생하기도 한다. 급여가 적으니까 도전적인 남자들은 회사를 떠나고, 안정성과 편의성을 선호하는 여성 인력 비중이 늘어가는 것이다. 하지만 그런 나름대로의 특성을 살려서 회사의 경쟁력을 잘 만들어가기도 한다.

그리고 CEO는 좋은 차를 타자. 비싼 외제차를 타라는 얘기가 아니다. 편안하고, 튼튼하고, 안전한 차를 타야 한다는 말이다. 국산차든, 외제차든 그것은 문제가 아니다. 왜냐하면 CEO는 몸값이 다르기 때문이며, 직원들의 가족까지도 책임져야 하는 자리이기 때문이다. CEO는 많은 가정의 가장임을 명심하자. 그래서 혹시나 사고가 나더라도 안전을 보장할 수 있는 튼튼한 차를 타도록 권하는 것이다. 그리고 가능하면 운전기사를 따로 두어야 한다. CEO의 몸값에 비해서 운전은 생산성이 낮은 일이다. 따라서 운전을 하면서 시간을 낭비하거나 위험을 초래하지 말고, 운전은 전문가인 운전기사에게 맡기는 것이 바람직하다. 그 시간에 CEO는 회사를 위한 고민과 일 처리를 하든지, 아니면 휴식을 취하는 것이 진정으로 회사와 가족을 위하는 일이 될 것이다.

또한 CEO는 평일에 골프를 자주 치러 가자. CEO에게 있어서 골프는 더 이상 놀러 가는 행위가 아니다. 바쁜 CEO들이 저녁식사나 다른 약속을 잡기는 쉽지가 않은데, 골프 약속은 오히려 쉽다. 그렇다면 이제 골프는 비즈니스다. 사업에 필요한 사람을 만날 수 있는 가장 좋은 장소가 골프장이기 때문이다. 새로운 사람을 소개받고, 빨리 친해질 수 있는 곳도 골프장이다. 골프는 4명이 함께하는 운동이기 때문에 4명을 잘 구성하면 되고, 만나면 최소 5시간에서 7시간을 함께해야 한다. 라운드 중간에 그늘집에서 쉬면서 대화를 나누기도 하고, 티그라운드에서 순서를 기다리면서 얘기를 나누기도 한다.

처음 만나서 7시간을 함께할 수 있는 것이 무엇이 있을까? 실제로 골프 라운드를 3번 정도 함께하면 만난 지 1년 정도 된 것과 같은 친밀감을 느끼게 된다. 한번 생각해 보자. 주변 지인들 중에 1년에 21시간(=7시간×3회)을 함께하는 이들이 과연 몇 명이나 되겠는가? 그래서 CEO는 자신 있게 골프, 즉 비즈니스를 즐겨야 한다. 절대 골프장으로 놀러 가는 것이 아님을 기억하자.

상장기업 오너·CEO 연봉은

이재현 CJ그룹 회장 124억
이재용 삼성 부회장은 '무보수'

조대식 SK(296,000 +8.42%)그룹 수펙스추구협의회 의장(사장)이 지난해 '샐러리맨 연봉킹'에 올랐다. 대기업 오너 중에선 신동빈 롯데그룹 회장이 1위를 차지했다. 증권회사에서는 실적에 따른 성과 보상으로 최고경영자(CEO)보다 많은 연봉을 받은 직원이 속속 등장했다.

SK그룹 경영진 고연봉

국내 상장사들이 30일 금융감독원에 제출한 사업보고서에 따르면 조대식 의장은 급여와 상여금을 포함해 총 46억6000만원을 받았다. 2018년까지 4년 연속 샐러리맨 연봉킹이었던 권오현 전 삼성전자(82,900 +0.85%) 종합기술원 회장은 전년보다 34.1% 줄어든 46억3700만원을 받았다.

SK그룹 경영진은 보수가 대폭 상승했다. 박정호 SK텔레콤(270,000 +7.78%) 사장(45억3100만원)과 김준 SK이노베이션(263,000 +2.33%) 사장(31억5200만원)의 연봉은 전년보다 각각 29.2%와 18.3% 올랐다. LG(107,500 +10.48%)그룹에선 현직 경영자 가운데 차석용 LG생활건강(1,609,000 +1.19%) 부회장(33억3700만원), 권영수 (주)LG 부회장(23억 3500만원)이 많은 연봉을 받았다.

대기업 오너 중에는 신동빈 롯데그룹 회장이 롯데지주(36,200 +1.54%)와 호텔롯데 등 7개사에서 181억7800만원을 받아 1위에 올랐다. 이재현 CJ(94,900 +0.85%)그룹 회장은 (주)CJ와 CJ제일제당(405,000 +0.37%) 등 3개사에서 124억6100만원을 받았다. 지난해 12월 그룹 회장직에서 물러난 허창수 GS(39,500 +3.13%) 명예회장은 (주)GS와 GS건설(40,800 +2.90%)에서 총 90억4100만원을 받았다. 정의선 현대자동차그룹 수석

2019년 주요 기업 경영인 연봉

(단위: 원)

이름		연봉
오렌지라이프	정문국 사장	210억3000만
롯데그룹	신동빈회장	181억7800만
CJ그룹	이재현 회장	124억6100만
엔씨소프트	김택진 대표	94억5000만
GS그룹	허창수 명예회장	90억4100만
현대차그룹	정몽구 회장	70억4000만
SK그룹	최태원 회장	60억
LG그룹 회장	구광모 회장	53억9600만
현대차그룹	정의선 수석부회장	51억8900만
SK네트웍스	최신원 회장	52억5300만
LS그룹	구자열 회장	52억5200만
SK그룹	조대식SK수펙스추구협의회 의장	46억6000만
SK텔레콤	박정호 사장	45억3100만
효성그룹	조현준 회장	45억1700만
두산그룹	박정원 회장	30억9800만
삼성카드	원기찬 전 사장	24억2700
현대해상	정몽윤 회장	23억4600
네이버	한성숙 대표	29억8400
한국투자증권	유상호 부회장	22억2510
NH투자증권	정영채 사장	15억6000
KTB투자증권	이병철 부회장	23억3900
현대카드·케피탈·커머셜	정태영 부회장	39억8900
하나금융지주	김정태 회장	24억9700
KB금융지주	윤종규 회장	15억9500
신한금융지주	조용병 회장	12억6000
우리금융지주	손태승 회장	7억6200

※ 자료: 금융감독원전자공시시스템

부회장의 총 보수는 51억8900만원이었다. 지난해 3월 현대차(206,000 +1.48%)와 현대모비스(304,500 +7.41%) 대표이사로 취임하면서 전년보다 연봉이 75.8% 늘었다. 박삼구 전 금호아시아나그룹 회장도 아시아나항공(4,210 0.00%)과 금호산업(9,350 +0.65%) 등에서 퇴직금 등으로 64억

8400만원을 받았다.

구광모 LG그룹 회장은 지주회사인 (주)LG로부터 53억9600만원을 받았다. 고액 연봉자 명단에 이재용 삼성전자 부회장 이름은 없었다. 이 부회장은 국정농단 사태로 구속된 직후인 2017년 3월부터 급여를 받지 않고 있다. 작년 4월 회장직에 오른 조원태 한진 회장의 보수는 18억9300만원이었다.

정태영 현대카드 사장 금융권 1위

금융권 현직 CEO 중에선 정태영 현대카드 부회장이 39억8900만 원으로 지난해 가장 많은 연봉을 받았다. 단일 기업 CEO 중에선 김정태 하나금융지주(36,800 +5.90%) 회장 보수가 24억9700만 원으로 가장 많았다. 금융지주사에선 김정태 회장에 이어 유상호 한국투자금융지주 부회장(22억2510만원), 윤종규 KB금융(46,000 +4.55%) 회장(15억9500만 원), 조용병 신한금융지주 회장(12억6000만 원), 손태승 우리금융지주(9,840 +2.71%) 회장(7억6200만 원) 순으로 연봉이 많았다. 주식매수선택권(스톡옵션)을 포함한 보수로는 정문국 오렌지라이프 사장이 총 210억3000만 원(스톡옵션 약 194억4500만 원)을 받아 전체 1위를 차지했다.

증권업계에서도 CEO보다 많은 연봉을 받은 임직원이 적지 않았다. 한화투자증권(2,795 +6.48%)에서는 최용석 사업부장이 13억5900만 원을 수령해 사내 연봉 1위를 차지했다. 이 회사 권희백 사장은 5억2900만 원을 받았다.

한양증권(9,500 +1.06%)에서는 박선영 투자금융본부장(상무)이 20억8100만 원을 받았다. 박 상무는 2018년 케이프투자증권에서 이직해 한양증권 투자금융본부를 이끌고 있다. 정작 이 회사의 임재택 사장은 사내 연봉 상위 5인에 들지 못했다.

– 출처: 《한국경제신문》 기사 인용(2020.03.30)

Epilogue

CEO들의 고민해결사,
그 길에서 보람을 느낀다

지난 20여 년간 금융권에 근무하면서 많은 고객들을 만났고, 특히 CEO들을 많이 접할 수 있었다. 직접 회사를 방문하기도 했었고, 고객들이 내 사무실로 내방해서 얘기를 나누기도 했었다. 직업에 대한 긍지와 자부심, 보람을 느낄 때도 있었지만, 안타까움을 떨칠 수 없는 경우도 많았었다.

고객이 제공한 정보를 기초로 컨설팅을 진행하고, 그 결과대로 고객들이 실행한 후 고맙다며 건네는 인사 한마디, 함께 식사를 하는 동안 자신이 걸어온 삶의 궤적을 얘기하면서 눈물짓는 모습들을 대할 때면 내가 그래도 고객에게 도움이 되는 컨설팅을 했나 보다 하는 생각과 함께 더 큰 보람을 느꼈다. 하지만 아주 기본적인 내용들이 챙겨지지 않아 불이익을 당하거나, 시기를 놓쳐 많은 비용을 들여야 하거나, 해결방법을 찾기가 어려운 경우도 많았는데, 그럴 때면 안타까운 마음을 금하기 어려웠다.

나는 지난 10여 년 동안 해온 자산관리컨설팅 업무를 아주 좋아한다. 그동안 진행한 컨설팅은 금융투자, 부동산투자, 은퇴 설계, 상속·증여, 가업승계, 절세 플랜 등을 포함한 종합적인 자산관리컨설팅이다. 담당 직원들을 전문가로 양성하는 데만 2년여가 소요될 정도로 쉽지 않은 일이기도 하다.

다행히 나는 부산과 서울의 강남, 강북에서 10여 년을 근무하면서 많은 부자 고객들을 만날 수 있었고, 특히 그 고객들 중에는 크고 작은 사업을 하는 CEO들이 가장 많았다. 만나는 고객들을 통해서 고객들의 고민을 알게 되었고, 그 고민을 해결하기 위한 연구과정에서 노하우가 쌓였다. 고객들 덕분에 날로 실력이 늘게 된 것이다. 그러니 내게는 고객들이 가장 좋은 스승이다. 그사이에 막연하게 부정적이었던 CEO들에 대한 인식도 긍정적으로 바뀌었고, CEO들이 보이지 않는 곳에서 혼자 하는 고민과 갈등을 조금이나마 이해하게 되었다.

고객들마다 처한 상황이 다르기 때문에 정확한 진단과 더불어 저마다의 상황에서 실행할 수 있는 최고의 대안을 찾아내기 위해서는 더 많은 노력이 필요하다. 수년간 계속돼 온 그 같은 고민과 노력 끝에 많은 고객들, 특히 CEO 고객들의 컨설팅 만족도가 크게 높아졌다. CEO들의 고민과 문제 해결방안을 깊이 연구하게 한 회장님과도 그 이후 수년째 지속적으로 만나오고 있다. 그 기간 중에 상속이 발생하여 재산의 처리도 하였고, 증여

대한민국 CEO를 위한 법인 컨설팅 바이블

도 실행하였으며, 부동산을 처분하기도 하였다. 수년에 걸쳐 그 시기에 필요한 조치들을 지속적으로 진행하였다. 회장님은 자녀들보다 나와 논의를 더 많이 하였고, 매사를 올바른 방향으로 판단, 결정하여 진행하였다. 자녀가 여러 명인 만큼 어떤 문제는 자녀와 상의하기 어려운 부분도 있었기 때문이다.

내가 했던 업무의 가장 좋은 점은 함께하는 모두에게 도움이 되고, 좋은 일이라는 것이다. 컨설팅을 받도록 소개한 직원, 컨설팅을 받은 고객 모두에게 도움이 되는 일을 찾는 것은 쉬운 일이 아니다. 하지만 어려운 고민을 안고 있는 고객의 문제를 해결해 줌으로써 고객도 만족하고, 이를 소개해 준 직원도 만족하게 된다. 물론 소개해 준 직원은 영업을 하는 사람이기 때문에 영업의 성과를 전혀 생각지 않을 수는 없을 것이다. 당연히 고객이 보험에 가입해 주기를 바랄 테지만, 그렇지 않다고 해도 섭섭하거나 나쁠 일은 전혀 없다.

많은 문제 해결의 출발점은 당사자 간의 커뮤니케이션에 있다. 특히 가업승계, 상속·증여 문제는 더욱 그렇다. 전 세계적으로 상속의 실패율이 70%가 넘는다고 한다. 분명 첫 단추가 잘못 꿰어져 실패로 이어졌을 가능성이 크다. 재산을 넘겨주는 과정에서 가장 중요한 것은 관련 당사자들 간에 충분한 대화를 통해 서로를 이해하고 받아들일 준비를 하는 것이라고 생각한다. 거기서부터 출발해 차근차근 다음 단계로 진행하는 것이 문제의 소지를 줄이거나 없애는 지름길이다. 사실 그동안은 상속·

증여와 가업승계는 넘겨주는 소유자의 고유 영역이라고 여겨서 다른 이가 참견하기 어려웠다. 이제 이런 생각을 바꾸는 것이 필요하다.

이 책을 접하는 많은 CEO들이 더 이상 모든 고민을 혼자 끌어안지 말고, 작은 문제부터 당사자들과 함께 풀어나갈 수 있기를 바란다. 이 책이 그 계기가 된다면 가장 큰 보람이 될 것이다.

대한민국 CEO를 위한 법인 컨설팅 바이블

참고문헌

■ 삼성생명 재무설계 총서, 삼성생명 FP센터 지음, 새로운제안, 2014

■ 100세 시대 은퇴 대사전, 송양민·우재룡 공저, 21세기북스, 2014

■ 기업경영과 절세설계, 김창영 지음, 영화조세통람, 2014

■ 인사·노무 실무가이드, 이승주 지음, 새로운제안, 2014

■ 상속을 준비하라, 로이 윌리암스·빅 프레이저 지음, 박인섭·김병태 옮김, 한솔아
  카데미, 2008

■ 보험세금 및 가업승계 전략, 김영민 지음, 웅진패스원, 2012

■ 상속의 비밀 52, 김강년 지음, 한스미디어, 2009

■ 행복한 코끼리, 조응래 지음, 케이북스, 2009

■ 세금절약 가이드 I / II, 국세청 세정홍보과 지음, 국세청, 2014

■ 생활세금 시리즈, 국세청 편집부 지음, 국세청, 2014

■ 부동산과 세금, 국세청 세정홍보과 지음, 국세청, 2014

■ 상속분쟁 예방하기, 박정식 지음, 위드태일, 2009

■ 송경학 세무사에게 길을 묻다, 송경학 지음, 스타리치북스, 2014

■ 지금 마흔이라면 군주론, 김경준 지음, 위즈덤하우스, 2012

■ 두산백과사전

■ 위키백과

■ 택스넷(www.taxnet.co.kr)

대한민국 CEO를 위한
법인 컨설팅 바이블

개정판 1쇄 2021년 3월 15일
개정판 2쇄 2021년 7월 15일

지은이 김종완
펴낸이 이혜숙
펴낸곳 (주)스타리치북스

출판 감수 이은희
출판 책임 권대홍
출판 진행 황유리 · 이은정
편집 교정 여성희
본문 삽화 배정모
표지디자인 권대홍 · 조인경
내지디자인 *design* **Bbook**

등록 2013년 6월 12일 제2013-000172호
주소 서울시 강남구 강남대로62길 3 한진빌딩 2~8층
전화 02-6969-8955

스타리치북스 페이스북 www.facebook.com/starrichbooks
스타리치북스 블로그 blog.naver.com/books_han
스타리치몰 www.starrichmall.co.kr
홈페이지 www.starrichbooks.co.kr
글로벌기업가정신협회 www.epsa.or.kr

값 24,000원
ISBN 979-11-85982-44-1 13320